VOYAGE

DE LA

FRÉGATE AUTRICHIENNE *HELGOLAND*

AUTOUR DE L'AFRIQUE

HELGOLAND DANS LE CYCLONE.

VOYAGE

DE LA

FRÉGATE AUTRICHIENNE *HELGOLAND*

AUTOUR DE L'AFRIQUE

PAR

LÉOPOLD DE JEDINA

LIEUTENANT DE LA MARINE IMPÉRIALE AUTRICHIENNE

TRADUCTION

DE M. VALLÉE

OUVRAGE ILLUSTRÉ DE 100 GRAVURES SUR BOIS

PARIS

MAURICE DREYFOUS

ÉDITEUR

10, RUE DE LA BOURSE, 10

1878

CHAPITRE PREMIER

Vie accidentée de l'officier de marine. — La corvette *Helgoland*. — Les premiers jours de l'armement. — Départ de Pola. — Lissa. — La vie à bord. — Arrivée à Port-Saïd.

Il n'est certainement pas d'existence plus accidentée que celle de l'officier de marine. Tantôt il est à terre, jouissant du repos le plus absolu, en rapport avec la société la plus distinguée; tantôt il vogue en pleine mer, balancé entre le ciel et l'eau sur un étroit navire ; tantôt enfin il parcourt des contrées sauvages au milieu de peuples farouches chez lesquels la civilisation pénètre à peine. Selon la manière de voir de chacun, ces contrastes et leur rapide succession donnent un charme plus ou moins grand à des relations de courte durée ;

néanmoins cette vie de changements continuels excite toujours un vif intérêt, dans les premiers temps, chez celui même qui aime le moins les aventures.

Pendant l'automne de l'année 1873, je me trouvais dans une position qui m'amenait à faire des réflexions de ce genre.

Après un séjour de presque deux années à Vienne, j'allais m'embarquer, laissant la capitale animée par le mouvement de l'Exposition. J'avais eu le bonheur d'être désigné pour faire partie de l'équipage de la corvette impériale autrichienne *Helgoland*, qui devait appareiller au commencement de novembre et faire le tour de l'Afrique.

Je dis rapidement adieu à mes parents et à mes amis, et pris à Vienne le chemin de fer méridional pour me livrer en toute hâte aux préparatifs du prochain voyage.

Trieste n'a guère d'attraits pour quiconque arrive de Vienne et connaît la mer, aussi m'embarquai-je directement pour Pola sans perdre un instant.

La mer se montra maussade; un temps pluvieux, accompagné parfois de violents coups de vent, rendait peu attrayant le séjour sur le pont du vapeur, pendant que, dans les cabines, gémissaient les passagers novices à la mer. Ceux qui ne ressentaient pas l'influence du roulis et du tangage se rendirent, malgré leurs inconvénients, au dîner, — généralement excellent sur les paquebots du Lloyd, — et passèrent du moins d'une façon agréable la dernière partie du long voyage près des côtes d'Istrie.

Le temps était devenu plus serein à l'approche de la nuit; le vapeur entra dans l'avant-port de Pola et les passagers se réunirent sur le pont afin de jouir du coup d'œil qu'offre Pola, vu de la mer.

Je ne m'intéressais ni à l'immense arsenal avec ses vais-

Baie de Pola.

seaux dégréés, ni au gigantesque établissement de l'île des Olives, ni au rivage rougi par le crépuscule; je connaissais tout cela de longue date. Mon attention était captivée par ma future demeure, l'*Helgoland*, qui était à l'ancre, près d'une bouée, et déjà muni de tous ses agrès.

Le vapeur aborda le quai et déjà chacun s'agitait, impatient de descendre à terre, quand parut tout à coup un bateau du service de santé avec un fonctionnaire qui nous annonça que, le choléra sévissant à Trieste, les passagers et leurs effets ne pourraient débarquer qu'après avoir été soumis à la fumigation réglementaire.

Il faut avoir dû pénétrer (continuellement inquiet de ses bagages), dans ces cabanes de bois où l'on est soumis à l'infection nauséabonde du chlore, dans un pêle-mêle brutal, pour apprécier notre tourment et comprendre quelle fut notre satisfaction, en dépit de la toux qui nous restait, lorsqu'il nous fut permis de respirer enfin l'air libre.

Mon premier soin fut de me rendre à bord de l'*Helgoland*, où la revue de l'armement était fixée au lendemain.

En reprenant, après une interruption de plusieurs années, de vieilles habitudes, on éprouve toujours une émotion particulière; mais elle est de courte durée; comme, précédemment, j'avais déjà fait une campagne à bord de l'*Helgoland*, il me sembla, dès le second jour, que je ne l'avais jamais quitté.

Le lendemain, 3 novembre 1873, l'état-major et l'équipage étaient au complet; nous prêtâmes le serment d'usage à chaque nouvelle revue, et le vaisseau entra en service actif. Nous connûmes alors les détails précis du voyage que nous allions entreprendre.

Le but principal de l'armement de la corvette était d'exercer les cadets de marine récemment licenciés par l'Académie de marine ; nous devions étudier aussi les relations commerciales de Zanzibar, de Madagascar et des Mascareignes. L'itinéraire fixé était donc la circumnavigation de l'Afrique ; nous devions prendre à l'est, traverser le canal de Suez, nous diriger sur le cap de Bonne-Espérance et revenir par le détroit de Gibraltar. Quant aux ports de relâche, le programme du voyage indiquait sommairement ceux qui étaient les plus importants sur les côtes d'Afrique.

La corvette *l'Helgoland*, est sortie en 1867 des chantiers de Pola ; le pont a une longueur de 224 pieds sur 36 de largeur ; lorsque le chargement est complet, le déplacement du navire atteint près de 1,800 tonnes ; la coque enfonce de 16 pieds 1/2 à l'avant et de 17 1/4 à l'arrière. La machine est d'une force nominale de 460 chevaux ; la vapeur, produite par quatre chaudières, met en mouvement une hélice à deux ailes de Griffith et peut, avec une force de 28 livres par pouce carré, imprimer au vaisseau une vitesse de 11 milles marins à l'heure ; le gréement, quoique semblable à celui de tous les bateaux à hélice de grandes dimensions, suffit pour assurer à la corvette, même en ne marchant qu'à la voile, une vitesse et une rapidité de manœuvre suffisantes. A la fin du voyage, quand les ailes de l'hélice ont été retirées, le vaisseau a montré une grande supériorité de qualités comme voilier et dépassé la plupart des navires marchands.

L'*Helgoland*, construit pour croiser, avait peu de canons relativement à sa grandeur ; deux pièces Amrstrong de 18 centimètres, 4 canons de bronze et un pierrier de 7 centimètres composaient toute son artillerie.

Par suite de sa destination, l'*Helgoland* possédait des vivres en abondance et les provisions de bouche étaient suffisantes pour une centaine de jours. Les réservoirs ne contenaient pour-

tant que la quantité d'eau nécessaire pour vingt-deux journées ; mais un distillateur, installé dans le voisinage des réservoirs, pouvait satisfaire aux besoins des voyages de plus longue
durée et fournissait de l'eau fraîche dans un délai variant de
trente-six à quarante-huit heures.

La provision de charbon était combinée de façon telle que
nous pussions, dans des circonstances ordinaires, franchir
1,300 milles marins sans arrêt. Nous avions à bord 1 capitaine de frégate, 6 officiers, 2 médecins, 1 intendant, 3 cadets,
3 mécaniciens et 240 matelots ; en tout 256 hommes.

Quelques jours après l'armement, nous fîmes sous vapeur
le voyage d'essai de quelques milles, puis, le navire ayant accompli ses preuves, le moment du départ fut fixé.

Les quelques jours qui le précédèrent furent des jours très-
affairés, surtout pour ceux qui faisaient partie de l'état-major.

Il s'agissait de prévoir les besoins de toute une année, et il
fallait d'autant plus y apporter d'attention que nous ne pour-
rions plus les satisfaire pendant notre séjour dans des pays
où, pour la plupart, la civilisation n'a pas pénétré. Le règlement marquait tout ce qui était nécessaire pour l'équipage,
mais il laissait à chacun des membres de l'état-major le soin
de pourvoir à ce qui le concernait.

Notre premier souci fut de nous procurer la quantité de
vêtements, de linge et d'autres provisions diverses qu'il faut
emporter. Nous ne connaissions ni les conditions climatéri-
ques des eaux sur lesquelles nous allions naviguer ni celles des
côtes ; on se demandait si la température serait brûlante, tempérée ou froide, et si l'on serait exposé à des pluies fréquentes
et considérables ; tout cela augmentait notre indécision pour
les achats, que l'on craignait de faire ou trop grands ou insuffi-
sants ; enfin, il fallait tenir compte de l'espace étroit des

cabines. Ces équipements sont toujours d'heureux moments pour les marchands, car, seuls, les voyageurs qui ont acquis beaucoup d'expérience ne commettent pas la faute de se surcharger à haut prix de choses inutiles qui se détériorent en route.

On songe ensuite à l'estomac, aux vivres, aux provisions de vin, aux cigares et à la question toujours épineuse du cuisinier et des domestiques. Disons, pour consoler nos ménagères, que ces tracas règnent en maîtres tout-puissants dans la vie du bord; et les erreurs sont ici bien plus redoutables que partout ailleurs, car dans le cours d'un grand voyage aucun changement n'est possible.

Peu à peu la clarté se fait dans la situation; néanmoins la crainte d'oublier ceci ou cela persiste toujours et ne peut disparaître tant qu'on reste dans le port; c'est donc avec soulagement que chacun voit arriver enfin le jour du départ.

Le 11 novembre fut pour nous ce jour important; l'*Helgoland* alluma tous ses feux, et, à une heure de l'après-midi, salué par trois hourrahs, il sortit de la baie à toute vapeur.

Un vent vif soufflait du nord-est et, quand nous arrivâmes près du golfe de Quarnero, sa violence devint telle qu'il nous fallut relâcher. Nous cherchâmes un abri dans la rade de Tasana; puis, le vent s'étant apaisé, le voyage fut repris dès le 12 au matin, et, le 13 dans la matinée, nous atteignîmes Lissa, où notre provision de charbon fut complétée.

Le fonctionnaire chargé du service de santé à Pola nous avait remis une patente nette; la commission de salubrité locale s'opposa néanmoins à ce que l'*Helgoland* entrât en relation avec le pays, parce qu'elle considérait Pola comme suspecte de choléra. Nous embarquâmes rapidement du charbon, puis nous reprîmes la mer pour continuer notre route vers Port-Saïd.

Pendant les premiers jours de l'armement dans le port, l'in-

La corvette l'Helgoland.

térêt personnel l'avait emporté sur le reste, mais, l'instant du départ arrivé, le service reprit tous ses droits et alors commença, pour les officiers et l'équipage, cette période très-calme d'activité de service propre à toute campagne sur mer.

Sauf quelques détails techniques, le service à bord d'un navire de guerre autrichien ressemble au service de toutes les marines militaires ; comme partout, il faut qu'on soit prêt à toute éventualité. Le travail est ainsi réparti :

San Girolamo de Lissa.

Le commandant d'un vaisseau surveille tout en général ; l'officier le plus récemment entré dans le rang remplit les fonctions d'officier de détail ; comme le commandant, il est pour ainsi dire toujours de service ; les autres officiers ont pour tâche d'exercer l'équipage, de surveiller les manœuvres de voilure et de faire les observations astronomiques. L'un de nous, en outre, était chargé de développer les études théoriques et pratiques des *cadets*.

De plus, sauf le commandant et l'officier de détail, nous avions à faire un service de *quart* d'une durée de quatre heures ; comme nous étions cinq officiers, chacun de nous avait donc la responsabilité du bâtiment pendant environ cinq heures par jour, en moyenne.

Ainsi qu'il est facile de s'en rendre compte, les devoirs du service occupent suffisamment le temps de l'officier de marine ; néanmoins il trouve toujours quelques instants de loisirs pour compléter son instruction et se distraire suivant son goût et ses penchants.

A bord de l'*Helgolana* les logements sont très-habilement disposés.

Celui du commandant occupe la huitième partie de l'entre-pont et se compose d'un spacieux salon de réception, d'une salle à manger, d'un cabinet de travail, et d'une chambre à coucher avec un cabinet de bain.

Juste devant l'appartement du commandant, ou sous la dunette du pont, chacun des autres officiers possède une cabine qui lui sert de chambre à coucher et de cabinet de travail ; une autre pièce plus grande, appelée *mess des officiers*, est destinée à leurs repas en commun.

Les mécaniciens et les cadets ont aussi leur mess comme les officiers ; mais la pièce des cadets est plus grande et leur sert à la fois de dortoir, d'habitation et de salle à manger.

Tout le reste du pont sert à loger l'équipage ; les premiers sous-officiers y ont cependant des cabines séparées.

A l'avant du vaisseau est organisé un hôpital aéré.

Le lieu de réunion de tout l'état-major est le salon de conversation, local gracieux et éclairé, situé sous la dunette.

C'est là qu'est rangée la bibliothèque du bord classée d'après l'itinéraire, et chacun peut y chercher des renseignements sur les ports où l'on doit toucher, tandis que sur la carte marine suspendue à la cloison il est loisible de s'assurer à chaque instant de la position du navire qui y est indiquée et du chemin parcouru. L'esprit enfin est libre d'y chercher des délassements, grâce à des tables de jeu et à un piano, propriété de quelques membres de l'état-major.

La journée tout entière est absorbée par les exercices, les manœuvres, l'entretien du bâtiment, les repas. Elle commence dès l'aube et ce n'est qu'à six heures du soir qu'elle rend aux marins leur liberté; à huit heures les hamacs sont tendus dans l'entre-pont, une moitié de l'équipage se livre au repos, l'autre moitié continue à veiller à la sûreté du navire. De quatre heures en quatre heures chaque moitié relève l'autre.

Durant les heures de travail chacun n'est que le rouage d'une machine, mais aussitôt après chacun reprend son originalité et sa vie propre.

Aux heures de repos une promenade sur le navire est tout particulièrement intéressante :

Commençons par la dunette, qui est le séjour de l'état-major. Chaque officier, qui n'est pas de garde, s'y livre à ses penchants particuliers. L'un se retire dans sa cabine pour travailler ou faire des lectures sérieuses; d'autres fument leur cigare sur le pont à la fraîcheur de la brise du soir; la plupart cherchent un délassement dans le salon de conversation. Là se trouve en permanence la partie de whist à laquelle le commandant prend part habituellement.

Libre alors à l'orage de se déchaîner; quand la mer est houleuse, on arrime les chaises, on se cramponne à la table s'il le faut, mais rien ne saurait excuser un jeu incorrect ou un coup manqué.

Les amateurs de musique font cercle autour du piano. On y

joue avec une grande impartialité tous les airs bons et mauvais, depuis la sonate pathétique de Beethoven jusqu'au chant
du pêcheur; inutile de dire qu'on rencontre également ici
certains de ces musiciens qui ne savent jouer, et difficilement,
qu'un seul et même morceau, mais qui, par contre, ne perdent
pas une occasion de le faire entendre.

Le reste de la société discute les nouvelles du jour, car,
même au milieu de l'Océan, à bord d'un vaisseau de guerre,
il s'en trouve aussi; à défaut d'autre sujet, on s'occupe des
« difficultés insurmontables » contre lesquelles le premier lieutenant doit lutter, et les « cas » très-intéressants du docteur
fournissent toujours un aliment à la conversation.

Le mess des cadets ressemble beaucoup à celui des officiers,
avec cette différence qu'il est moins confortable, qu'on y vit
plus serré les uns contre les autres, et que c'est un lieu de
franche jeunesse et d'intarissable gaieté.

Là, rien n'échappe à la critique, là rien n'est bien, depuis le
commandement de l'amiral jusqu'au moindre ordre du « tyrannique » premier lieutenant ; impossible de disséquer l'individualité de chacun de ses supérieurs immédiats avec plus de
facilité que ne le fait un cadet de mer.

Le doyen de rang des cadets est le chef et le guide de la communauté. Pendant le mauvais temps, il est toujours prêt à
donner aux débutants l'assurance que cela n'est rien, qu'en
telle ou telle circonstance il eût agi tout différemment. Son
autorité est incontestée quand il s'agit de préparer un grog, de
faire une observation au « misérable » cuisinier à l'occasion
d'une portion trop petite ou de trancher une discussion sur une
manœuvre de vaisseau difficile.

Malgré la prééminence dont jouit le burgrave du contre-carré,
l'exercice animé du droit d'initiative personnelle des autres

membres y conserve pourtant le caractère d'une république.
Les servants des cadets sont bien les premiers à en faire
l'expérience. Il est déjà difficile, on le sait, de servir deux
maîtres à la fois; aussi est-ce un spectacle étonnant et diver-
tissant de voir comment deux ou trois personnes s'arrangent
pour satisfaire aux ordres d'une douzaine de ces jeunes gens,
parfois très-exigeants. Mais c'est surtout le soir, quand tous les
cadets libres de service se réunissent, que cela frappe le plus
les yeux. Il n'est pas rare qu'un servant ait à la fois à faire le
thé de celui-ci, à graisser les bottes de celui-là, à descendre
dans la salle à manger, à monter pour le cadet de garde,
malgré tout, maîtres et serviteurs conservent l'humeur la plus
enjouée; et l'emploi de domestique des cadets est un poste
recherché de l'équipage.

Quittons maintenant cet espace où se forment, pour chaque
officier de marine, les souvenirs de jeunesse les plus nobles, et
passons à l'équipage, qui se trouve à l'avant.

Ce qui nous frappe d'abord, c'est ce bruit sans contrainte
qui est la réaction naturelle du long silence imposé pendant
le jour. Inutile de dire que l'on rencontre ici le caractère
polyglotte de l'équipage d'un vaisseau de guerre autrichien.
Des Dalmates chantent, en vers élégiaques, les hauts faits de
Kraljevich Marko, des Allemands chantent le *Fuchsenlied* et
autres *lieder;* il n'est pas rare non plus d'entendre le «Szozat»
des Hongrois et les chansons de la Bohême.

L'ensemble de ces chansons de tous les tons et de toutes les
sortes, de tous les langages, forme une cacophonie effroyable,
mais ce qui est plus horrible encore, c'est lorsque les matelots,
se groupant par nationalités, entonnent tous en même temps,
en chœur, les chants nationaux de tous les pays.

Outre le chant, les récits et les naïfs racontars jouent, le soir, un rôle important dans la récréation de l'équipage. C'est ainsi que nous voyons le contre-maître grisonnant, le capitaine d'armes, le maître-canonnier et quelques autres sous-officiers supérieurs occuper sur le gaillard d'avant la place d'honneur qui leur est réservée. Le maître cuisinier et le cuisinier de l'état-major sont les membres bien reçus de cette société en vertu du principe : une main lave l'autre.

Ici il est toujours question du temps passé.

Ce sont tantôt les travaux les plus incroyables exécutés devant Saint-Jean d'Acre, tantôt la sévérité draconienne des amiraux d'autrefois, envoyant dans les agrès même le capelan du bord, qui excitent l'étonnement des plus jeunes auditeurs. En tous cas, on ne manque jamais de soupirer après le bon vieux temps de la schlague où un contre-maître était tout autrement considéré que maintenant, et où l'amical contact de sa main avec la joue d'un novice n'était pas regardé comme un délit aussi grave que de nos jours.

Mais, qui entendons-nous causer là-bas? — il s'agit de Livingstone et de Decken et, dans la discussion de l'itinéraire de leur voyage, on fait preuve de connaissances géographiques tout à fait remarquables; ce sont des pilotes et des matelots, instruits à bord de l'*Université*, vaisseau école de la jeunesse. Comme contraste frappant, voici un vieux quartier-maître superstitieux qui narre, d'un ton convaincu, à de jeunes recrues des histoires tout à fait merveilleuses sur le fond de la mer ; naturellement il lui prête un aspect analogue et des habitants semblables à ceux de la surface terrestre, et il estime que chaque ancre jetée produit toujours dans ces profondeurs l'effet d'une sorte d'orage.

Une des figures les plus caractéristiques de la vie du gaillard d'avant, c'est celle du cuisinier-chef.

Si le matelot en général se considère comme étant un homme, et considère « l'officier de cuisine » de Sa Majesté, comme étant un domestique qu'il plaint, il fait exception pour les domestiques du bord et particulièrement pour celui du com-

L'entrepont de l'*Helgoland*.

mandant; il regarde ce dernier comme une sorte de porte-nouvelles, une espèce de confident accidentel et peu discret de son maître, tout-puissant sur son vaisseau.

Entouré de cette auréole, le cuisinier trouve accès dans tous les cercles du gaillard d'avant et, même dans le cercle aristocratique des contre-maîtres, on lui fait bon accueil, surtout aux moments où l'on prend, dans la cabine du commandant, des décisions importantes. Chaque parole saisie au passage et le

2

moindre événement sont rapportés d'un air mystérieux, discutés et commentés au gré des désirs de chacun. Grâce aux relations qu'il entretient généralement avec tout le monde, le cuisinier est l'homme du vaisseau le mieux informé ; c'est à la fois le reporter, le rédacteur et le colporteur de la *Gazette de la pou'aine*, nom que les matelots ont l'habitude d'appliquer à l'intarissable commère du bord.

Le temps parcimonieusement mesuré pendant lequel le vaisseau offre le tableau de la vie naïve que nous venons d'esquisser s'écoule avec rapidité, et l'ordre : « Cessez de fumer » en annonce la fin prochaine. L'un s'empresse de tirer les dernières bouffées de sa cigarette, l'autre achève à la hâte une histoire captivante, et bientôt retentissent les coups de la cloche sonnant huit heures. « Tout le monde à l'appel ! » et le service rentre dans tous ses droits. A neuf heures, on se lève aussi dans le salon de conversation, l'état-major va à son tour se livrer au repos ; çà et là une cabine éclairée annonce que l'occupant est un des heureux, dispensés du service de nuit, et peut se livrer à une lecture plus étendue.

Le commandement retentissant par intervalles de l'officier de quart, le « tout va bien » des veilleurs, à chaque demi-heure, et quelquefois les accents doux et plaintifs d'une guitare qui montent d'une cabine, voilà les seuls signes de vie qui interrompent le repos de la nuit.

Après cette rapide esquisse de la vie sur mer en général et de celle de l'*Helgoland* en particulier, je reprends le récit interrompu de notre voyage.

Nous continuâmes la traversée vers Port-Saïd, tantôt sous vapeur, tantôt à voile avec une brise favorable ; nous longeâmes les îles Ioniennes, Candie, et le 22, dans l'après-midi, nous fûmes en vue du phare de Damiette qui domine la mer d'une façon remarquable.

Le soir arrivait quand nous commençâmes à distinguer la côte de l'Égypte. Le soleil venait de disparaître, et le firmament resplendissait de ces magnifiques tons indescriptibles du ciel des tropiques ; peu à peu l'obscurité se fit, l'étroit croissant de la lune se montra à côté des brillantes étoiles du soir, et des palmiers isolés se silhouettèrent sur l'horizon toujours illuminé.

Dans cette lumière mourante et magique émergeait la terre des Pharaons, et avec ce tableau émouvant se montrait à nous le premier point du grand continent que nous devions étudier de plus près en différents endroits.

Le lendemain, le pilote du port monta à bord et conduisit l'*Helgoland* dans le bassin intérieur de Port-Saïd où le vaisseau fut amarré de quatre côtés. Ici encore la commission médicale se montra très-sévère, et nous assistâmes à ce spectacle, aussi comique que fastidieux, d'être obligés, à cause du choléra, et malgré une patente tout à fait nette, de faire une quarantaine dans un pays dont ce fléau a fait sa seconde patrie. Par bonheur, les sept jours originairement imposés furent réduits à quatre, grâce à l'entremise du consulat général autrichien à Alexandrie ; et, le 26 novembre, nous pûmes nous rendre librement à terre.

CHAPITRE DEUXIÈME

PORT-SAID. — LE CAIRE. — SUEZ

Port-Saïd ne présente au touriste qu'un intérêt médiocre ;
sur le rivage plat et sablonneux s'élèvent des constructions aé-
rées ; les rues sont régulières et se coupent à angle droit ; au
centre se trouve la place Lesseps, ornée d'une fontaine et d'un
jardin.

Malgré quelques hôtels et maisons particulières d'assez belle
apparence, on se croit dans une colonie manufacturière.

Le quartier principal de la ville est situé à l'ouest du port.
Sur le côté opposé, il y a quelques usines et les grands dépôts
de charbon des diverses compagnies de navigation à vapeur.

Celui qui a connu Port-Saïd à l'époque de la construction du
canal de Suez le trouve aujourd'hui relativement dépeuplé.
Dans le port, le fiévreux mouvement commercial d'alors a fait
place à une vie plus calme ; le havre est presque exclusivement visité par les vapeurs, qui n'y séjournent que le temps
nécessaire pour compléter leur provision de charbon, et on ne

rencontre pas ici ces matelots en congé qui portent le trouble partout et sont pourtant un des éléments de la vie de tout port.

Par contre, de nombreux Arabes, la plupart employés comme portefaix, se font remarquer par leur costume bizarre, et leur continuelle volubilité.

Ils demeurent dans ce qu'on appelle la ville arabe, c'est-à-dire qu'ils ont dressé leurs tentes à l'ouest de la ville, le long

Port-Saïd. — Place Lesseps.

du rivage. Il est facile à l'ethnographe de les y étudier dans leur caractère le plus complet, s'il n'est pas trop dégoûté par une saleté sans bornes et par l'immoralité qui s'étale souvent au grand jour.

Si Port-Saïd avait peu d'attrait pour nous, le voisinage du Caire et des Pyramides nous séduisait beaucoup. Aussi à peine étions-nous débarrassés des entraves de la quarantaine, que nous reprîmes sans perdre un instant notre ancien projet de débarquement afin d'aller visiter le Caire.

Plusieurs membres de l'état-major organisèrent une partie ;
à peine minuit sonné nous avait-il rendu notre liberté qu'ha-
billés en touristes, avec plus ou moins de pittoresque, nous
montions sur le pont du vapeur qui traverse le canal de Suez
et conduit de Port-Saïd à Ismaïlia.

Nous prîmes ensuite le chemin de fer d'Ismaïlia *via* Zagazig,
itinéraire qui est la route la plus courte pour aller de Port-Saïd
au Caire. A une époque peu éloignée, Port-Saïd sera relié directement avec la capitale par une ligne ferrée, dont les plans
ont été sanctionnés par le vice-roi.

Afin de pouvoir traverser le canal avec plus de rapidité, et
en raison du nombre restreint des voyageurs, les vapeurs employés ici sont très-petits. Le salon de première classe est tout
au plus assez grand pour contenir quinze personnes, et encore
doivent-elles passer la nuit assises, s'il est complet, car le bateau quitte Port-Saïd à minuit et aborde à Ismaïlia à six heures
du matin. Mais s'il n'y a place à bord que pour peu de personnes, l'espace ne manque pas pour les vermines de tout genre
parmi lesquelles les blattes prédominent. Aussi éprouvâmes-
nous un véritable sentiment de satisfaction en quittant le bateau au matin, après avoir passé la nuit sans fermer les yeux,
torturés par les insectes et accablés par la chaleur.

Par une matinée magnifique et un vent frais du désert qui
nous réconforta un peu, nous montâmes à cheval au débarcadère d'Ismaïlia, et, mettant nos montures au trot, nous gagnâmes la ville en suivant une allée magnifique. Ismaïlia est
de date toute moderne, car elle fut fondée lors de la construction du canal de Suez, et choisie pour être la résidence de la
direction de la Société.

Ce n'était autrefois qu'un désert aride, dans lequel il fallut
transplanter avec peine chaque arbrisseau ; mais toutes les

plantations se sont maintenant bien développées, et la ville avec ses maisons basses, régulières et quelquefois entourées de verdure, produit une impression très-agréable.

Malheureusement, quand le canal fut achevé et quand l'activité de la Société eut diminué, Ismaïlia perdit de son importance et de sa grandeur ; à peine née, elle décline déjà, et des cinq mille habitants qu'elle comptait en 1869, il n'en reste plus que le quart.

Nous nous rendîmes d'abord à l'hôtel de Paris, sur la place Champollion, située au milieu de la ville ; puis, après avoir déjeuné et fait une toilette rapide, nous sortîmes pour examiner la ville plus en détail. Ce fut d'abord le parc situé sur la place précédente qui attira toute notre attention : les essences d'arbres qui y croissent nous étaient inconnues, et les arbres, hauts quelquefois de 25 pieds, les tamarins mêlés aux acacias du Nil nous charmèrent.

Comme presque toutes les grandes villes en Égypte, Ismaïlia possède, outre la ville proprement dite, un quartier grec et arabe, habité exclusivement par des Arabes et des Grecs.

Après avoir traversé le quartier grec et le bazar, où ne régnait pas cette vie d'affaires qui caractérise ces sortes d'endroits, nous arrivâmes au palais du vice-roi, où furent données des fêtes pompeuses à l'époque de l'inauguration du canal.

Ici encore le visiteur éprouve le même sentiment qu'auprès du tombeau d'un enfant. Cette construction inachevée tombe en ruine. Le jardin qui, créé en trois jours, transportait d'étonnement les souverains de tous les pays, fut peu après transplanté au Caire, les parquets et les meubles allèrent orner d'autres palais, et on laissa tomber les bâtiments faute de les entretenir.

La machine hydraulique chargée de porter l'eau à Port-Saïd est adossée au palais du khédive et constitue l'établissement

le plus important de la ville. Ismaïlia est reliée à la fois au Nil
et à Suez par un canal d'eau douce qui fournit l'eau nécessaire à la consommation des hommes et du bétail et à l'arrosement des plantes. Il n'en est pas ici comme à Port-Saïd, qui
est séparé de l'intérieur par le grand lac salé de Menzaleh et
qui, nous l'avons dit, ne reçoit que la provision d'eau strictement nécessaire à ses besoins.

Ismaïlia.

Sur les bords du canal d'eau douce, qui va à Suez en suivant
le canal de navigation, s'élève une suite de belles villas parmi
lesquelles on distingue surtout un autre palais du vice-roi et le
chalet de M. de Lesseps.

Le chemin de fer que nous allions prendre est un tronçon de
la ligne de Suez à Alexandrie. Zagazig est tête d'embranchement pour le Caire, et les voyageurs de Suez au Caire doivent
quitter en cet endroit la voie d'Alexandrie. Suivant l'époque de
l'année, il y a par jour un ou deux trains de voyageurs, mais

on se plaint généralement de leur excessive irrégularité depuis que la ligne est exploitée directement par le gouvernement égyptien.

Nous attendîmes jusqu'à onze heures et demie, bien que le train eût dû quitter Ismaïlia une heure plus tôt. S'il faut ranger dans le domaine de la fable l'histoire d'un conducteur faisant arrêter le train au milieu du parcours afin d'aller chercher son fez emporté par le vent, elle montre pourtant quelle idée le public égyptien se fait des scrupules de ses employés de chemin de fer.

Les billets se délivrent dans des conditions qui ne sont rien moins qu'édifiantes. Autant de personnes différentes, autant de prix différents pour les mêmes billets ; mais toutes les paient plus cher que ne l'annonce l'indicateur des chemins de fer. Quant à faire une réclamation, c'est presque impossible, car on n'aperçoit nulle part de tarif officiel.

Toutes les difficultés étant enfin surmontées, le train se mit en marche.

Les wagons qui, à l'origine, ont pu être tout à fait propres, sont fort sales et fort poudreux. Le séjour du moins en est supportable sous le rapport de la température, grâce à la précaution prise de les construire à double toit pour y diminuer l'intensité de la chaleur.

Par bonheur nous étions seuls dans notre compartiment, et nous pûmes contempler à notre aise le tableau qui se déroulait devant nous.

C'était toujours le même aspect désolé qui finit cependant par devenir intéressant et ne laissa pas que de faire sur nous une certaine impression. A droite et à gauche, aussi loin que la vue s'étendait, nous n'apercevions que du sable, et encore du sable formant tantôt des plaines sans fin et tantôt une chaîne de petites collines ; au-dessus, un ciel pur et d'un bleu foncé. Ce spectacle rappelait l'immensité de l'Océan et donnait une image puissante de l'infini.

Peu à peu la végétation apparut. Ce furent d'abord les fameux buissons d'épines, puis quelques autres végétaux analogues ; enfin, après *Tel el Kebir*, le pays changea complétement de caractère, et nous traversâmes une contrée plate, dépourvue de collines et sillonnée de canaux. Les arbres devinrent plus luxuriants ; les acacias aux fleurs jaunes surtout et les palmiers-dattes se montrèrent nombreux auprès des villages et donnèrent au paysage un aspect tropical.

Les villages, construits sur des points un peu élevés, se composent de misérables chaumières de terre qui, au milieu des palmiers, ont l'apparence de taupinières disséminées dans un champ d'herbes.

Les huttes sont formées de quatre murs nus sur lesquels repose, à une hauteur de cinq pieds, le toit plat de terre glaise qui sert surtout de foyer. On ne sait ce que c'est qu'une fenêtre. Les hommes et les animaux domestiques y habitent en commun dans la plus complète promiscuité ; inutile de dire qu'ils y sont rudement visités par la vermine, ou tout au moins par les mouches importunes de l'Égypte. Il n'est pas rare de rencontrer de petits enfants charmants tellement couverts de mouches que les traits de leur visage sont à peine reconnaissables. Chose curieuse, les blattes ne s'y trouvent pas, probablement parce que c'est trop sale, même pour elles.

Si l'état des habitations témoigne de l'indolence des fellahs, il faut dire à leur gloire qu'ils donnent à l'agriculture les soins les plus dignes d'éloge. Malheureusement, ils ont une intelligence bornée, et, par suite, le résultat ne répond pas à la peine qu'ils se donnent.

La pluie ne doit pas entrer en ligne de compte dans l'économie rurale de la basse Égypte, car elle est une rareté, et, quand elle tombe, c'est pour une demi-heure au plus.

Les champs sont arrosés par de très-nombreux canaux qui empruntent leurs eaux au Nil. Ses inondations fertilisantes expliquent l'importance de ce fleuve pour le pays et la vénération que lui témoignaient les anciens habitants.

La température entre l'été et l'hiver varie peu, aussi la hauteur du Nil est-elle le seul régulateur pour l'agriculture ; les semailles se font vers la fin de l'automne, après la crue qui a lieu à la fin de l'été, et la récolte au printemps.

Ce n'est pourtant là que le cas général ; car il arrive souvent que le même sol est ensemencé trois ou quatre fois et donne un nombre égal de récoltes. La culture que l'on rencontre le plus fréquemment est celle du blé et du coton, puis viennent le riz, le maïs, le millet et la canne à sucre.

Le mouvement dans les champs est des plus actifs et offre à l'habitant de l'Occident un spectacle étrange.

Tantôt un fellah marche derrière une charrue à laquelle un dromadaire et un buffle sont attelés de compagnie, tantôt plusieurs personnes procèdent aux semailles en accompagnant chaque poignée de grain du mot : Alamdilula (Dieu soit loué), qu'elles prononcent à haute voix ; ailleurs on voit des enfants presque nus occupés à engranger du coton. Quant à l'arrosage des champs, les fellahs semblent y déployer moins d'activité ; on voit bien çà et là un bœuf attelé à un système primitif de roues dentées tirer l'eau du canal ; mais dans le plus grand nombre de cas ce sont des hommes qui la conduisent dans les sillons des champs au moyen d'espèces de puits à rouet.

Les bords exhaussés des canaux forment d'étroites chaussées où l'on aperçoit les longues caravanes des gens du pays qui se rendent au marché ou vont d'un village à l'autre. L'âne y est l'animal le plus employé pour le transport, et il est facile de prendre une de ces files comme modèle pour représenter la fuite de la sainte famille d'Égypte dont il est question dans la Bible ; cela nous en donna l'impression très-nette.

Après deux heures et demie de voyage, nous atteignîmes Zagazig où nous devions attendre le train d'Alexandrie pour y prendre place.

Les voyageurs d'Ismaïlia au Caire ont l'habitude de déjeuner à midi en cet endroit ; mais, le buffet malpropre nous séduisant peu, nous préférâmes employer à visiter la ville l'heure et demie d'arrêt dont nous pouvions disposer.

Zagazig est une ville vraiment égyptienne où, sauf quelques Grecs, ne réside aucun Européen ; elle sert d'entrepôt au coton récolté dans les environs, et jouit d'une importance commerciale assez grande. Les maisons sont presque toutes à un seul étage, suivant l'usage de l'Orient ; les rues sont sales et mal percées. En dehors de la ville se trouve un village dont la population ouvrière est logée dans des chaumières de terre pareilles à celles que nous venions de voir.

Le bazar était très-animé ; c'était l'époque de la récolte du coton, et de tous côtés on voyait circuler des troupes de chameaux aussi chargés que possible.

Au sud de la ville, et dans le voisinage de la station du chemin de fer, on exécute des fouilles, qui ont mis au jour les restes de Bubastis, ancienne ville égyptienne. En considérant l'ensemble de ces travaux, le vulgaire profane peut facilement s'imaginer qu'il est devant une vieille tuilerie, parce qu'il ne voit çà et là dans le terrain sillonné d'excavations que des débris de murs bousillés.

L'heure du départ étant arrivée, nous regagnions la gare et

nous nous installions dans un grand wagon rempli des gens les plus bariolés.

Nous fûmes surpris de la rapidité avec laquelle les rapports de chemins de fer détruisent le type original des Orientaux et celui des musulmans en particulier.

Ici disparaît la réserve propre à ce peuple ; il s'établit une certaine tolérance. Le sectateur le plus zélé du Coran ne craint plus de s'asseoir parmi des chrétiens, des femmes même voyagent sans être nullement accompagnées, et nous avons vu de purs musulmans causer paisiblement avec des prêtres cophtes.

A chaque station nouvelle nous sentions que nous approchions de la capitale ; le commerce augmentait, le « mayéh, mayéh, » mot qui correspond à notre « eau fraîche », retentissait avec plus d'énergie, et le mouvement dans les gares devenait plus varié et plus vivant.

Ici des officiers supérieurs prennent place dans le wagon, accompagnés d'une troupe d'officiers subalternes qui portent leurs effets ; là c'est un cheik devant lequel tout s'incline ; convaincu de sa quasi-divinité, il donne la bénédiction aux vrais croyants ; plus loin folâtre une troupe de dames de harem qui reviennent de la maison de campagne d'un pacha et se rendent au Caire sous la conduite d'un eunuque ; ailleurs une foule de pèlerins (c'était justement l'époque à laquelle se réunissaient au Caire les caravanes pour la Mecque) se presse et, avec tout le cérémonial usité en Orient, prend congé des parents qui restent.

Pendant ce temps, le soleil était descendu vers l'horizon et répandait sur ce pays bien cultivé cette belle lumière rouge qu'on ne rencontre que sous cette latitude.

« Voici les Pyramides ! » s'écria tout à coup en français un Français qui voyageait avec nous et avec lequel nous n'avions cessé de causer du pays et de ses habitants.

En effet, derrière les maisons de campagne et les jardins qui
bordent le Nil, nous vîmes, sur la droite, se dresser, encore
éclairées par les derniers rayons du soleil couchant, les deux
grandes pyramides dont l'aspect fit, même sur nos cœurs en-
durcis contre le culte de l'antiquité, une impression véritablement saisissante.

Vue générale des Pyramides.

Les jardins et les maisons de campagne devinrent à chaque
instant de plus en plus rapprochées ; enfin nous distinguâmes
devant nous, et au delà d'un épais nuage vaporeux, les tours et
les minarets de la citadelle du Caire. Peu après, vers cinq heures
et demie environ, nous arrivâmes à la gare du Caire.

Nous nous étions déjà entendus sur le choix d'un hôtel, et nous nous étions ainsi assuré pour tous les cas un point de réunion. Néanmoins, il était de la plus haute importance de n'être pas séparés les uns des autres, car plusieurs d'entre nous, venus en Orient pour la première fois, n'étaient pas initiés à ses usages et ne comprenaient pas la *lingua franca*, italien dégénéré, en usage au Caire.

Nous attendant à un moment de presse, nous étions convenus de nous tenir serrés les uns près des autres et de ne quitter que tous ensemble la station ; ce fut là, pourtant, une vaine entreprise. Le train était à peine arrêté qu'une meute de garçons d'hôtel, de portefaix, de conducteurs d'ânes, de cochers de fiacres, se précipita sur les wagons et les assaillit avec des cris qui nous troublèrent si bien l'esprit qu'il ne put plus être question de nous réunir.

Pendant que nous luttions pour rester ensemble, nous avions laissé partir les quelques voitures qui attendaient les arrivants, et il nous fallut dès lors recourir aux moyens de transport propres au pays, c'est-à-dire à des ânes robustes et trop bien sellés.

Un piqueur nous entraînait par-ci, un autre par-là : *Montate Signore, good bourico, camina come vapore austriaco, bon âne, here good donkey*, c'était un terrible vacarme de tous côtés, et, sans savoir bien comment, nous nous vîmes emportés dans la ville par un galop effréné.

Mais la clarté trompeuse du crépuscule, la population dans les rues, où se mouvait une foule compacte, les voitures nombreuses, les cris des coureurs, notre ignorance complète de la localité et le souci de nos malles, que les piqueurs portaient sur leurs têtes en suivant les ânes, mirent alors notre trouble à son comble.

Tout à coup, nous vîmes tomber un de nos compagnons ;

Le Caire.

un autre voulut s'arrêter afin de lui porter secours, et s'efforça de faire comprendre cette intention à son piqueur, qui continuait d'aller de l'avant. A peine s'était-il retourné que son âne renversa un piéton; ce dernier ne s'en prit pas à lui-même, mais donna un violent coup de poing dans le visage du piqueur qui le suivait en courant, et celui-ci de le lui rendre en brandissant la malle en guise de massue. Nous voulûmes mettre fin au combat; mais tous ensemble nous fûmes refoulés sur le côté; une voiture de maître arrivait avec bruit devant nous et les bâtons des courriers faisaient leur office.

Heureusement cette diversion dispersa les combattants; mais nous étions de nouveau séparés, et nous pûmes apercevoir comme dans un songe, éclairées par la clarté de la lune, les lunettes de l'un de nous qui, cramponné à son âne des pieds et des mains, était entraîné avec une rapidité terrible, malgré les supplications qu'il adressait à son conducteur.

Par bonheur, notre hôtel se trouvait dans une rue tranquille et, peu à peu, tous les membres de l'expédition arrivèrent à bon port à « l'Hôtel Royal », malgré tout, nos cavaliers vacillants étaient un peu abattus au physique et au moral.

Les piqueurs furent payés, et parmi eux le rusé Hassan demanda une indemnité pour sa mâchoire complétement brisée, disait-il; puis nous nous empressâmes de faire un bon dîner, pour nous réconforter des fatigues éprouvées dans la journée.

Nous avions déjà tracé d'avance le programme de notre séjour au Caire afin de tirer le meilleur parti du peu de temps dont nous disposions. Nous quittâmes bientôt la table et nous sortîmes aussitôt pour nous rendre au théâtre.

Le chemin traversait le jardin d'Ezbekieh, situé dans le quartier européen et au milieu de la ville. Son étendue est à peu près double de celle du parc de Vienne; comme ce dernier, il possède un lac central; mais la végétation y est naturellement bien plus puissante que celle d'aucun des parcs de l'Europe. Dans le jardin d'Ezbekieh se trouvent plusieurs kiosques et restaurants ; la musique militaire ou des chanteurs arabes y donnent des concerts, et, vu à la clarté de la lune, l'ensemble produit une impression charmante.

Le théâtre est un bâtiment moderne et de dimensions considérables. L'intérieur en est très-élégant, il est décoré avec de l'or et des peintures blanches et rouges. Sa grandeur approche de celle des premiers édifices du continent.

On donnait *Il Barbiere di Sevilla* et un ballet ; l'exécution en était supérieure, et la mise en scène faite avec prodigalité.

Comme le théâtre est peu fréquenté et comme, rigoureusement, il ne doit pas l'être, il ne peut subsister que grâce à une forte subvention payée par le vice-roi pour le plaisir particulier duquel il semble avoir surtout été construit. C'est ainsi que sa loge particulière est placée sur la scène et que les tableaux du ballet sont exécutés parallèlement à elle. La signora Smeroschi paraissait sur la scène et de plus Mmes Wisjan et Stolz étaient engagées lors de notre passage; c'était un luxe de *prime-donne* qu'oserait à peine se permettre le théâtre de l'Opéra d'une capitale de l'Europe.

Les loges grillées pour les femmes du vice-roi et celles des plus hauts dignitaires produisent une impression singulière. Les femmes, elles aussi, rompent avec les usages des anciens mahométans, car, malgré leur voile, il est très-facile de voir et d'examiner chacune des beautés qui se distraient sans la moindre contrainte.

A la sortie du théâtre, le jardin d'Ezbekieh était fermé, ce qui augmenta un peu la difficulté que nous avions à retrouver le chemin de l'hôtel. Aussitôt rentrés, nous nous empressâmes de nous coucher, car nous avions demandé des voitures pour le lendemain matin afin de nous rendre aux Pyramides.

« Levez-vous, Monsieur, il est cinq heures. » Tel fut l'avertissement répété plusieurs fois en français par le domestique frappant à ma porte jusqu'à ce qu'enfin je sortisse d'un sommeil chèrement acheté par un combat acharné avec les moustiques. Il n'y avait réellement pas un instant à perdre si nous voulions être aux Pyramides à l'heure du lever du soleil ; aussi réveillai-je à la hâte les autres membres de l'expédition qui avaient été encore moins sensibles que moi aux doux avertissements du garçon d'hôtel, et nous partîmes après avoir fait une toilette précipitée.

L'obscurité était presque complète ; aussi le voyage offrit-il tout d'abord peu d'intérêt. Il fallut quelque temps pour sortir de cette mer de maisons, puis nous franchîmes le Nil ; nous nous trouvâmes enfin dans une belle allée tracée sur un terrain plat, et à l'extrémité de laquelle on apercevait dans la brume du matin les deux imposantes pyramides. Sous la latitude où se trouve le Caire l'aube est de courte durée ; nous stimulâmes les conducteurs de nos chevaux et nous reussîmes à gagner le but de notre excursion avant le lever du soleil.

Pendant que nous étions plongés dans la contemplation de ces monuments géants (1), une foule d'Arabes à l'air farouche se rassembla autour de nous. C'étaient les guides des Pyramides, et alors se renouvela une scène analogue à celle de notre arrivée au Caire. Ces braves gens prononçaient des bribes de phrases tout à fait incompréhensibles, telles que : *Monta solo, fatte presto, buon Arabo, buon signor,* puis trois d'entre

(1) La pyramide de Chéops, qui est la plus élevée et que l'on gravit d'habitude, a une hauteur de 421 pieds et chaque face mesure 716 pieds à sa base.

eux se précipitèrent sur nous ; avant que nous eussions le temps
de deviner ce qu'ils nous voulaient, deux d'entre eux entraînè-
rent chacun de nous par les mains, le troisième poussant derrière, et l'escalade des degrés qui forment les parois latérales
des Pyramides commença. Toute prière et toute résistance fu-

La Pyramide de Chéops et le Sphinx.

rent inutiles ; impossible d'arrêter ces gaillards. *Voi primo,
darete backschiss* (vous le premier, vous donnerez un bon pourboire), dirent-ils, en s'adressant à moi spécialement, et je reconnus bientôt qu'ils m'avaient choisi pour être la victime
d'un stratagème indigne. Parce qu'il arrive souvent à des Anglais fatigués de la vie, de chercher un sport dans l'escalade des
Pyramides et de se livrer à un steeple-chase où le vainqueur
récompense largement les guides, ces gens veulent forcer à une
course semblable des voyageurs plus paisibles et nullement atteints de spleen. Ils choisissent avec ou sans son consentement

une personne de la société ; ils la considèrent comme victorieuse et lui demandent un pourboire élevé. Il est presque impossible de s'imaginer la fatigue que l'on éprouve à gravir, malgré cette aide, des marches hautes de 2 pieds et demi à 3 pieds ; aussi, aux deux tiers de la hauteur, je dus me révolter énergiquement contre l'empressement de mes guides afin de pouvoir me reposer et respirer un instant. Je ris alors de tout cœur en voyant les mouvements comiques auxquels cette escalade vous force et dont mes camarades me mettaient justement le tableau sous les yeux.

Les guides en effet se montraient aussi inexorables à leur égard ; en vain l'un cherchait-t-il à faire comprendre que, pour y voir, il lui fallait essuyer ses lunettes couvertes de buée : c'était peine perdue, on montait toujours.

Le dernier tiers fut enfin gravi heureusement et nous nous trouvâmes sur le sommet.

Le soleil venait justement de se lever et la vue qui s'étendait à nos pieds nous récompensa des fatigues de l'ascension. D'un côté, le Caire avec ses centaines de minarets, le Nil, la plaine en partie inondée et dont les villages ressemblaient à des îles ; de l'autre, le désert que n'atteignaient pas encore les rayons du soleil, uniforme, triste comme la tombe, ne montrant aucune trace de l'activité humaine ; et enfin, à nos pieds, les autres pyramides [1], le Sphinx et la nécropole des rois, autant de monuments de l'initiative de générations longtemps soumises à l'esclavage.

Après avoir contemplé ce panorama, nous redescendîmes vivement impressionnés. Il est facile de glisser sur ces

1. Seule la pyramide de Cheffren, située au sud-ouest de la pyramide de Chéops, s'en rapproche par sa grandeur et sa hauteur ; les autres sont relativement basses et aucune n'atteint 200 pieds de hauteur.

marches très-usées et étroites relativement à la hauteur. Cependant, grâce à la souplesse et à l'aide des Arabes qui assuraient nos pas, nous arrivâmes sains et saufs à terre après avoir mis pour descendre presque autant de temps que pour monter, c'est-à-dire quinze minutes environ. Puis nous nous mîmes en marche pour aller visiter l'intérieur de la pyramide réservée aux sépultures.

Le chemin qui y conduit est des plus fatigants et des plus dangereux à cause des inégalités du sol. Après avoir marché courbé, ou nous être laissés glisser pendant un quart d'heure, nous parvînmes enfin dans la chambre mortuaire, où se trouve un sarcophage de granit rouge. Pendant quelques instants, notre attention fut absorbée par l'examen des hiéroglyphes qui couvrent les murs de la pièce, mais qui deviendront tout à fait indéchiffrables pour l'initié lui-même à cause des inscriptions modernes qu'on y grave; puis nous quittâmes rapidement cette atmosphère supportable seulement pour les morts.

Les fatigues de cette excursion, auxquelles une partie seulement de la société s'était soumise, pendant que nos archéologues les plus enragés déclaraient qu'ils renonçaient à tout s'ils devaient seulement se reposer, notre appétit s'était éveillé; nous entrâmes donc dans un pavillon construit au pied des pyramides pour les étrangers et là nous mangeâmes le déjeuner que nous avions eu soin d'apporter avec nous.

Durant notre repas les Arabes ne cessèrent de nous entourer; ils se présentaient maintenant comme marchands et criaient pêle-même : *Take good Osyris, only* 2 *francs; here one sphinx, the best one you get; bueno Isis* (prenez un bon Osiris pour deux francs; voici un sphinx, le meilleur que vous puissiez vous procurer; une bonne Isis), etc., etc., et ils

Grande rue du Caire.

cherchaient à nous vendre une foule de petites statuettes et de monnaies exhumées de la contrée.

Uné fois que nous fûmes réconfortés, la curiosité que faisaient naître en nous tous ces monuments anciens se ranima dans toute sa vigueur, et nous visitâmes l'un après l'autre les tombeaux des rois, le sphinx et le temple du sphinx.

Le sphinx captiva le plus particulièrement notre attention, tant à cause du caractère de son visage que de ses dimensions colossales ; la tête, en effet, ne mesure pas moins de 30 pieds de hauteur. Dans le socle est ménagé un petit temple devant lequel un vieux derviche demandait l'aumône. Ce vieillard paraissait âgé de cent ans et assurait qu'il se souvenait très-bien de Napoléon Ier.

Notre intention étant d'utiliser le reste de la matinée pour prendre un bain, nous terminâmes notre excursion et nous revînmes aux voitures. Ce fut le signal du commencement du tumulte. Jusqu'ici ces gens avaient demandé isolément des backschis; ils se mirent alors à hurler en chœur, bien que nous eussions remis aux anciens qui sont les chefs des guides une somme supérieure à la taxe ordinaire. Il ne restait plus d'autre moyen que de monter à cheval, de nous éloigner au galop et de lancer une poignée de monnaie de cuivre à la tête de ceux qui nous serraient de plus près ; grâce à cet expédient, il nous fut facile de nous éloigner sans obstacle. Je recommande à tout voyageur en Orient, qui se trouve dans des circonstances pareilles, d'imiter ce procédé couronné de succès.

Le plaisir fut, sans contredit, plus grand pour le retour que pour l'aller. Si nous jetions en effet un coup d'œil en arrière sur les pyramides, nous avions la conscience satisfaite d'en

avoir terminé avec l'intéressant tourment de leur ascension ;
puis la pleine lumière du jour nous permettait maintenant
d'examiner plus attentivement les environs. Le chemin traversait d'abord des champs dont une partie était encore inondée
et où l'on voyait la grasse couche de limon qui, déposée
par les inondations, constitue la fertilité de toute la basse
Égypte. Bientôt cependant, à droite et à gauche, nous rencontrâmes de belles maisons de campagne avec de magnifiques
jardins, de grands palais tantôt achevés, tantôt en construction. A chaque demande que nous adressions pour connaître
le nom du propriétaire, nous obtenions cette réponse : « le
Khédive. »

Cette richesse et un état social analogue à celui qui, il y a
quelques mille ans, permit d'ériger les pyramides en Égypte,
ont rendu possible l'entreprise extravagante de métamor-
phoser en île le château de Gezireh, situé sur la rive gauche
du Nil, en creusant au fleuve un bras artificiel.

Ce travail est mené avec la plus grande activité, comme il
nous fut facile de nous en convaincre en passant.

Plus nous approchions du fleuve, plus la végétation devenait
luxuriante ; les acacias du Nil en particulier, plantés en allées,
croissaient avec la plus grande vigueur.

Nous gagnâmes enfin le pont de fer jeté sur le Nil, et notre
vue put embrasser dans toute son étendue le cours du fleuve.
Nous avions devant nous Boulacq, qui sert de port à la ville du
Caire, et où l'on trouve tout le mouvement d'un port de mer ;
sur les deux rives se pressent les villas les plus gracieuses,
demeures des grands d'Égypte ; en arrière est la façade principale du magnifique château de Gezireh, qu'encadre la verdure la plus luxuriante.

Le pont, d'une longueur d'environ 200 toises, nous conduisit à Boulacq, où nous trouvâmes le bain turc que nous désirions. L'organisation de ces bains est bien connue de tout le monde. Je dois dire à l'éloge du baigneur Issuf Effendi que nous nous sentîmes pleins d'une vigueur nouvelle quand

Porteur d'eau arabe.

nous quittâmes son établissement, après avoir strictement suivi la méthode du bain oriental.

Des mulets au trot allongé nous ramenèrent bientôt à notre hôtel, où un Suisse, de mes amis, que j'étais très-surpris de rencontrer au Caire, m'attendait pour aller avec moi chez Munzinger-Pacha. J'avais des lettres de recommandation auprès de ce dernier, et je voulais en profiter pour obtenir de lui quelques recommandations pour Zanzibar, ses relations étant très-étendues avec l'Afrique orientale.

Munzinger-Pacha est un homme très-aimable et le type du Suisse loyal ; il nous reçut avec la plus grande cordialité et fit très-gracieusement droit à ma requête. Je rejoignis mes camarades et nous sortîmes visiter la ville.

Nous commençâmes par la Mouski, longue et interminable rue. Le voyageur y retrouve encore une image fidèle de la véritable architecture des Maures d'Orient, ainsi que le commerce actif et la foule des villes du Levant. Des Arabes, des Turcs, des fellahs, des nègres, des métis de toute nuance s'y pressent ; c'est un pêle-mêle bariolé de tous les costumes imaginables, et à tout cela s'ajoutent encore une foule de voitures, d'âniers et de marchands de rafraîchissements.

Ici un derviche raconte les nouvelles du jour à un groupe de curieux ; là un dompteur de serpents montre son adresse ; tout à coup un fellah envoie avec sa lance un jet d'eau au milieu de la foule qui fait la sourde oreille quand il demande de la place pour arroser la rue ; bref, les mots manquent pour exprimer la variété des tableaux qui se succèdent.

Comme la plupart des rues du Caire, la Mouski est couverte en planches afin de procurer de l'ombre, et la répartition inégale de la lumière donne encore plus de diversité au tableau déjà si varié.

Avant d'arriver au bout de la rue, nous tournâmes à droite et parvînmes à la mosquée située près de la place Roumeleh et renfermant la sépulture du sultan Hassan. Cet édifice est très-grand et la coupole n'a pas moins de 300 pieds de haut ; mais il est déjà si dégradé qu'on ne peut plus juger des sculpturés en bois qui furent peut-être un des chefs-d'œuvre de la science arabe.

Après avoir suivi d'autres rues étroites et un chemin serpentant, nous arrivâmes à la citadelle qui se dresse au sud-ouest sur la pente du mont Mokattam. C'est une construction de style moyen âge ; elle est bien entretenue et armée de canons nouveau système ; quoique les remparts puissent à peine résister quelque temps à l'artillerie moderne, elle doit son importance à sa position qui commande la ville.

Pour les touristes, la vue que l'on a des bastions est des plus saisissantes et surpasse celle dont on jouit du haut des pyramides. En bas, c'est l'immense mer de maisons du Caire qui compte actuellement plus de 450,000 habitants ; de ce point l'œil embrasse dans toute son étendue cette grande ville qui offre un tableau des plus variés avec ses nombreuses mosquées, ses minarets et ses jardins. Ajoutez à cela le Nil avec ses rives verdoyantes, la belle façade de Gezireh, les autres châteaux de la rive gauche, enfin les déserts de Libye et, au loin, les pyramides noyées dans un brouillard rougeâtre. Le ciel d'un bleu sombre, les parfums balsamiques qui flottent dans l'air complètent l'impression charmante que produit cet ensemble et que ressentent surtout les habitants de l'Occident qui n'y sont pas habitués.

Outre la caserne, il y a encore auprès de la forteresse une des plus belles mosquées du Caire, celle de Méhémet-Ali, de date moderne, mais très-curieuse à visiter à cause de son intérieur magnifiquement décoré. Les murs du vaisseau principal, construits dans le style byzantin comme Sainte-Sophie, sont couverts d'arabesques rouges et grises et sur le sol sont étendus d'épais tapis à dessins identiques. Tous les piliers sont d'albâtre, la balustrade, la rampe et le sarcophage de Méhémet-Ali, qui a beaucoup de rapport avec le tombeau de Mahomet II à Stamboul, sont de l'argent le plus pur.

Derrière cette mosquée se trouve le puits de Joseph, dont la profondeur atteint près de 300 pieds, et où l'on puise de l'eau amenée du Nil par un canal. La tradition populaire en fait remonter le percement jusqu'à l'Égyptien Joseph, ce que beaucoup de personnes révoquent en doute, car on sait que le Caire ne fut fondé qu'en 975 par le calife El-Moiz.

En quittant la citadelle, nous rencontrâmes une procession particulière à la religion mahométane, et ayant lieu tous les ans : on portait à la mosquée Hassan, où il est garni de riches ornements, un tapis que les pèlerins égyptiens allant à la Mecque doivent déposer à la Caaba comme don du pays. En tête marchaient plusieurs personnes tenant des bannières de mosquée ; puis venait un chameau richement harnaché, portant sous une espèce de baldaquin le tapis appelé Kisweh ; il était suivi d'un second chameau monté par un haut dignitaire derviche. Celui-ci avait la partie supérieure du corps nue, suivait les mouvements de l'animal et distribuait, à droite et à gauche, la bénédiction à la foule des croyants. Derrière, s'avançait une multitude de Hadschifs (pèlerins de la Mecque), qui marmottaient des versets sacrés.

Notre première tournée fut pour le bazar Chalil-Khan, dont le commerce égale presque celui du fameux bazar de Stamboul, puis nous traversâmes le quartier militaire Abbazieh, où un magnifique palais, résidence de prédilection du vice-roi, excita notre admiration. Nous terminâmes notre promenade par la Schubra, le Prado du Caire, où se pressait le monde élégant de la ville, car c'était justement vendredi, jour férié des musulmans.

L'allée de la Schubra, longue de plus d'une demi-lieue, est formée par des acacias du Nil si touffus, qu'à l'heure même de midi, l'ombre y est épaisse. Des deux côtés elle est bordée par de beaux jardins et des maisons de campagne qui se continuent jusqu'au palais du vice-roi situé à l'extrémité.

Une multitude de riches équipages s'y croisaient, mais notre attention fut surtout attirée par les voitures du harem. De même que les loges grillées du théâtre, ces arabas laissent très-bien voir les Insassines, parce qu'en dépit des eunuques placés sur le siége, elles ne négligent rien pour attirer les regards indiscrets. A part quelques consuls, leurs familles et des Anglais venus pour visiter les pyramides, on ne voit, comme Européens, que quelques actrices qui se promènent dans des voitures plus ou moins élégantes en raison de leurs relations avec les hauts dignitaires.

En somme, ici comme plus tard à Alexandrie, je remarquai que l'on doit avoir peu de rapports en Égypte avec la haute société, du moins avec les dames, et qu'en général les aventuriers des deux sexes y trouvent un terrain favorable.

En rentrant en ville, nous eûmes l'occasion de voir le vice-roi, ainsi que sa maison mâle et femelle. Cette dernière renfermait une princesse presque nubile, beauté grecque accomplie, qui excita au plus haut point notre admiration.

Le travail allait cesser, aussi les rues présentaient-elles la plus grande animation, surtout dans le voisinage de la poste où l'on attendait l'heure de la distribution, car, au Caire, chacun doit aller chercher lui-même ses lettres au bureau, à cause de la variété de nom des rues et des numéros.

Il régnait aussi beaucoup de vie dans le jardin d'Ezbekieh où jouait une troupe militaire, tandis que des musiciens arabes, s'accompagnant de ces violons à table de peau parti-

culiers au pays, de fifres et de tambourins, amusaient les vrais
croyants qui témoignaient toujours leur satisfaction par un
« âh ! âh ! » à la fin de chaque strophe.

L'obscurité était venue, et, après le repas à l'hôtel, nous

Musiciens arabes.

délibérâmes sur l'emploi de la soirée. Le plus grand nombre
se décida pour un prompt repos, quelques-uns voulurent aller
voir au théâtre *Tricoche et Cacolet*, pour moi je préférai
observer le mouvement des rues. Chacun de nous alla de son
côté. Je pris un âne et parcourus la ville. La foule était con-

sidérable; un moment même, l'âne et moi, nous fûmes sur le point d'être renversés par une voiture ; je mis pied à terre et me promenai le long de la Mouski, observant à loisir son mouvement étrange.

La soirée était belle, et la magique clarté de la lune m'invitait à une promenade nocturne. Plus je remontais la Mouski, plus disparaissait ce qui est européen, la foule diminuait, et je ne rencontrais plus que des maisons, des visages et des costumes purement arabes. Mais c'était dans les nombreux cafés qu'on saisissait le plus sur le vif la vie du peuple ; une foule de gens rangés en cercle fumaient le narguileh ou le tschibouk, tout en écoutant les récits d'un vieillard ; il régnait un silence absolu au milieu duquel retentissait seule la voix du conteur, à chaque instant plus vibrante et plus animée, en même temps que les gestes devenaient aussi plus passionnés ; le vieillard se tut enfin à son tour, et les auditeurs, en signe de satisfaction, firent entendre un âh ! âh ! général. Vraisemblablement, le héros de l'histoire était sauvé, ce que prouvaient les exclamations : *Allamdiluia ! Lillahihamd !* (Dieu soit loué ! gloire à Dieu !)

Plus loin, c'étaient d'ardents joueurs de dames et de trictrac entourés d'un groupe de curieux qui accompagnaient d'un *Gejolhe* chacun des coups des adversaires ; là un derviche aveugle égrenait son chapelet et jamais sa demande d'une petite aumône n'était repoussée.

Quelle est cette foule, pourquoi ces cris d'admiration ? C'est un dompteur de serpents qui fait montre de son adresse ; mais les applaudissements sont surtout pour les bayadères que l'on voit au fond du café où, malgré la défense de la police, elles étalent au jour plus de sensualité que d'agréments de formes.

Sur ces entrefaites, dix heures avaient sonné, les cris des

marchands s'éteignaient de tous côtés, les rues devenaient désertes, çà et là seulement on rencontrait quelques personnes accompagnées des gardes de nuit arabes ou quelque famille européenne devant laquelle un kavas portait sa lanterne; l'éclairage au gaz n'existe, en effet, que dans le quartier européen et dans les autres parties du Caire les lanternes à pétrole elles-mêmes sont rares.

J'étais plongé dans de profondes réflexions quand, levant tout à coup les yeux, j'aperçus devant moi la citadelle avec la porte des Mameloucks. C'est là qu'en 1811 Méhémet-Ali, par un carnage terrible des janissaires égyptiens, mit fin à leur puissance. La lune éclairait justement la façade en face de moi, et, dans le silence de la nuit, cet ensemble fit sur mon esprit une impression profonde.

Je voulus voir aussi la place Karaméidan, afin de visiter les puits qui s'y trouvent, et m'engageai à droite dans une rue transversale. Mais elle me conduisit dans un labyrinthe de ruelles où la hauteur des maisons ne permettait pas aux rayons de la lune de pénétrer, de sorte que je perdis aussitôt toute orientation. Je ne rencontrais âme qui vive, toutes les maisons étaient hermétiquement closes, et je ne voyais trace de lumière à aucune fenêtre. Après avoir marché et trébuché pendant une demi-heure, ma position me parut désagréable, car je savais que la lune ne resterait plus longtemps au-dessus de l'horizon, et qu'après sa disparition je serais plongé dans les ténèbres les plus profondes.

Attention! quel est ce bruit? on dirait un sac d'écus qu'on secoue? En tout cas, c'est bien le bruit d'un être animé. En effet, après de longs tâtonnements, j'arrivai dans une rue plus large où un garçon ramenait à la maison son âne dont les sonnettes produisaient le bruit qui m'avait frappé.

Jamais la vue d'un baudet ne m'avait autant réjoui qu'en ce moment. En un instant je fus en selle, j'indiquai la place Karaméidan comme lieu de destination et, suivi du piqueur, je sortis au galop du labyrinthe des rues du vieux Caire où je m'étais engagé.

Le débarcadère à Suez.

Il était minuit passé quand j'atteignis enfin l'hôtel où je trouvai mes compagnons livrés au plus profond sommeil : j'imitai leur exemple. Le lendemain matin nous eûmes à peine le temps de visiter quelques curiosités de la ville, et notamment la statue équestre d'Ibrahim, le vaillant fils de Mehemet-Ali, que déjà sonnait l'heure du départ et qu'il fallait se rendre en hâte à la gare.

Le retour à Ismaïlia eut lieu dans les mêmes conditions que l'aller, seulement nous souffrîmes davantage de la poussière.

La dernière partie du voyage se passa à discuter ce que

nous ferions au cas où, contrairement aux prévisions de notre commandant, nous ne rencontrerions pas l'*Helgoland* à Ismaïlia. A cette station, nous apprîmes que la corvette n'était pas encore arrivée et qu'un vaisseau qui la précédait ayant touché, elle s'était affourchée dans le canal à 7 kilomètres au nord d'Ismaïlia, et devait encore y passer la nuit. La permission qui nous avait été accordée d'aller au Caire, tandis que la corvette s'avancerait sous vapeur, était une concession extraordinaire de la part de notre commandant, aussi voulions-nous à tout prix être de retour à bord dans les trois jours à l'heure indiquée. Comme les moyens de communication manquaient, nous décidâmes qu'après nous être réconfortés, nous gagnerions à pied l'endroit du canal où se trouvait l'*Helgoland*. Abstraction faite de l'agréable sentiment du devoir accompli en n'abusant pas de la confiance de notre commandant, nous n'étions pas fâchés non plus de faire, à pied, cette superbe promenade nocturne.

Afin d'abréger le chemin, nous nous dirigeâmes d'abord droit à travers le désert dont l'aspect, sous les rayons de la lune, était singulièrement étrange. Chaque fois que nous nous trouvions entre deux ondulations de terrain, le sable argenté du désert se noyait dans les teintes rouges du firmament de sorte que nous nous croyions enveloppés d'un brouillard. Tantôt au contraire certaines portions éclairées par la lune nous donnaient l'illusion d'un paysage couvert de neige, mais cette impression était en contradiction frappante avec la température presque chaude de l'atmosphère.

Au bout d'une heure de marche pendant laquelle, enfonçant dans le sable jusqu'aux genoux, nous pûmes apprendre à connaître le plaisir d'un voyage dans le désert, nous arrivâmes enfin au canal où nous aperçûmes le solide gréement de notre patrie flottante. Bientôt après nous montâmes à bord où nous racontâmes nos aventures à nos compagnons étonnés de notre apparition imprévue en cet endroit.

Le 30 novembre, l'*Helgoland* continua son voyage à travers le canal. Une fausse manœuvre d'un vapeur anglais, notre chef de file, nous causa une seconde fois beaucoup de retard

Suez.

et nous força à passer la nuit près du Serapeum, ce ne fut que le 1er décembre à midi que nous jetâmes l'ancre dans la rade de Suez.

Quelques mots sur Suez suffiront. Depuis le percement du canal, cette ville, qui ne devait son existence qu'au transit du commerce avec les Indes, a pris beaucoup d'extension. A part les importants établissements maritimes de la « Peninsular and Oriental Steam Company » ainsi que de la Compagnie du canal, Suez est la ville la plus misérable et la plus sale que j'aie rencontrée dans tout l'Orient. Seule, Goletta, port de Tunis,

pourrait peut-être l'emporter sur elle sous le rapport de la mal-
propreté et de la puanteur pestilentielle. Un fonctionnaire de
la Compagnie du canal a eu l'idée originale de faire élever à
l'extrémité du canal, devant les bâtiments de la Société, une
statue à l'ingénieur anglais qui, consulté sur le projet du canal
de Suez, le repoussa comme inexécutable et qualifia cette idée
de baroque ; c'est un acte de vengeance plein de malice certainement, mais bien excusable en face de cette œuvre gigantesque maintenant achevée.

CHAPITRE TROISIÈME

DJIDDAH

Jusqu'à ces derniers temps les marins évitaient volontiers la
mer Rouge. Les vents qui soufflent du nord presque toute l'année et ne sont remplacés par les vents du sud-est que pendant
la saison d'hiver, des cartes inexactes et des courants variables
y rendaient autrefois la navigation très-dangereuse et très-pénible, particulièrement pour les voiliers naviguant vers le
nord.

Maintenant de grandes améliorations se sont produites. Les
Anglais, si versés dans les travaux hydrographiques, ont dressé
de nouvelles cartes qui étaient indispensables, les points dangereux sont munis de phares et signalés par des bouées; la
vapeur enfin se rit du vent contraire.

Néanmoins les courants sont restés encore inexactement
connus et ces ennemis cachés de la navigation continuent de
causer de nombreux sinistres parmi les vapeurs eux-mêmes,
de sorte qu'un voyage dans la mer Rouge exige, même aujour-
d'hui, beaucoup de prudence.

Il n'était donc pas étonnant que l'*Helgoland* rencontrât des vents favorables dans la partie supérieure de la mer Rouge et des vents contraires plus au sud; on prévoyait aussi qu'il serait nécessaire de recourir parfois à l'emploi de la vapeur même avec des vents favorables; il paraissait donc douteux que la provision de charbon fût suffisante pour faire sans interruption la traversée de Suez à Aden.

C'est ce qui décida le commandant à couper cette longue distance et à gagner Djiddah afin d'y renouveler sa provision de charbon. Nous laissâmes donc le détroit de Juba et mîmes toutes voiles dehors devant le vent favorable du nord.

Nous ne tardâmes pas à reconnaître que nous atteignions des latitudes plus méridionales. La chaleur devint redoutable et le thermomètre à l'ombre marqua 32° centigrades. Les vêtements d'hiver dont nous sentions le besoin quelques jours auparavant furent mis de côté et remplacés par les plus légers habits d'été. Les officiers de quart eurent recours à toutes les coiffures imaginables, depuis le casque de liége indien jusqu'au sombrero mexicain, pour se garantir des rayons torrides et des coups de soleil mortels dans ces parages. L'équipage auquel une coiffure disparate ne pouvait convenir reçut un léger béret blanc qui abritait le cou, et complétait avantageusement, même pour le coup d'œil, le costume blanc des matelots.

De plus on dressait des tentes pour la journée et on arrosait le pont afin de donner un peu de fraîcheur. Néanmoins, la poix introduite entre les lames du parquet du pont se liquéfiait, et il arriva à plus d'un matelot d'être arrêté tout à coup dans une course rapide parce que ses semelles se fixaient au sol.

Mais la plus pénible de ces souffrances, ce fut une soif inextinguible: pour l'étancher, nous n'avions que de l'eau distillée tiède.

L'état-major employait des appareils à eau de seltz ainsi

que des carafons arabes destinés à rafraîchir l'eau et connus sous le nom d'alcarazas; quant à l'équipage, ce n'est qu'en y ajoutant du vinaigre qu'il pouvait rendre un peu plus fraîche sa portion d'eau parcimonieusement mesurée.

C'était l'époque où les marins chargés de surveiller la provision d'eau dans la cale se targuaient d'importance.

La chaleur réveillait d'anciennes amitiés, et, en dépit des rondes des cadets zélés et de l'austère maître d'équipage, mainte quantité d'eau était frauduleusement enlevée du fond de la cale en échange de tabac et d'autres provisions analogues chères aux matelots. Malheur aussi à l'imprudent qui ne savait pas protéger son alcarazas, car il lui arrivait souvent de le trouver complétement vide quand il voulait se rafraîchir au retour d'un long quart.

L'usage fréquent de bains et de douches rafraîchissait, il est vrai, mais ce sentiment de bien-être ne tardait pas à disparaître et était suivi d'une transpiration accablante. Le repos de la nuit lui-même devenait illusoire à cause de la chaleur étouffante qui régnait dans les cabines. En dépit de toutes les recommandations du docteur on cherchait un courant d'air frais en ouvrant toutes les issues, mais cela même servait peu et l'on quittait souvent sa couche moite sans avoir fermé l'œil. Mais si un vent un peu plus frais était venu à s'élever, on aurait été cruellement puni de cette désobéissance, car il suffisait d'une lame entrée par l'écoutille pour provoquer chez celui qu'elle aurait réveillé d'un songe le sentiment le plus poignant de détresse et de désespoir.

On comprend que, dans ces circonstances où le corps et l'esprit se trouvent affaiblis, le service ne se fasse pas aussi bien que dans nos latitudes.

Les exercices, qui au commencement de la campagne du

vaisseau duraient toute la journée, furent réduits au strict nécessaire et renvoyés aux heures où la chaleur diminue. Il fallut
même suspendre l'instruction des cadets pour quelque temps,
après que l'intendant du bord eut obtenu que ses cours d'administration et de comptabilité seraient toujours suivis du repos
de son auditoire accablé.

Nous pouvions nous croire continuellement dans un four,
mais nous n'en faisions pas moins souvent tous les exercices
nécessaires pour éteindre un incendie afin d'être bien armés
contre ce fléau, si redoutable à bord d'un vaisseau. Presque
chaque jour le concert assourdissant du cornet et de la cloche
réveillait les dormeurs de l'après-midi pour le plaisir que l'on
désigne à bord sous le nom de « l'alarme du feu ». Chacun
gagnait à la hâte son poste exactement fixé, puis on équipait
les pompes à bras, on préparait celle à vapeur, les hommes
formaient la chaîne avec des corbeilles mouillées et des seaux
à incendie, et l'on se disposait à noyer la soute aux poudres.

Le premier lieutenant, toujours suivi de son secrétaire portant le grand registre, examinait alors si tout était bien à sa
place et fonctionnait convenablement. Dans ce cas, point d'exception, chacun à bord a son poste lors de l'alarme du feu.
Même le cuisinier du commandant, toujours disposé à trouver
des faux-fuyants, doit porter de l'eau ; et le gros cuisinier paraissait orné de son bonnet jadis blanc, et apportait, dans sa
précipitation, son couteau à découper. Il ne devinait pas que
les matelots de service à la cuisine profitaient de son absence
pour savourer un délicieux rôti. D'ailleurs les matelots qui
l'entourent lui donnaient malicieusement assez d'occupation
ainsi qu'au reste des « paresseux », nom qui sert à désigner
les hommes dispensés du quart.

Ce n'était pas pur hasard si le jet de la pompe à vapeur

cherchait toujours à éteindre quelque chose au-dessus de leurs
têtes, et si les seaux d'eau se vidaient dans le gréement juste
au-dessus d'eux.

Mainte autre espièglerie passait inaperçue dans le pêle-mêle
de l'alarme du feu : une pourtant ne se termina pas à la satisfaction de ses auteurs. Parmi les appareils destinés à éteindre

Djiddah.

le feu à bord, il s'en trouve qu'on appelle extincteurs et qui servent à produire, par la dissolution d'un produit chimique, une
eau fortement chargée d'acide carbonique ; on l'emploie surtout avec succès pour éteindre des étoffes qui brûlent avec
opiniâtreté.

Un jour cet appareil manqua à l'appel du feu. On chercha, et
finalement on trouva l'extincteur à sec dans son armoire,
tandis que les hommes qui devaient le manœuvrer étaient à
l'hôpital. Selon toute probabilité, ces gens, pressés par la soif,

avaient jeté un œil avide sur cette eau très-mousseuse, et, croyant que ce n'était que de l'eau gazeuse, s'étaient résolus à l'utiliser pour se rafraîchir. Le docteur vit ainsi s'éclaircir une question qui le préoccupait et s'empressa joyeusement d'intercéder auprès du commandant pour obtenir la grâce des coupables suffisamment punis.

Dans les instants de répit que laissait la vie du bord, la chaleur n'était pas moins écrasante, et chacun éprouvait après le repas une certaine somnolence. On abrégeait même l'agréable causerie pendant laquelle on prend du café et on fume un cigare, tandis que l'esprit, une fois les besoins du corps satisfaits, cherchait un peu de repos par l'échange des idées ; c'était en bâillant qu'on se mettait en quête d'une petite place pour remplacer par la sieste une nuit sans sommeil.

Le voyage continua avec la même monotonie tant à l'extérieur qu'à bord.

Le vent ne cessait de souffler dans la même direction et l'uniformité persistait. Pas un vaisseau, pas un bâtiment pour reposer l'œil fatigué de fouiller l'immense plaine liquide; seul, à son lever ou à son coucher, le soleil permettait quelquefois d'entrevoir les montagnes des rivages éloignés. La chasse des requins, qui accompagnaient toujours le navire, était notre unique distraction.

Des hameçons furent jetés de tous les côtés, et rarement sans résultat, par suite de l'extraordinaire voracité de ces animaux. L'un d'eux avala, avec toute la viande qui y était fixée, un hameçon long d'environ un pied et grossièrement attaché à une corde; dix minutes plus tard on le hissa à bord au moyen d'une autre corde fixée à une chaîne. Un second squale s'échappa en perdant une moitié de la mâchoire par suite d'un brusque mouvement pour se dégager: mais il revint à la charge et fut pris.

La dissection de ces animaux expliqua en partie leur faim vo-
race : à part l'amorce jetée, l'un n'avait absolument rien dans
son estomac, et l'autre avait seulement dans le sien une petite
seiche.

Les requins n'apparaissaient généralement pas seuls; le plus
souvent ils arrivaient par deux, l'un servant, pour ainsi dire,
de pilote à son compagnon. La conduite de ce pilote était
curieuse à observer. Il venait d'abord flairer l'appât, y conduisait le requin qu'il accompagnait jusqu'au moment où celui-ci
était enlevé, puis il restait encore quelques instants auprès du
vaisseau comme s'il voulait en prendre congé, et disparaissait
avec une grande rapidité.

Le 9 décembre au matin, après un voyage de huit jours,
nous avions enfin franchi la moitié de la mer Rouge. Nous
découvrîmes les montagnes de la Mecque situées dans l'intérieur, et, mettant le cap dessus, nous jetâmes l'ancre dans le port
de Djiddah, ce même jour, dans l'après-midi.

Djiddah, ville de 20,000 habitants, est le port de la Mecque
et l'entrepôt de toutes les denrées des deux rivages de la mer
Rouge. Le port est d'un abord difficile, mais il est très-sûr par
cela même et sa grandeur suffit pour ses besoins actuels. La
ville est ceinte d'une muraille et, vue du côté de la mer, elle
présente un beau front de constructions de bon style arabe.

Les maisons sont bâties de roches madréporiques; elles ont
ordinairement trois à quatre étages, des fenêtres formant sail-
lie et des balcons de bois ornés des plus belles sculptures.

On rencontre beaucoup de portes et fenêtres habilement tra-
vaillées qui seraient considérées chez nous comme des chefs-
d'œuvre et ne coûtent ici qu'un prix vraiment dérisoire.

L'intérieur de la ville est très-intéressant, les habitudes de
l'Orient s'y sont maintenues complétement pures de tout mélange

européen. En 1858 il y eut encore à Djiddah des actes de persécution contre les chrétiens, et aujourd'hui on compte peut-être
en tout vingt Européens établis ici. C'est le lieu de réunion
des vrais croyants du monde entier, et, comme nous arrivions
peu de semaines avant la grande fête de la Mecque, nous y
trouvions déjà une foule de pèlerins qui avaient dressé leurs
tentes devant la ville.

On y voyait l'Osmanli avec le fez, des Bédouins avec leur burnous blanc jeté autour de la tête et sur les épaules, des Abys-
sins à la taille géante et aux cheveux incultes qu'ils séparent
sur le milieu de la tête et dans lesquels ils piquent une flèche
de métal, des Indous débiles, des Malais presque nus, des
Afghans avec de longs caftans et de belles armes à la ceinture,
des Persans reconnaissables à leurs longs bonnets pointus et
ayant les traits du visage moitié malicieux, moité abjects. L'esclavage des nègres est bien supprimé officiellement, mais il
existe encore complétement : on rencontre souvent des esclaves et c'est par eux que l'on fait exécuter tous les travaux
pénibles.

Comme à leur but de piété les Hadsjis — c'est le nom des
pèlerins de la Mecque — joignent encore des intérêts commerciaux, le bazar de Djiddah est très-animé et l'on peut s'y procurer tous les produits de l'industrie fabriqués dans le monde
mahométan.

Outre le bazar, la ville elle-même offre encore comme curiosités la vieille citadelle en ruines, l'hôtel Sherif Beit et le
palais du gouverneur.

En dehors de la cité, à quelques minutes de la route, se
trouve le prétendu tombeau d'Ève (en arabe *Uma Hewa*), qui
attire tout d'abord l'attention des touristes. Il se compose de
deux murs peu élevés, qui, éloignés l'un de l'autre de six pas,

suivent parallèlement la direction du nord au sud et ont une longueur d'environ deux cents pas. A l'extrémité méridionale, un
palmier marque l'endroit où la tête doit reposer; les derviches
avides, auxquels est confiée la garde du tombeau, y ont établi
un tronc où quelques grosses pièces de monnaie attendent si-
lencieusement que d'autres viennent les rejoindre. A la hauteur

Le tombeau d'Ève.

où est censé placé le cou se trouvent deux tombeaux où sont
renfermés, dit-on, les restes d'Osman et de son fils qui, autrefois, avaient restauré le tombeau de la mère de leur race. A
cent vingt pas environ de la tête, s'élève, au-dessus des deux
murs, une petite coupole sous laquelle s'abrite une chapelle
renfermant une armoire précieuse où l'on conserve une pierre
noire chargée d'inscriptions dont l'origine se perd tout à fait
dans la nuit des temps. Elle marque la place du nombril et est
l'objet d'une vénération particulière de la part des vrais croyants

qui la visitent ; ils la couvrent de baisers et récitent en même temps des versets du Coran inscrits sur les murs de la chapelle.

Depuis le nombril jusqu'aux pieds, comme à l'endroit où gît, par supposition, la partie supérieure du corps, le tombeau est planté de toutes les fleurs aromatiques imaginables dont la sombre verdure contraste agréablement avec la blancheur toujours éblouissante des murs et de la construction centrale.

Autour du tombeau d'Ève s'est formé un cimetière spécialement réservé à l'élite des vrais croyants, et le grand shérif de la Mecque, chef de la famille Fatime qui remonte à Mahomet, décide quels sont ceux qui doivent jouir de l'honneur de se décomposer dans le voisinage supposé de la mère de notre race.

On éprouve tout d'abord une impression singulière, et la passion qui pousse les orthodoxes de toutes croyances d'accuser les autres d'hérésie vous semble insensée quand on se voit transporté, même par ces monuments imposteurs, à l'origine commune des religions monothéistes. Ceux qui dès l'enfance ont été habitués à considérer les « mécréants » comme une sorte d'antipodes du christianisme, trouvent encore étonnant de voir l'homme du commun et le musulman fanatique connaître et admettre la période antimahométane de la Bible.

Le Christ joue chez les musulmans un rôle important. D'après leurs traditions, il est monté au ciel d'où il reviendra comme prophète après de longues années, il agira alors comme Mahomet, et occupera enfin à Médine le tombeau qui lui est réellement réservé dans la grande mosquée du prophète (Uma Issa ben Mariam, tombeau de Jésus, fils de Marie)

Notre pilote sur la mer Rouge nous servait en même temps de guide à terre ; véritable Arabe de Djiddah, c'était un homme habile non-seulement dans sa profession, mais aussi très-versé dans les questions de religion, sur lesquelles il aimait beaucoup à discourir avec une sainte émotion. Ainsi il racontait toute l'histoire de la création exactement comme elle est écrite dans notre Bible, et nous fournissait beaucoup de renseignements sur les premiers hommes. Il avait vu non-seulement le tombeau d'Ève à Djiddah, mais encore celui d'Adam qu'il plaçait près de Ceylan, et celui de Caïn qui doit se trouver dans les environs d'Aden ; on comprend avec quelle facilité on se laisse convaincre de la réalité de ce que l'histoire nous fait connaître par fables ou par figures, quand on est sur les lieux où sont les traces véritables, ou supposées telles, des personnages dont il y est question.

En quittant le cimetière, nous fûmes encore une fois harcelés par tous les derviches qui nous demandaient l'aumône, et, pour nous en débarrasser, nous jetâmes au milieu d'eux une grosse pièce d'argent, comme cela nous avait réussi au Caire. Il était plus pénible que réjouissant de voir comment ces gens, complétement oublieux de leur situation, se tiraient réciproquement par la barbe et se frappaient au visage pour s'emparer de cette pièce d'argent.

Entre le tombeau d'Ève et la porte de la Mecque nous traversâmes une multitude de tentes sous lesquelles campaient ceux qui faisaient partie des caravanes de la Mecque. L'une des caravanes devait partir le lendemain, aussi y existait-il la plus grande animation ; les hommes en particulier se faisaient couper, par les perruquiers affairés, cheveux, barbes et ongles et se préparaient à revêtir le costume de pèlerin qu'ils étaient sur le point de prendre à la place de leurs habits bariolés ordinaires.

Ce vêtement de pèlerin, nommé *ichram*, se compose d'une étoffe blanche garnie de petites bandes rouges ; on le drape autour du corps et de l'épaule gauche tandis que la main droite et la tête doivent rester à découvert malgré l'ardeur du soleil. Les femmes remplacent par des masques blancs les voiles de mousseline qui leur couvrent le visage, et s'enveloppent dans des vêtements tout blancs. On charge les chameaux : quelques-uns portent des provisions de bouche et des outres pleines d'eau, d'autres transportent les personnes. Enfin les selles, toujours en rapport avec l'état de fortune des pèlerins et parfois très-richement ornées, sont attachées sur le dos des animaux avec des lits rangées symétriquement. Pour égayer ceux dont les préparatifs sont terminés, il y a des dompteurs de serpents, des jong'eurs et autres gens de la même espèce qui s'agitent et contribuent, par les boniments qu'ils lancent à pleine voix, à augmenter encore le tapage produit par les cris des hommes et le mugissement des chameaux.

La caravane qui allait partir était petite ; on l'évaluait à huit cents personnes ; mais néanmoins la foule des chameaux, dont le nombre était certainement aussi considérable, fit sur moi une impression profonde. Je n'avais encore jamais vu réunis autant d'animaux de cette espèce ; jamais non plus je n'avais entendu ce bruit plaintif qui fait retentir le sol et qui ressemble à celui que produirait un grand troupeau de bœufs et de chèvres.

Le soleil était déjà bien au-dessous de l'horizon lorsque nous rentrâmes dans la ville, où régnaient le silence et l'obscurité, mais la clarté du ciel étoilé des tropiques permettait cependant de s'orienter dans les rues étroites.

C'était justement le moment du balayage, événement si rare en Orient qu'il faut le mentionner.

Djiddah d'ailleurs est l'une des villes les plus propres de l'Orient, et doit surtout cet avantage aux règlements énergiques mis en vigueur par Nuriaz-Pacha. C'est surtout à la force de

volonté de ce gouverneur que les Turcs doivent d'avoir vu re-
lever leur prestige dans le Levant.

Les règles de la politesse veulent qu'à l'arrivée d'un navire
de guerre dans un port étranger le commandant du vaisseau,
accompagné de son état-major, fasse une visite au commandant militaire, quand celui-ci occupe lui-même un rang élevé;
notre commandant se rendit donc avec quelques officiers chez
le gouverneur actuel de Djiddah. La réception fut des plus
aimables, on nous fit asseoir sur des divans et on nous servit
de bon café, du pur moka vraisemblablement, et des cigarettes,
après quoi la conversation s'engagea.

Elle se borna principalement à des assurances d'amitié qui
s'échangèrent bien plus facilement par la mimique que par
l'intermédiaire de notre mauvais interprète. Outre le pacha,
nous vîmes encore un certain Mohamed Sayd, l'un des principaux habitants de Djiddah et descendant de Fatime. A en juger
par son sourire, c'est un homme très-affable; il semble néanmoins très-fier de sa haute parenté, et telle est la coloration
foncée de sa peau, qu'on le prendrait plutôt pour un nègre
somali que pour un Arabe.

Pour prendre congé, on échangea d'abord d'innombrables sa-
lutations arabes; on se toucha avec la main le front, la bouche
et la poitrine (1); puis on se baisa les ongles des doigts, et enfin
nous nous serrâmes la main à l'européenne.

Nous entrâmes aussi en relations avec des officiers de la marine turque; il y avait dans le port, sous les ordres du commo-
dore Machmed-Bey, deux corvettes et plusieurs bâtiments de
moindre rang appartenant à cette nation. Les Turcs montrent
rarement sur mer une grande activité, et l'on nous dit que ces

____

1. Cela signifie : J'exprime ce que je sens et ce que je pense.

vaisseaux arrivés ici avant le percement du canal de Suez n'avaient pas quitté le mouillage un seul instant. Pour les transports de troupes et les expéditions qui ont souvent lieu dans le sud de l'Arabie le gouvernement turc préfère employer les paquebots du Llyod autrichien.

L'embarquement du charbon de terre fut terminé le 11 décembre et nous quittâmes Djiddah. La suite du voyage vers Aden fut bien la partie la plus désagréable de toute la campagne.

Comparée à la navigation à voiles, la navigation à vapeur est toujours pénible, mais quand on avance rapidement, on se fait facilement au bruit continuel de la machine. Mais ici nous ne pouvions faire que peu de chemin, car il nous fallait lutter contre un vent contraire des plus violents et une mer houleuse; l'hélice tournant tantôt dans l'air, tantôt dans l'eau, donnait des coups irréguliers; l'odeur de graisse de la machine et celle de la fumée qui s'abattait sur le pont, se joignant à la chaleur des tropiques, mettaient le comble à notre malaise, exaspéraient les nerfs les moins délicats et soulevaient les tempéraments les plus calmes.

Le 13, nous rangeâmes la Jebbel Ter, île dénudée et couverte de légions de mouettes, nous passâmes devant le groupe des Hanisch et enfin nous pénétrâmes dans le détroit de Bab-el-Mandeb (porte du deuil), qui doit son nom aux innombrables accidents de mer qui s'y sont produits par suite de la violence des courants.

Le 16 décembre, dans l'après-midi, l'*Helgoland* jetait l'ancre dans le port d'Aden.

CHAPITRE QUATRIÈME

ADEN

L'entrée dans un port occasionne toujours un certain mouvement et une certaine activité à bord d'un navire de guerre.

Il n'est plus question, comme en mer, de la scrupuleuse ponctualité des heures de quart, et tout se prépare, à l'arrivée, dans un joyeux pêle-mêle.

Le commandant et le maître pilote ont de continuelles conférences, on jette la sonde, on déroule ses cartes.

On se sert continuellement du sextant et de la lunette autant pour se rendre un compte exact de la position du vaisseau que pour étudier le port à atteindre.

Le premier lieutenant n'est pas le moins occupé : il fait préparer l'ancre, disposer convenablement les amarres, et surveille la toilette du vaisseau.

Quand tous les préparatifs nécessaires pour l'atterrissage sont terminés, on songe à la coquetterie, car on tient à ce que le navire et ses agrès offrent l'aspect le plus séduisant. L'équipage fait reparaître la peinture que l'eau de la mer a rendue grise, et noircit à nouveau les agrès blanchis par l'usage; entre-t-on sous vapeur, on cargue soigneusement les voiles, on brasse carré, on apique les vergues, et malheur au matelot qui laisse pendre de sa vergue un bout de cordage !

De bonne heure on entend le contre-maître diriger ces travaux au moyen du sifflet et d'expressions d'une énergie indescriptible ; à ce bruit s'ajoute le cliquetis des chaînes de l'ancre qu'on déroule ; c'est un signe certain du voisinage de la terre et une musique harmonieuse pour les oreilles de gens fatigués de la mer et en particulier pour les malades.

Chacun se met en toilette parce qu'on s'attend à recevoir des visiteurs étrangers, puis s'empresse de monter sur le pont tous les instruments d'optique dont on dispose afin d'étudier plus facilement le pays. On prend même un repas pour être prêt à tout événement, repas qui est réglé sur l'heure probable de l'arrivée, car tout homme à bord est alors de service. L'état-major s'occupe encore de l'intéressant calcul de la division du service de garde dans le port. Ceux qui s'attendent à être libres après l'arrivée s'efforcent de régler le mieux possible l'emploi de leur liberté. En effet, le séjour d'un vaisseau de guerre, dans un port étranger, est d'ordinaire assez court, et, par suite, toute perte de temps est irréparable.

Dès que nous fûmes en rade d'Aden, un matelot nègre, très-proprement habillé, vint à nous, en canot, pour nous piloter ; il monta à bord et nous fit gagner l'endroit désigné par les autorités du port pour jeter l'ancre. Alors commença l'impression particulière que produisent Aden et sa population. La vie pittoresque et bigarrée de l'Orient s'y associe sous le gouvernement austère des Anglais à un ordre et à une propreté presque outrés.

Le port, vaste, est formé par une presqu'île rocheuse. Les rochers de basalte d'un dessin pittoresque qui atteignent une hauteur d'environ 1,500 pieds, le manque presque absolu de vé-

Steamer Point à Aden.

gétation, le plan des fortifications, les maisons de la plage blanchies à la chaux, tout, même au point de vue de l'importance politique et stratégique, rappelle Gibraltar.

Les vaisseaux de guerre anglais ne manquent pas non plus. Aden est la station des navires chargés d'empêcher le commerce des esclaves sur les côtes de l'Arabie, et ils y conduisent devant le tribunal des prises les bateaux d'esclaves capturés dans des croisières qui durent plusieurs semaines. Il ne faut pas envier à l'équipage fatigué un repos de quelques jours ; et l'homme à la vareuse goudronnée trouve l'occasion de dépenser plus rapidement qu'il ne l'a gagnée, la prime de cinq livres sterling que le gouvernemeut anglais paye pour chaque esclave rendu à la liberté.

L'appât de cette récompense entraîne à des abus ; d'ailleurs il est quelquefois difficile de comprendre les Arabes, aussi n'est-il pas rare que d'innocents cabotiers soient capturés ; ce qui s'était justement produit lors de notre arrivée. La corvette anglaise *Thétis* avait arrêté un transport contre lequel il était impossible de prouver qu'il fît le commerce des esclaves, et tous les vaisseaux présents furent réunis dans le port pour qu'un conseil de guerre décidât jusqu'à quel point le commandant de la *Thétis* était fautif.

'La ville d'Aden proprement dite est située dans la partie nord-est de la presqu'île dont nous avons parlé, tandis qu'en face du mouillage des vaisseaux s'est formé un faubourg appelé la Steamerpoint, et composé des magasins de toutes les agences de navigation, des consulats et d'un hôtel. Les maisons des riches parsis s'y distinguent surtout par leur cachet et leur style élégant. Des colonnes de pierre ou de fer supportent des toits en forme de terrasse, tout le reste n'est que fenêtre ou porte. Aussi les chapelles anglaises construites dans le style gothique forment un contraste étrange avec leur entourage oriental. La plupart sont accompagnées d'un petit jardin entretenu à force de dépenses.

La garnison anglaise est logée partie dans les ouvrages fortifiés, partie sur les hauteurs dominantes, dans des baraques très-aérées. Le gouverneur ou *Political Resident,* tel est son titre officiel, demeure ainsi que les hauts fonctionnaires et les officiers dans des cabanes de bambou, très-fraîches et très-commodes, il est vrai, mais dont l'aspect extérieur n'est nullement imposant.

Steamerpoint est relié à Aden par une belle route dont une partie est taillée dans le roc, et dont l'autre traverse de longs tunnels. On se rend facilement à la ville en une demi-heure, soit qu'on se serve de chariots spéciaux très-légers et couverts d'une toile, soit qu'on monte sur un âne. Aden compte environ 20,000 habitants, elle est très-régulièrement bâtie, et les rues se coupent à angle droit. Les maisons sont généralement construites de roche madréporique, et peintes en blanc, mais elles ne sont pas aussi proprement entretenues que Steamerpoint. La réverbération des maisons blanchies est très-violente à cause de l'intensité extraordinaire de la lumière du soleil. Comme l'œil ne rencontre aucun repos sur les parois des rochers, il se tourne avec plaisir vers les réservoirs, seul endroit de toute la presqu'île où il y ait de la verdure et où prospèrent à cause de la fraîcheur quelques petites plantations.

Les réservoirs sont très-anciens, on les prétend antérieurs à l'ère chrétienne, et ils ont été construits dans les plus vastes proportions. Leurs parois à pic sont formées d'une muraille rocheuse, qui affecte la forme d'un demi-cercle, se rapprochant en entonnoir. Dans cette demi-lune, cinquante réservoirs ont été creusés en plein roc, et disposés de telle façon que, quand l'un d'eux est plein, l'eau se déverse dans ceux qui sont au-dessous.

Cette série se termine à l'extrémité sud-ouest de la ville par un bassin colossal. La contenance de ces citernes est évaluée à environ 2,590,000 muids ; mais cette quantité est insuffisante pour les besoins, et le reste doit être obtenu au moyen d'appareils à distiller, car les pluies sont très-faibles, et il ne tombe annuellement que 5 à 6 pouces d'eau ; certaines années il n'en tombe même pas du tout. Aussi l'eau atteint-elle à Aden un prix assez élevé : on paye 0 fr. 65 un muid d'eau des citernes, et 1 fr. 95 le muid d'eau distillée, et l'on considère un bain d'eau douce comme un article de luxe.

Les fortifications d'Aden consistent seulement dans le remplissage des brèches que la nature avait laissées dans la muraille de pierre, et l'on peut tenir pour imprenables, à cause de leur position, les batteries installées sur les différentes hauteurs.

La population d'Aden est très-mêlée. Le noyau se compose des Arabes qui appartiennent à la famille des Abdali, race vigoureuse qui porte le costume pittoresque des Bédouins. Ce sont eux qui transportent les vivres arrivant de l'autre côte de Lajeh, capitale et résidence du sultan de la tribu de Fake.

Les plus nombreux sont ensuite les nègres de Somal qui apportent du continent situé en face et principalement de Berbera, des bêtes à cornes, des plumes d'autruche, des défenses d'éléphant et des ouvrages de paille qu'ils vendent à Aden. Ils ont, entre la ville et Steamerpoint, un établissement où ils sont libres de trafiquer à la condition de se soumettre complétement à la loi anglaise. Ils appartiennent à la race sémitique, comme le prouve la conformation de leur crâne ; la coloration de leur peau est d'un jaune brun, et ils sont, pour la plupart, d'une taille élancée. Fiers de leur parenté avec les Arabes, ils s'indignent quand on les appelle « nigger » parce qu'ils ne donnent ce nom qu'à leurs ennemis, les Gallas, qu'ils repoussent de plus en plus dans l'intérieur de l'Afrique. Pour vêtement ils n'ont qu'une simple pièce de coton blanc dont ils s'entou-

La citerne d'Aden.

rent les épaules et les reins, tandis qu'ils ont la tête continuellement découverte malgré les rayons du soleil qui sont, ici, presque perpendiculaires. Ils nattent leur chevelure en une multitude de petites tresses et la poudrent de chaux pour empêcher la vermine ; cela donne aux cheveux une teinte blond-rouge et forme, avec la couleur sombre de la peau, un contraste singulier. Nous avons souvent trouvé, aux femmes elles-mêmes, les traits du visage réguliers et les yeux pleins de feu. Elles circulent sans voile, bien que professant la religion mahométane ; elles ne portent qu'une légère tunique blanche et grise en forme de chemise, et roulent un mouchoir autour de leur tête. Hommes et femmes portent un collier d'ambre jaune ; mais ces dernières ont en outre, selon leur fortune, des anneaux d'argent autour des bras, des chevilles ou du gros orteil ; — beaucoup en ont aussi aux ailes du nez.

Les Somalis n'ont pas le droit, dans Aden, de porter les lances qui ne les quittent jamais dans leurs pays, ils les remplacent par de longs bâtonsminces sans lesquels ils ne sortent jamais.

En général, ils sont très-calmes et, bien que connus pour belliqueux et querelleurs, ils sont pourtant très-doux à Aden sous la loi sévère des Anglais. Ils sont très-crédules, et les charlatans, appelés Mganga, jouent chez eux un rôle important par leurs cures extraordinaires. Ainsi, quand quelqu'un souffre de l'estomac, ils lui coupent le filet de la langue pour augmenter la difficulté de manger, et lui font subir un jeûne rigoureux de deux ou trois jours ; puis, quand le patient est déjà guéri, ils lui donnent le remède magique et infaillible.

Il y a encore à Aden un chiffre important d'Indiens venus, pour la plupart, avec les troupes anglo-indoues qui stationnent ici. C'est parmi eux que se recrutent les nombreux policemen qu'on rencontre dans les rues avec leur costume original. Des Anglais, des parsis, des juifs, des Chinois et des Malais composent le reste de la population.

Les Anglais sont représentés par la garnison, forte de 2,000 hommes, et par quelques marchands. Ici, comme dans toutes les parties du monde où les Anglais s'établissent, on retrouve un coin de la vieille Angleterre avec ses besoins et ses mœurs. A Aden on ne joue pas au criquet avec moins d'ardeur que sur la place d'Eton, et l'on nous invita une fois, à midi, par une chaleur de 30° centigrades, à une partie où les adversaires étaient des officiers de la marine et de l'armée de terre.

Types populaires d'Aden.

Les parsis occupent la position de nos banquiers et ont presque toute la fortune du pays entre leurs mains, tandis que les juifs se livrent presque exclusivement au commerce de plumes d'autruche. Ces derniers ont conservé leur type national.

Chaque navire qui arrive est à peine affourché qu'il est assailli par eux. *Bl-ack feathers ! Wh-ite feathers !* (plumes noires ! plumes blanches !) retentissent à vos oreilles sur un ton particulièrement guttural, et malheur à l'étranger

qui s'empresse d'acheter des plumes sans les examiner suffisamment. Les plumes blanches surtout, dont les belles et
véritables atteignent ici le prix de 15 à 18 francs pièce, sont
fréquemment falsifiées ; on les remplace par des plumes grises blanchies à la chaux, qui se détruisent au bout de peu
de temps. Pendant le court séjour des paquebots-poste qui
passent par cette voie, leurs passagers sont régulièrement
dupes de cette tromperie, et le langage des marchands a créé
l'expression *foolish passenger's feathers* (plumes pour les passagers naïfs) au moyen de laquelle on désigne les plumes de
rebut exclues à cause de leur presque non–valeur.

En dehors de l'influence politique que l'Angleterre exerce
d'ici sur l'Arabie méridionale et la côte de Somal, l'importance principale d'Aden consiste dans sa position favorable au
commerce ; les bateaux côtiers de tous les pays voisins s'y réunissent et y entassent les produits avec lesquels sont ensuite
frétés les nombreux paquebots qui font escale à Aden. De plus
cette ville est la station de ravitaillement en charbon de toutes
les lignes qui traversent la mer Rouge, enfin c'est l'un des
principaux centres d'exportation du café moka.

Le jour de notre arrivée (18 décembre 1873), la garnison
rentrait justement d'une expédition entreprise pour forcer les
Turcs à évacuer Lahej. Les Turcs avaient replacé sur le trône
le sultan légitime Abdallah renversé par une révolution ; mais
comme son frère cadet, instigateur de la révolte, faisait aux
Anglais des offres très-avantageuses pour l'approvisionnement
d'Aden, ceux-ci lui promirent leur secours et se présentèrent
devant Lahej pour forcer les Turcs à renvoyer Abdallah et à le
remplacer par son frère. On envoya de Constantinople au
pacha qui commandait, l'ordre rigoureux de n'avoir aucun
conflit avec les Anglais et de les laisser agir à leur guise ; le

monde et les Arabes en particulier eurent donc une preuve nouvelle que de nos jours la force prime le droit.

Nous employâmes à Aden nos instants de liberté à aller à terre le plus souvent possible et à étudier de près les mœurs du peuple. Un soir, nous nous rendîmes dans un café arabe où justement l'on donnait un concert, c'est-à-dire une espèce de fantasia, comme l'on dit ici. L'instrument principal était une grosse caisse qui travaillait avec assez d'énergie et était accompagnée de cymbales turques et d'une sorte de violon très-primitif, tandis qu'un Arabe, moitié chanteur, moitié déclamateur, débitait des traditions héroïques avec accompagnement de musique. Les auditeurs très-serrés écoutaient avec l'attention la plus soutenue et manifestaient de temps en temps la plus vive satisfaction; mais l'étranger ressent une impression d'un genre particulier en se trouvant dans une salle plongée dans une demi-obscurité au milieu de cette foule à l'aspect brun-noir, et en ne pouvant deviner ce dont il s'agit que par l'expression variée du visage des auditeurs, le bruit empêchant d'entendre les paroles.

Comme l'*Helgoland* s'approvisionnait en partie aux magasins du gouvernement anglais, nos relations avec les fonctionnaires anglais furent assez suivies; cela nous procura l'occasion de faire plus ample connaissance avec quelques-uns d'entre eux et de rencontrer aussi des noms autrichiens.

Le résident politique, général Schneider, appartient à une famille autrichienne, et le commandant Wratislaw de la corvette *Wolverine*, alors en station à Aden, était un parent de feu notre célèbre feld-maréchal de ce nom.

Comme ce navire était remarquable par sa tenue exemplaire et son emménagement pratique, nos cadets reçurent l'ordre de le visiter. Dans ce but, je demandai le premier lieutenant et je fus très-agréablement surpris de trouver en lui un officier dont j'avais déjà fait la connaissance au Mexique, et qui m'était très-sympathique à cause de sa conduite distinguée et de son instruction nautique.

Grâce à cette visite il s'établit des rapports très-amicaux entre nos cadets et les *midshipmen* anglais [1]. Comme c'est l'habitude dans ces circonstances après la visite d'étiquette, on échangea des invitations.

Le mess des cadets fut décoré et un brillant souper y fut servi. L'observation de l'étiquette, comme s'il se fût agi d'un banquet officiel, et l'ignorance de la langue rendirent au commencement la conversation languissante; mais le vin largement versé changea très-rapidement les choses. Les langues se délièrent et tout le monde parla bientôt l'anglais couramment. Inutile d'ajouter que pour l'honneur du drapeau chacun représenta très-brillamment son propre vaisseau et la marine de sa patrie.

Puis vient la haute politique. Avant tout il est entendu qu'il n'y a qu'une Angleterre et une Autriche, tout le reste n'existe pas et ne peut exister si ces deux États restent alliés. On conclut une éternelle alliance offensive et défensive, on souhaite une longue vie aux monarques actuels, on entonne les hymnes populaires des deux pays, et un tonnerre de hourrahs ininterrompu annonce à l'extérieur cette décision qui ébranle le monde. Là-dessus les assistants fraternisent et se jurent amitié jusqu'à la mort; les toasts et les chants augmentent d'intensité et de dissonance.

Cependant, même à l'âge joyeux des cadets, tout a une fin, les pensées et les images inverses se succèdent chez eux avec la plus grande rapidité; dès le lendemain tout était oublié au

1. C'est le grade équivalent, dans la marine anglaise, à celui des cadets de mer autrichiens.

milieu du mouvement du service, à moins que peut-être un léger mal de tête ne laissât de la fête un souvenir quelque peu confus.

Suivant l'usage nous fêtâmes la veille de Noël par un festin auquel le corps des officiers de l'*Helgoland* convia tout l'état-major anglais ; puis, notre approvisionnement de charbon et de

Aden.

vivres étant terminé, l'*Helgoland* reprit la mer le 25 décembre au matin. Il nous fallut remonter le golfe d'Aden malgré un vent des courants contraires ; et nous n'y parvînmes qu'en employant toute la force des machines, et le 1er janvier nous arrivâmes au cap Guardafui, où près du cap lui-même, nous rencontrâmes un courant doué d'une vitesse de trois milles à l'heure. A partir de Socotora le vent nous devint favorable et tout se passa tranquillement, comme dans l'alizé de l'océan Atlantique, bien qu'avec un ciel, la plupart du temps, couvert.

En cet endroit, la quantité de poissons volants qui entouraient le vaisseau, surtout à la chute du jour, était surprenante ; ils tombaient sur le pont et pénétraient jusque dans les cabines par les écoutilles ouvertes. On les considérait comme de bonne prise, et à part les petits, que le docteur introduisait dans ses flacons à alcool, on les faisait griller et on les mangeait. Le 8 janvier nous franchîmes l'équateur; cette fois pourtant le baptême de la ligne n'eut pas lieu. Une grave et solennelle cérémonie nous en empêcha. Le matelot Punzengruber était mort, la veille, du typhus et les derniers honneurs lui furent rendus par 0° de latitude.

Selon l'habitude à bord, le défunt fut enseveli après constatation de la mort, la bière fut placée dans un canot sur le pont avec une petite lampe à côté, et un poste fit la veillée du corps.

Le lendemain matin le cadavre, cousu dans un hamac et lesté avec du fer, fut porté près de l'échelle, puis paré du drapeau national et des armes du défunt. On brassa alors pour rendre le vaisseau immobile; le commandant fit à l'équipage rassemblé sur le pont un discours concis en rapport avec la circonstance, on prononça une courte prière, le cadavre passa par-dessus bord, une sonnerie et une salve de mousqueterie lui donnèrent le dernier salut d'honneur, puis on brassa toute les voiles et le voyage continua. Cette cérémonie si simple est très-émouvante; le cœur se serre quand on voit l'eau se refermer sur le cadavre, et les ronds produits par le déplacement de l'onde se perdre dans la vaste étendue de la mer.

Le 13 au matin nous étions enfin en vue de l'île Pemba, renommée pour sa luxuriante végétation, puis, vers le soir, en face de Zanzibar. La nuit qui s'avançait rapidement ne nous permettant plus d'atteindre la ville de ce nom, on jeta l'ancre devant l'île Tumbat, et le lendemain, à midi, nous entrâmes dans le port de Zanzibar.

CHAPITRE CINQUIÈME

ZANZIBAR

Données générales de géographie. — Climat. — Flore. — Faune. — Population. — L'esclavage. — Costumes du peuple. — Missions. — Superstitions des habitants de Zanzibar. — Le jeu Abedjed. — Usages et coutumes des Suahelis. — Puissance militaire, commerce et revenus. —
L'*Helgoland* à Zanzibar. — Présentation au sultan. — Description de la
ville. — Maisons des Européens. — Maisons des Suahelis. — Huttes des nègres. — Nasimoja. — Incident d'une partie de cheval. — Visite d'une
chambre. — La fête du Beiram. — Danse des glaives.

Zanzibar a été, tour à tour, établissement arabe, portugais et
plus tard dépendance de l'Iman de Maskat ; c'est maintenant
un État indépendant gouverné par des sultans qui descendent
de ces mêmes Imans ; il se compose de l'île de Zanzibar, des
îles Pamba et Mafia, de quelques autres plus petites et de la
partie de la côte située en face, depuis le 2° de latitude nord
jusqu'au 10° de latitude sud. La population comprend à peu
près 350,000 âmes dont 250,000 dans l'île de Zanzibar, dont la
superficie est d'environ 30 milles carrés. C'est une île madréporique au sol sablonneux et contenant de l'argile. Les accidents de terrain sont peu considérables et la colline calcaire,
qui se trouve près de Dungo, n'atteint pas plus de 400 pied
au-dessus du niveau de la mer.

La position de Zanzibar entre le 5ᵉ et le 6ᵉ degré de latitude
sud et l'humidité de l'atmosphère, rendent la végétation très-
luxuriante, quoique l'œil des Européens, à cause de la prédomi-
nance des cocotiers aux troncs lisses, y soit moins étonné que

dans maint autre pays des tropiques. Outre les cocotiers, on y trouve, à l'état sauvage, le manguier, le yack, le papaya, ainsi que les arbres ordinaires aux contrées des tropiques. On y a importé et cultivé la cassave, le riz, le caféier, et dans ces derniers temps la canne à sucre, le coton et l'indigo.

Le climat est en rapport avec la situation maritime du pays, et la température se maintient toute l'année entre 25 et 35° centigrades. La pluie ne tombe que pendant le passage du zénith et tout le reste du temps elle est remplacée par une rosée très-abondante. Bien que la division des saisons ne se répartisse pas de la même façon que chez nous, on partage cependant l'année en deux parties d'après les moussons; celle qui correspond à la mousson du nord-est est relativement plus chaude et plus sèche, tandis que pendant la mousson du sud-ouest il fait plus humide et plus frais. En général, l'Européen trouve la température élevée et énervante; cela tient à ce que l'évaporation est lente précisément à cause de l'humidité de l'air; mais tous les récits que l'on fait chez nous de l'insalubrité de Zanzibar sont exagérés. Les fièvres n'y sont pas plus fréquentes qu'au 40° de latitude dans n'importe quelle contrée plus élevée; et pour un pays des tropiques on peut le regarder comme sain.

La faune naturellement est toute africaine : il n'existe pas d'animaux féroces, à moins qu'on ne veuille considérer comme tels de petits sangliers sauvages et des chats-tigres que les chasseurs de ce pays poursuivent avec beaucoup d'ardeur. Dans l'intérieur de l'île on trouve des sagouins, des galagos, des makis, des antilopes naines, des iguanes, appelés ici *waran*, dont l'aspect est laid, mais dont les œufs sont savoureux. Quant aux oiseaux et aux insectes, il y a des espèces très-variées; elles sont pourtant moins nombreuses que dans les autres contrées

Zanzibar.

tropicales. Parmi les myriapodes, les scolopendres se font particulièrement remarquer par leur grande quantité et les habitants les redoutent beaucoup. Quant aux poissons, dont les
espèces sont très-variées, ils abondent ainsi que les crabes et
les huîtres.

Les animaux domestiques ont été généralement impor-
tés du continent africain, de l'Arabie et des Indes, mais ce
ne sont point des bêtes de race; ainsi il y a des chameaux,
des bœufs et des vaches zébus, des chevaux, des ânes, des
chiens, etc.

Comme cela ressort de l'histoire de Zanzibar, la population
est de sang très-mêlé, et les nègres Suahelis, entre autres,
premiers habitants de l'île, sont un mélange évident de sang
arabe. Ils sont habituellement robustes et bien constitués,
l'expression de leur visage dénote l'intelligence et leur peau est
d'un brun noir. Les hommes portent, coupés ras, leurs cheveux
épais, tandis que les femmes les tressent; les dents sont généralement belles, quoique colorées en rouge par la mastication
du bétel. Quant au caractère des Suahelis, il règne une grande
diversité d'opinion parmi les Européens qui habitent Zanzibar.
La majorité cependant les représente comme des gens débon-
naires, quoique emportés; comme hospitaliers et tolérants,
mais aussi comme très-intéressés et très-menteurs.

Les Arabes, qui forment ici l'aristocratie, ont le teint plus ou
moins foncé et n'ont ni l'aspect ni l'intelligence de leurs frères
de race, dans les veines desquels coule un sang pur de tout
mélange. Les Indiens, en particulier, sont largement représentés dans la ville de Zanzibar, et viennent pour la plupart de
la côte de Malabar; ils se divisent selon la religion, en mahométans et en bouddhistes. On donne habituellement aux premiers le nom d'Hindis et on désigne spécialement les derniers

par celui de Banyans (marchands), bien que tous deux fassent du commerce leur occupation principale.

Très-actifs et très-adroits en même temps que très-sobres, les Banyans deviennent pour la plupart fort riches ; ils ont par là une grande influence, quoiqu'on les méprise à cause de leur lâcheté, tandis que les Hindis se font gloire de jouir d'une meilleure réputation auprès des Arabes et de se confondre plus facilement avec eux. Il faut encore mentionner des indigènes de Madagascar, des Comores et des Malgaches qui y séjournent isolément ; la plupart appartiennent à la famille des Cafres, mais ils sont plus éloignés des nègres proprement dits que les Suahelis.

Les tribus que nous venons d'énumérer forment, avec 30 à 40 Européens, et quelques Portugais de Goa, la population libre dont le chiffre est de beaucoup surpassé par la masse des esclaves. Une partie de ceux-ci est née à Zanzibar, on les appelle des Wazalios, l'autre partie se recrute parmi toutes les races nègres imaginables de l'Afrique orientale, chez les Wanycka, les Wajamoesi, les Miau, etc. Leur peau est couleur d'ébène ; ils ont les cheveux laineux, le nez aplati, et la physionomie bestiale des nègres de l'Afrique occidentale, dont ils diffèrent par leur bonté.

Ces races se distinguent l'une de l'autre par des incisions faites aux joues, par la forme des oreilles ou enfin par des dents limées en partie ou cassées ; ces différences de race s'effacent cependant chez beaucoup d'individus, soit parce qu'ils ont été enlevés de leur pays dès l'enfance, soit parce qu'il y a long-temps déjà qu'ils sont en esclavage. Quant au traitement et à la condition des esclaves à Zanzibar, ils doivent étonner même les plus chauds partisans de la liberté individuelle ; la situation des esclaves ici ne ressemble nullement au sort misérable des

esclaves de l'Amérique dont Mistress Beecher a donné un tableau si vivant dans la *Case de l'oncle Tom*. A Zanzibar
l'esclavage n'est qu'une sorte de servage. On ne vend plus, on
n'achète plus d'esclaves sur le marché public, mais bien dans

Femme esclave et son enfant.

un endroit qui ressemble beaucoup à nos agences de domestiques ; ils conservent ainsi jusqu'à un certain degré leur droit de
libre-arbitre.

D'abord les esclaves sont payés ; à la ville, ils reçoivent une
certaine somme d'argent ; à la campagne ils ont pour leur entretien autant de terre qu'ils en peuvent cultiver, ils ne donnent à leur maître que cinq jours par semaine et le plus sou-

vent ils ne travaillent que le matin. S'il fait des économies, tout esclave possède ainsi le moyen de racheter sa liberté complète, de plus il a le droit important de forcer son maître à le vendre s'il est maltraité.

Ici point de séparation inhumaine d'une famille, il n'est pas permis de séparer les membres qui la composent, et quand on cède une propriété, on vend avec elle les esclaves à bas prix. Vendre un esclave est une preuve d'extrême misère, mais on considère comme un déshonneur de vendre un Wazalio né sur la propriété elle-même. Dans le cas où l'esclave se montre incorrigible, on hésite cependant à le vendre, et cela ne peut arriver qu'après l'en avoir averti à maintes reprises.

On voit donc par là que la situation de l'esclave à Zanzibar n'est pas aussi pénible qu'on serait peut-être tenté de le croire au premier abord. Ajoutez que l'Arabe est ici un maître bienveillant et presque paternel, de sorte qu'il se forme entre lui et son esclave une sorte de lien de famille qui laisse à peine ce dernier désirer un changement dans sa situation. En fait il arrive rarement qu'un esclave se rachète lui-même, il emploie de préférence ses économies à se payer à son tour un esclave pour cultiver plus facilement son bien-fonds; d'un autre côté, on considère la vente comme la plus grande punition qu'un maître puisse infliger à un esclave incorrigible.

La langue presque exclusivement employée est le suaheli, dialecte très-riche en voyelles et très-harmonieux qui, sous le rapport de la flexibilité, se rapproche de l'italien et auquel on reconnaît une grande richesse de nuances. A la cour du sultan on se sert encore de la langue arabe, mais elle doit être fort dénaturée par le mélange de mots suahelis.

Le costume des Zanzibariotes est varié. Les uns portent le vêtement national des Arabes et des Indous que les premiers

ont emprunté à celui des Suahelis décrit plus haut ; les autres,
et c'est la majorité, ont le vêtement léger des nègres, lequel
consiste en un court tablier chez les hommes, et chez les femmes en un léger voile de coton qu'elles portent roulé autour
du corps avec des plis plus ou moins gracieux.

Indienne en habits de fête.

Il y a des esclaves nouvellement passés du continent en con-
trebande, qui sont encore moins vêtus si c'est possible ; les femmes aussi sont à peine couvertes de haillons dont elles enveloppent leurs enfants, qu'elles portent le plus souvent sur le dos.

Les jours de fête, les esclaves sortent dans le costume arabe,
et mettent des chemises d'une blancheur éblouissante, une

ceinture de couleur et des vestes brodées de nuances diverses
tandis que le turban, le poignard recourbé et l'épée ordinairement droite qu'ils portent à la main en guise de canne, restent
le privilége exclusif des hommes libres.

Le costume de fête des femmes arabes et suahelis consiste
principalement en masques de visage richement brodés, en un
voile fin et le costume turc en soie. Indoues et négresses
portent autant de bijoux qu'elles peuvent s'en attacher au nez
et aux oreilles ; souvent aussi les négresses se font une coiffure
étrange ; tantôt elles ont de grandes cornes entortillées, tantôt
elles divisent leurs cheveux en une multitude de petites tresses
qui leur donnent l'aspect d'une méduse.

Il est généralement de mode de se teindre les sourcils avec
du noir de fumée et de se rougir les ongles ; les esclaves se bar-
bouillent le visage et les parties visibles du corps avec une
pommade jaune. Cette pommade s'emploie moins souvent par
vanité que comme remède. La poudre de henné contenue dans
cette drogue est en effet d'une grande efficacité contre les mi-
graines et la fièvre.

La plupart des Zanzibariotes professent la religion de Mahomet, comme nous l'avons dit, et d'autres celle de Bouddha ;
le christianisme y est représenté, non-seulement par les Wa-
sungu [1], mais aussi par les membres des missions. Ceux-ci se
divisent en protestants, anglicans proprement dits, et catholiques, selon qu'ils sont sortis des missions anglaises ou françaises.
Bien que les Anglais disposent de ressources infiniment plus
considérables, ils sont loin d'obtenir les mêmes résultats et les
mêmes encouragements que les Français, soutenus seulement
par les faibles fonds de l'ordre du Saint-Esprit et de la Propa-
gation de la foi. La raison principale de ce fait peut bien être

---

1 Pluriel de *Msungu,* qui signifie *blanc* dans la langue suaheli.

la manière différente d'instruire les élèves. Tandis que les Français donnent aux leurs les connaissances ordinaires de l'école
primaire en même temps qu'ils leur apprennent un métier, les
Anglais, cependant si pratiques, tourmentent leurs élèves d'une

Saïd Bargach, sultan de Zanzibar.

façon incompréhensible avec mille doctrines abstraites et omet-
tent de leur donner une instruction plus importante qui leur
soit un gagne-pain spécial.

Quelle que soit la religion que professent les divers habitants
de Zanzibar, ils ne lui ont emprunté qu'un culte extérieur et vide
et sont tous tombés dans la superstition la plus abjecte. Les
bons et les mauvais esprits, qu'ils appellent *djinns*, jouent chez
eux un grand rôle. Le mauvais œil, les amulettes, la crainte

7

des sorts, et tous les autres contes de nourrice imaginables, qui, malheureusement, n'ont pas encore été complétement extirpés de l'Europe, fleurissent ici dans tout leur éclat.

A Zanzibar, on croit encore pouvoir connaître l'avenir d'une façon infaillible par différents moyens. Tantôt, pour savoir la bonne ou la mauvaise issue d'une entreprise, on effeuille une couronne de roses en prononçant une certaine formule, comme ont coutume de le faire les jeunes filles de nos campagnes avec les feuilles des pâquerettes ; tantôt on a recours à des procédés de nature plus difficile, pour lesquels il faut déjà avoir une certaine instruction afin de ne pas manquer aux prescriptions. A ces derniers appartient l'usage de l'*abedjed*, petit dé qui porte des lettres sur chaque côté. On prononce une prière et, au premier mot qui commence par la même lettre que le jour de la semaine pour lequel on demande un oracle, on fait tomber l'abedjed.

On lit la lettre qui se présente sur la face supérieure, on ouvre le Coran au hasard et l'on cherche sur la page du côté droit une ligne qui commence par la lettre trouvée.

L'oracle ressemble à tous les oracles, son sens est le plus souvent très-obscur et nécessite une grande subtilité pour présenter quelque analogie entre la demande et la réponse.

Quant à la vie sociale, il n'existe rien de pareil, à notre connaissance, ni chez les Mahométans ni chez les Suahelis.

Par suite de l'étroite réclusion des femmes recommandée par le Coran, les diverses races sont peu unies, même par les liens de famille ; maintenant encore, les hommes seuls se rendent entre eux des visites ; il en est de même des femmes, et les relations d'affaires sont, le plus souvent, ce qui entretient les relati ons. Pour cette raison, et malgré tous les sentiments hospitaliers des Suahelis, il est difficile aux Msungu de jeter un coup

d'œil sur leur vie de famille, et c'est seulement dans ces derniers temps que les dames européennes établies ici, et dont la
société est fort recherchée par les femmes curieuses des Suahelis, ont fourni des éclaircissements sur beaucoup d'usages et de
coutumes de la vie domestique de ces derniers.

La naissance d'un enfant n'est pas l'occasion d'une fête particulière. Le père lui donne un nom agréable et laisse à la
femme le soin de l'élever jusqu'à l'âge de sept ans. On procède
alors par de grandes réjouissances à la circoncision du garçon,
puis il est envoyé à l'école où il apprend la lecture, l'écriture
et quelques versets du Coran.

Après cela son instruction est achevée. Il est initié aux affaires de son père, et ainsi se développe chez lui dès la jeunesse
l'esprit de commerce et de trafic qui caractérise les Suahelis de
Zanzibar.

L'éducation des jeunes filles est encore plus simple. On ne
leur apprend que ce dont une femme suaheli a particulièrement
besoin, c'est-à-dire qu'on les habitue à ne rien faire. D'ailleurs
elles se marient de bonne heure, à douze ou quatorze ans pour
la plupart.

La conclusion d'un mariage ne se fait qu'à la suite d'une entremise des plus compliquées. Un jeune homme qui désire se
marier a-t-il trouvé une jeune fille qui lui convient sous le
rapport de la fortune et de la position de famille, il choisit un
intermédiaire qui s'informe des vues du père de la jeune fille
et comment il accueillerait une demande en mariage. Quand
ces préliminaires ont heureusement abouti, l'entremetteur du
postulant fait avec le père de la future un accord correspondant
à nos fiançailles et célébré par un festin donné aux entremet
teurs. Si les fiancés ont une entrevue, ce qui ne peut se faire
décemment que pour des raisons très-sérieuses, la fiancée en

doit se montrer que voilée devant son mari futur. Si celui-ci veut se faire une idée de son visage, il doit le demander à son entremetteur auquel les parents de la fiancée la présentent sans voile.

Il n'est pas permis aux malheureux fiancés suahelis de s'adresser la parole, même en présence de témoins; tout ce qu'ils

Femmes arabes.

ont à se dire doit passer par la bouche d'une tierce personne; les protestations même de sympathie en usage dans le pays, l'offre de bétel roulé, ont besoin d'intermédiaires.

La célébration de la cérémonie du mariage a ordinairement lieu dans la maison de la fiancée. Le cadi reçoit du fiancé en présence de ses parents du sexe masculin la promesse de bien traiter sa femme, puis il se tourne vers le père de la promise et il s'assure de son consentement à l'union. Cela fait, il déclare le mariage accompli. Le jeune marié, qui ne connaît pas encore le visage de sa femme, est conduit alors dans un appartement sombre où celle-ci l'attend entourée de ses amies. Accompagné de son confident, il pose la main droite sur la tête de celle qu'il a choisie et prononce une prière appropriée à la circonstance. La cérémonie est terminée et les réjouissances commencent. Selon la position de fortune des mariés on mange, on chante et on danse pendant un ou plusieurs jours; là encore hommes et femmes sont sévèrement séparés.

Les nouveaux conjoints vont enfin occuper leur maison, donnée le plus souvent par le père de la mariée, tandis que la dot, le repas de noce et les présents aux entremetteurs sont fournis par l'époux.

A la mort d'un Suaheli les parents lavent le cadavre, l'habillent avec du linge aussi riche que possible et l'enferment dans une chambre réservée aux morts. Quand meurt une femme mariée, le mari ne peut participer au lavage du cadavre, parce que son contact est regardé comme une profanation. La famille fait tisser dans une mosquée un suaire blanc dans lequel la morte est ensevelie, — les femmes seules recevant un cercueil, — et elle est portée à la mosquée par ses proches. Là ceux qui assistent à la cérémonie funèbre disent une prière; ils prennent du café pour soutenir leurs forces, puis le cortége se rend dans le plus profond silence au cimetière, où le cadavre est enterré, la tête tournée vers l'orient.

Quelques jours après l'inhumation, les proches font une visite au tombeau sur lequel ils sèment de petites pierres arrosées d'essences odorantes; ces cailloux représentent symboliquement la semence qui doit lever sur la tombe de la personne vertueuse.

La forme du gouvernement de Zanzibar est un despotisme absolu ; cependant pour les questions d'une importance particulière on convoque un conseil d'État composé des princes, des officiers supérieurs et des personnes les plus influentes de la classe riche ; il n'est pas rare non plus que le sultan actuel Sayd Bargasch demande et suive l'avis de l'un ou de l'autre des Msungu dans lequel il a confiance. Dans l'intérieur de l'île on rencontre bien encore çà et là quelque petit chef ou quelque membre de la famille régnante qui se trouve vis-à-vis du sultan dans la situation d'un prince tributaire ou cheik, mais c'est là une exception. Au contraire, sur les côtes du continent qui appartiennent au royaume de Zanzibar, tout le pouvoir du souverain se borne simplement à lever le tribut stipulé et à protéger les districts isolés, contre les attaques des farouches tribus nègres, au moyen de petites garnisons. En cas de guerre, chaque chef doit fournir autant d'esclaves armés que le sultan en désire et celui-ci forme ainsi une armée imposante, quant au nombre du moins. Outre la garde royale, quelques compagnies seulement, 2,000 hommes environ, son armés de vieux fusils à pierre et équipés non sans peine avec des chevaux anglais réformés ; il y a aussi un peu d'artillerie recrutée en Perse. Le sultan possédait dernièrement quelques vaisseaux, mais ils étaient si usés par le temps que la majeure partie de sa flotte fut mise hors de service par un violent ouragan en 1872. Actuellement toute sa marine de guerre se compose de deux ou trois petits vapeurs qui servent pour le transport du tribut et des troupes ; le sultan les emploie aussi, jusqu'à l'arrivée d'un nouveau yacht construit en Angleterre, pour se rendre par mer à son château de Darra-Salam, situé sur le continent.

Le commerce de Zanzibar est relativement florissant, et c'est à lui que non-seulement la capitale, mais aussi tout le pays, doivent leur importance. Bagamoïo, situé sur le continent en face de l'île, est pour l'exportation la dernière station que touchent la plupart des caravanes qui font le commerce avec l'intérieur de l'Afrique centrale, et la ville de Zanzibar elle-même leur sert d'entrepôt. Les négociants européens établis ici envoient dans l'intérieur des Arabes et des Suahelis, leurs hommes de confiance, avec des marchandises d'échange, telles que coton, perles de verre, faïence, fusils à pierre, poudre et choses semblables ; et ceux-ci en rapportent de l'ivoire, du copal, des bœufs, des peaux de bœufs, de la cire, etc.

Les moussons qui soufflent régulièrement pendant six mois facilitent considérablement, avec l'Arabie et les Indes occidentales, le commerce entretenu aussi par des caboteurs, des dhows et des bungalows sans apparence. L'Inde expédie ses produits manufacturés, et reçoit en échange les productions de l'Afrique orientale et de l'argent blanc. Le commerce des esclaves, qui a lieu particulièrement vers l'Arabie à l'époque de la mousson du sud-ouest, est réduit à son minimum par l'active croisière des vaisseaux de guerre anglais.

Il existe à Zanzibar une espèce de capitation de 7 francs environ par père de famille, mais elle est très-mal payée. L'État tire un revenu plus certain des droits de douane levés par les fermiers, Indiens pour la plupart, sur les marchandises importées et exportées ; cette contribution, ajoutée au revenu des biens de la couronne et au tribut payé par la douane de quelques villes de la côte, comme Brava, Muckschida, atteint chaque année près de deux millions et demi de francs, et doit être suffisante pour couvrir les dépenses peu considérables de l'État. Autrefois le sultan de Zanzibar était obligé, de son côté, de payer chaque année un tribut d'environ 200,000 francs à l'Iman de Maskat en qualité de vassal ; depuis quelques années cependant il s'en est affranchi.

Jusqu'à ces derniers temps le thaler autrichien de Marie-Thérèse était la seule monnaie ayant cours légal à Zanzibar. Il fallut aux Anglais et aux Français de longues négociations pour assurer à leur monnaie un cours correspondant à leur valeur réelle ; néanmoins le thaler de Marie-Thérèse est aujourd'hui encore la monnaie ordinaire des Suahelis, et donne lieu à un change de quelque importance.

Je laisse ces données générales, que je dois à l'obligeance du consul, M. Brenner, hardi voyageur africain et compagnon du baron von der Decken, et je reprends le cours de mes observations personnelles.

Le 15 janvier au matin, nous quittâmes Tumbat, et, après avoir gouverné pendant quelques heures le long des côtes couvertes d'une riche végétation, nous jetâmes l'ancre à une heure de l'après-midi devant la ville de Zanzibar. Nous examinâmes avec plaisir la suite de magnifiques constructions qui s'offraient à nous au premier plan, et la présence de plusieurs vaisseaux de guerre anglais nous donna la preuve qu'on y trouvait des ressources suffisantes. Le fait est que M. Brenner, venu à bord aussitôt après notre arrivée, nous donna les renseignements les plus satisfaisants sur ce point intéressant après une navigation de plusieurs semaines.

M. Brenner était particulièrement chargé de la direction du consulat autrichien d'Aden, mais quelque temps auparavant il avait transféré son séjour provisoire à Zanzibar, où il s'occupait des affaires d'une maison de Trieste, et représentait aussi des intérêts suisses et hollandais. Dans un pays comme Zanzibar, la création d'un consulat fixe paraissait chose désirable pour le développement de nos relations commerciales ; notre corvette

y avait donc été envoyée afin de s'assurer jusqu'à quel point
cette question avait une importance pratique pour l'Autriche,
et afin d'y préparer l'installation d'un consulat à la direction
duquel M. Brenner aurait bien pu être appelé (1).

Celui qui sait que des gens à demi sauvages comme les Zan-

Maisons de Zanzibar.

zibariotes vous respectent tout autrement quand l'apparition
d'un vaisseau de guerre leur prouve que vos paroles pourraient
être, au besoin, appuyées par la force, celui-là comprendra à
quel point notre venue était désirée par M. Brenner, à part son
amabilité bien connue. Il le montra encore par l'hospitalité la
plus prévenante et par son zèle à attirer notre attention sur
toutes les particularités et curiosités du Zanzibar, et à nous ai-

1. Malheureusement il devait en être autrement. Peu de temps après le départ de la corvette, cet homme généralement estimé succomba à une pneu-
monie aiguë.

der le plus obligeamment dans nos travaux pour nous convaincre tout à fait de la nécessité d'un consulat.

Le lendemain de notre arrivée eut lieu la visite officielle chez le sultan auquel le commandant présenta tout l'état-major libre de service. A neuf heures du matin nous nous réunîmes en grande tenue dans la maison du consul, dont la femme nous fit gracieusement les honneurs jusqu'à ce qu'un courrier du sultan nous apportât la nouvelle que nous étions attendus. Nous nous rendîmes en grand apparat au palais du sultan, simple maison à deux étages construite au bord de la mer. A quelque distance du palais se tenait un piquet de soldats en grande tenue ; ils avaient mission de soustraire les blancs nouvellement débarqués aux importunités de la foule curieuse des noirs, et de nous montrer le chemin. Saïd-Bargasch, entouré des princes et des hauts dignitaires, nous reçut en personne sur le seuil même de la maison. C'était un homme de haute taille, aux traits nobles, au pur type arabe, aux cheveux luisants et noirs, à la barbe noire. Il portait le long vêtement ordinaire des Arabes, par-dessus un long cafetan noir sans aucun ornement, un turban et un bandeau de la plus belle étoffe de soie indienne ; à la ceinture était passé un poignard recourbé richement ciselé, et ses chaussures consistaient en sandales somptueusement garnies d'or.

Le consul présenta le commandant auquel le sultan serra très-amicalement les mains, puis tout le monde se rendit au salon de réception. C'était une vaste pièce pavée en mosaïque ; ses seuls ornements étaient un lustre de verre aux couleurs variées et deux grandes glaces ; l'ameublement se composait de deux rangées de belles chaises de Bombay, avec une sorte de trône au milieu.

Les princes et les hauts dignitaires indigènes prirent place à la droite du sultan, et à sa gauche se rangèrent le consul, le commandant et nous ; le commandant présenta ensuite notre état-major, et la conversation s'engagea.

Le sultan exprima d'abord sa satisfaction de voir dans son port un vaisseau de guerre autrichien, et d'entrer en relations plus intimes avec l'Autriche ; notre commandant lui répondit en termes très-courtois, et lui fit part du but de notre mission, qui était de préparer à Zanzibar l'établissement d'un consulat autrichien ; il montra l'intérêt qu'avait l'Autriche à développer son commerce avec l'Afrique occidentale, et dépeignit l'impression agréable qu'avaient faite sur nous tous la belle végétation de l'île et la réception amicale dont nous étions l'objet, etc. Sur ces entrefaites, on distribua des rafraîchissements et particulièrement des sorbets à la rose et du café dans de petites tasses arabes qui avaient l'aspect de coquetiers. Avant de prendre congé, on nous servit de l'essence de rose avec laquelle nous parfumâmes nos mouchoirs ; et, après avoir fait preuve, dans le cours de la conversation, d'une connaissance surprenante de la situation politique de l'Europe, le sultan engagea notre commandant, avec une courtoisie tout orientale, à considérer, pendant notre séjour, Zanzibar comme une terre autrichienne, puis descendit les degrés de son trône et serra la main de chacun de nous en signe d'adieu.

En dehors de la sympathie que les Turcs et les Arabes en général ont pour l'Autriche, cette amabilité, certainement extraordinaire chez un souverain oriental, doit être spécialement attribuée à un autre motif. Dans le louable zèle que déploient les Anglais pour détruire l'esclavage, ils ont osé s'attribuer dernièrement le droit d'établir une croisière contre ce trafic, dans les eaux mêmes de Zanzibar, de sorte que le sultan non-seulement redoute pour son empire l'immense préjudice que causerait au pays le manque de travailleurs, mais voit encore dans ce fait une réduction très-humiliante de son droit de souverain. En présence des nombreux vaisseaux de guerre anglais qui séjournent dans ses ports et croisent le long de ses côtes (1), il faut bien qu'il fasse contre mauvaise fortune bon cœur; les Français et les Américains, sans doute, ne sont pas d'accord sur cette question avec les Anglais, mais ils ne veulent cependant pas s'opposer par la force à leurs actes ; ils se retirent simplement aux époques critiques, et le sultan en conclut qu'il ne peut pas compter sur eux. Aussi se réjouissait-il maintenant d'entrer en relations plus intimes avec une autre grande puissance de l'Europe, dans l'espérance, assurément mal fondée, qu'un jour peut-être, quand nos intérêts auraient pris de l'importance à Zanzibar, il pourrait trouver en nous un appui contre les prétentions parfois réellement offensantes des Anglais.

Après nous être pour ainsi dire accrédités à Zanzibar, nous fîmes de fréquentes promenades dans l'intérieur de l'île, afin d'étudier de près les mœurs et les usages des habitants ; cette tâche nous fut beaucoup facilitée par l'obligeance de M. Brenner et des autres Européens établis ici, et particulièrement par MM. Schriever et Ottens, représentants de maisons de Hambourg, et par le naturaliste Hildebrandt.

Afin de nous soustraire à l'action redoutable du soleil de midi, tantôt nous partions dès le matin, nous arrêtant au milieu du jour et revenant le soir, tantôt nous entreprenions nos excursions le soir, et rentrions au clair de lune avec la fraîche

1. Pendant notre séjour il y avait dans le port trois grands vaisseaux de guerre anglais et on attendait aussi le vaisseau de ligne *London*, destiné à rester à Zanzibar comme vaisseau-caserne et d'approvisionnement. On considère à Zanzibar ce dernier fait comme l'indice de l'intention des Anglais de faire passer l'île sous leur domination.

brise de la nuit. Avant de donner un aperçu du pays, je vais dire quelques mots de la ville elle-même, qui mérite toute notre

Citadelle de Zanzibar.

attention en raison de son étendue; elle ne compte pas moins de 40,000 habitants.

Zanzibar est située sur une langue de terre qui, à marée haute, n'est jointe à l'île que par un étroit chemin : elle se compose de plusieurs quartiers d'un caractère excessivement varié. Le quartier dit Européen est formé de maisons de pierre très-propres, habitées soit par des Européens, soit par l'aristocratie arabe ; il comprend le palais du sultan, et occupe tout le front nord de la ville. Il est percé de rues étroites, mais propres cependant et bien asphaltées ; quoique les Européens n'y séjournent le plus souvent que le temps nécessaire pour faire fortune, ils s'installent pourtant très-confortablement. Les établissements qu'ils occupent sont d'ordinaire la propriété de maisons de commerce et passent d'un représentant à un autre. Le plan de la construction révèle le modèle portugais. Les comptoirs et les magasins à provisions entourent une cour bien entretenue, plantée d'arbres et souvent ornée de plantes luxuriantes ou d'un jet d'eau. Au premier étage sont les hautes chambres d'habitation. Tout est disposé selon la température brûlante du climat, des nattes de paille tapissent le sol, les meubles sont recouverts de camelot et, au moyen d'immenses punkas, éventails de chambre indiens, on obtient un courant d'air rafraîchissant. La terrasse est cependant le séjour de prédilection des blancs pendant les heures de la soirée. C'est là qu'après le labeur fatigant du jour et à la suite d'un luxueux repas, on prend son café et l'on fume son cigare. D'un belvédère de bois on jouit d'une vue magnifique sur la ville, le port et la haute mer. C'est là qu'à l'aide d'une longue-vue on regarde si le vaisseau, depuis longtemps attendu, ne se montre pas, ou bien l'œil erre sur les terrasses des maisons arabes voisines où se promènent, à la fraîcheur de la brise du soir, des femmes aux yeux généralement noirs. *Jambo Bibi !* (Bonne santé, madame), dit-on ; *Sana, Jambo sana, M'sungu !* (Bonne santé au blanc), vous répond-on en se tournant timidement, et c'est là souvent la préface de relations tout à fait romanesques. L'enlèvement fameux d'une princesse zanzibariote par un marchand allemand fut la conséquence d'une semblable connaissance faite sur une terrasse. Cependant il ne se trouve pas toujours à point nommé un vaisseau de guerre anglais pour soustraire l'heureux couple à la vengeance du sultan. Quatre semaines avant notre arrivée, Bibi Soleima, proche parente du sultan, malgré l'observance de toutes les formalités dues à son haut rang, reçut, pour une affaire d'amour du même genre, une bastonnade si violente qu'elle en mourut.

Les maisons des riches Arabes ou Suahelis sont ordinairement vastes et spacieuses, mais pour la plupart construites sans goût et incommodes au point de vue de la disposition et de l'arrangement intérieurs. Un vestibule avec des banquettes en maçonnerie recouvertes de nattes donne accès dans une cour qui, le plus souvent, sert de magasin à marchandises. Dans quelques-unes seulement on rencontre cette belle cour qui est ailleurs la caractéristique des maisons arabes. Des escaliers étroits et obscurs mènent au premier étage où se trouve une série interminable de chambres de formes très-irrégulières. Au centre se trouve d'ordinaire un grand salon qui sert à la famille de lieu de réunion les jours de fête. L'ameublement se ressent de la mesquinerie indienne et arabe; cependant on y voit souvent de véritables chefs-d'œuvre de bois sculpté qui forment un contraste choquant avec les vases européens et les verreries les plus communes placés à côté. Le parquet est presque toujours couvert de nattes de paille, les portes et les fenêtres sont aussi garnies parfois de rideaux de batiste.

A côté de la ville européenne est le quartier du Bazar, habité par les Indiens; il est sale et sent mauvais, à cause des émanations de la nourriture des innombrables commis de vente et de la foule continuelle du public. Au milieu de la ville, enfin, il

existe un fort et, à côté, quelques fours à chaux et de misérables
huttes, entre lesquelles se dressent les demeures hospitalières de
quelques riches Indous, remplissent l'espace jusqu'à la langue
de terre dont j'ai parlé. Cette partie de la ville est habitée par
des pêcheurs, des matelots et des esclaves, et c'est là qu'on
peut étudier les nègres de la classe la plus inférieure. En pénétrant dans une de ces huttes de bambou, on y voit le plus souvent deux pièces : l'une contient le foyer sur lequel le riz cuit
en permanence, l'autre, avec ses nattes de paille étendues sur
le sol, sert de chambre à coucher. Les habitants de la maison
sont affables ; ils regardent avec étonnement le blanc curieux
qui entre chez eux, et ils laissent dans l'esprit une bien meilleure
impression que les fellahs libres de l'Égypte, qui vivent ordinairement dans la saleté. La mendicité si importune des Égyptiens et des Arabes n'existe pas ici ; on tend tout au plus la main
devant la personne qu'on rencontre, mais on se retire tranquillement si le geste n'est pas compris. Depuis l'après-midi jusqu'aux premières heures du matin, le tambour ne cesse de rou-
ler avec accompagnement de corne de vache ; telle est la musique qui accompagne la danse des nègres ; c'est leur principal
plaisir, ils l'appellent *ngoma*. Bien que, pendant le jour, ils
s'occupent souvent aux travaux les plus pénibles, on les voit cependant, le soir, se livrer, presque sans interruption, à tous les
exercices imaginables ; la sueur coule de leur front, et on les
entend accompagner la musique d'un cri spécial. Dans les circonstances importantes, telles que les mariages et les conjura-
tions de démons ou dans les jours de fête, hommes et femmes
se réunissent pour danser ; tous se parent de la façon la plus
déplaisante avec des tatouages, des fourrures, des grelots et des
plumes. Le sérieux particulier avec lequel ils portent tout cet
attirail produit une impression des plus comiques, et on

peut donner libre cours à son hilarité, car les nègres ne s'en fâchent pas, ils s'en réjouissent plutôt, et souvent leur rire, partant du cœur, se joint au vôtre.

Les monuments publics de Zanzibar consistent en quelques mosquées de fort peu d'importance. Leur extérieur ne diffère

Musique nègre.

pas de celui des maisons d'habitation plus petites ; une, cependant, est de dimensions plus considérables et se reconnaît à deux petits minarets. L'intérieur passe pour être de style mauresque. Sur les deux côtés se montrent des rangées de colonnes massives et octogones qui supportent le toit au moyen d'arceaux. Les quelques fenêtres sont garnies d'un étroit grillage et descendent presque jusqu'au sol. La grande mosquée

8

est soigneusement couverte de belles nattes; c'est là, cependant, le seul ornement de la maison du Seigneur. Les murs sont simplement enduits d'une couche de peinture blanche, et, à l'exception d'une espèce de chaire, on ne voit aucun autre sujet décoratif.

On est frappé du grand nombre de cimetières placés à l'intérieur de Zanzibar. Presque chaque famille riche possède son champ de repos particulier dans le voisinage immédiat de sa maison.

Bien que cette circonstance semble l'indice d'un culte pour les morts, l'entretien des tombes prouve tout le contraire. Les pierres rouges des tombeaux, complétement envahies par les mauvaises herbes, donnent l'idée d'un entier abandon.

De l'autre côté de la langue de terre — qui relie la ville de Zanzibar au centre de l'île — le terrain s'élève; le long du rivage septentrional existe une sorte de faubourg, formé par les établissements des Madécasses, appelés Malindi, qui se sont fixés ici; si l'on prend à droite, par une belle prairie, on arrive au Nasimoja (palmiers isolés), joli jardin percé de larges allées, qui est la principale promenade des Zanzibariotes.

D'ici, les chemins conduisent non-seulement au champ de repos des Indiens, objet de la plus grande vénération de la part des Hindous qui vivent ici, mais aussi aux belles demeures des riches habitants; on est toujours certain d'y trouver de l'animation. Des nègres, portant sur la tête des charges de fruits parmi lesquels se trouvent des fruits puants, dont l'odeur se sent de loin, se rendent à la ville; après la cessation du travail, des Indiens conduisent aux tombes de leurs parents leurs enfants aux yeux couleur sombre; des Arabes galopent sur leurs petits ânes, allure qui leur est particulière, et, pour achever la variété du tableau, les Anglais, qui trouvent le terrain favorable au jeu

de cricket, y ont organisé leurs parties et se livrent à cet exercice avec la plus grande ardeur.

Sur la place des Palmiers-Isolés (nom, hélas ! maintenant
justifié, parce que l'ouragan de 1872 a détruit le bois de palmiers qui jadis y florissait), il ne reste plus maintenant que
quelques arbres debout çà et là ; le sol est jonché d'une multitude de troncs déracinés. Cependant les manguiers en pleine
vigueur ont plus facilement résisté à la tourmente, ainsi que
les petits buissons d'épines, et, bordant des allées très-om-
breuses, ils forment une agréable promenade particulièrement
intéressante pour les étrangers, qui y rencontrent des fruits
spéciaux aux tropiques. Entre les champs de cassaves on a
planté des papayas et des yacks, et on a séparé ces champs voisins avec des bananiers et des ananas.

Nous dirigeâmes notre petite excursion de l'autre côté du Nasimoja, vers l'une des nombreuses maisons de campagne situées
en cet endroit ; nous y étant arrêtés, nous dîmes au premier
nègre venu : « *Lete matafu !* » (apporte des noix de coco vertes),
et en même temps nous lui donnâmes une petite pièce de monnaie ; il grimpa avec une agilité merveilleuse au tronc élancé du
palmier le plus voisin et nous apporta le fruit désiré, dont le lait,
mélangé à un peu de cognac, procure une boisson rafraîchissante très-agréable.

Un jour une très-nombreuse société s'organisa pour une grande
partie et se réunit dès le matin chez M. Schriever, où l'on devait
s'équiper. Les chevaux des particuliers n'étant pas en nombre
suffisant, on mit en réquisition les écuries du sultan. Les chevaux
de l'endroit sont ordinairement nourris avec la plus grande par-
cimonie, cependant ils sont très-pétulants quànd on leur donne
une bonne ration, comme c'est le cas avant une excursion.

Cette circonstance donna lieu à un épisode amusant. A la

répartition des animaux, M. P..., cavalier émérite, reçut le cheval le plus fringant, et les autres, des bêtes moins vives, selon chacun sa force en équitation. M. B..., qui n'était jamais monté à cheval, eut le plus tranquille. A peine sortis de la ville, non sans avoir risqué de nous crever un œil ou de renverser de petits enfants, nous entrâmes au petit galop dans le Nasimoja. Jusque-là tout s'était bien passé, mais tout à coup la monture de M. P..., peu habituée probablement à se trouver en aussi nombreuse compagnie, prit peur et s'emporta dans les allées avec son cavalier. M. B..., qui montait auprès de lui, le suivit involontairement et eut juste le temps de nous crier de suivre son cheval, parce qu'il craignait à chaque instant de tomber. Naturellement nous nous élançâmes sur ses traces, et il en résulta une course effrénée.

Nos chapeaux s'envolaient, nos cravaches nous échappaient, et comme nous chevauchions sous des arbres touffus, nous courions à chaque instant le danger de rester suspendus aux branches inférieures comme Absalon. Enfin le cheval de M. P... sauta à travers champs; celui de M. B..., — qui avait jusqu'alors réussi à rester en selle, — s'arrêta et resta sur place; en arrêtant aussi le mien, je reconnus que, par bonheur, il n'était rien arrivé de fâcheux à notre compagnon, quand ce dernier s'élança tout à coup de sa selle dans le buisson le plus voisin et nous déclara qu'il en avait assez de l'équitation et préférait s'en retourner à pied. Sur ces entrefaites le reste de la société arriva, et nous ne pûmes nous empêcher d'éclater de rire, surtout quand M. B... expliqua son saut en disant qu'il cherchait depuis longtemps un sol mou pour s'élancer à terre, mais qu'il l'avait trouvé malheureusement quand il n'était plus nécessaire. Après quelques pourparlers, nous le décidâmes cependant à remonter à cheval.

Mais la chose ne se passa pas aussi bien pour M. P... En entrant dans le champ, il tomba au milieu d'un troupeau de buffles dont quelques-uns firent mine de le charger. Nous voulûmes aller à lui : cette démonstration sembla irriter davantage les farouches animaux, et nous dûmes envoyer à son secours un esclave qui, chassant les buffles à coups de bâton, saisit par la bride le cheval affolé et le ramena au pas, ce qui valut à son cavalier nombre d'épigrammes et de mauvaises plaisanteries.

Après cette mésaventure, l'excursion se poursuivit tranquillement et sans incident fâcheux. Après avoir fait route pendant deux heures, nous arrivâmes à une maison de campagne construite sur une hauteur d'où la vue sur la ville et ses environs était très-belle et d'où nous embrassâmes du regard la mer couleur d'azur et les côtes d'Afrique situées en face. Nous établîmes ici notre quartier général et, après un déjeuner exquis, nous fîmes de petites promenades dans diverses plantations ; notre aimable hôte, connaissant tout l'intérêt que prennent les touristes européens à la végétation des tropiques, nous en fit le plus gracieusement les honneurs.

Nous visitâmes d'abord une plantation de cocotiers et nous examinâmes l'organisation qui permet de tirer tous les produits de cet arbre, les presses à huile, le nettoyage de l'écorce, la préparation des câbles, la taille des noix pour en fabriquer des vases à boire, des sucriers, des cuillers à pots, etc. De là nous arrivâmes à la *schamba* (hôtellerie) d'un riche Arabe, où l'on nous expliqua la manipulation du riz, de la canne à sucre et du manioc. On nous signala le manioc comme la plante de prédilection des nègres paresseux ; il suffit d'en placer une branche dans la terre pour récolter au bout de deux mois, sans autre soin, une racine arrivée à maturité. Le propriétaire de cette schamba, homme très-affable, nous régala de café et de fruits et nous offrit du vin d'absinthe, ce qui paraît le comble de la tolérance chez un musulman. Nous essayâmes de mâcher du bétel et nous portâmes à notre bouche, avec un peu d'hésitation, de petites cigarettes toutes préparées, sorte de rouleaux consistant en une feuille de bétel dans laquelle est contenu un mélange d'arec, de chaux et de tabac, mais nous devons avouer qu'elles nous procurèrent réellement une sensation agréable et rafraîchissante.

Après être resté pendant les heures les plus chaudes dans cette maison, nous employâmes l'après-midi à visiter l'une des rares plantations de girofliers respectées par l'ouragan; nous profitâmes ensuite de la fraîcheur du soir pour parcourir quelques points d'où l'on a une belle vue sur le pays, et nous nous rendîmes enfin chez M. Schriever, où nous attendait un dîner somptueux et où le propriétaire nous avait ménagé une agréable surprise. Il avait notamment fait servir le repas sur une table qui entourait comme un cercle le tronc d'un fort bananier, de sorte que l'arbre semblait sortir de la table, tandis que ses branches grises et bien fournies nous couvraient de leur ombre. Comme à tous les rameaux étaient suspendues des lanternes de diverses couleurs, cela produisait une impression surprenante et on se croyait devant un gigantesque arbre de Noël des tropiques.

A la fin de notre séjour nous eûmes encore l'occasion de voir Zanzibar en parure de fête. Ce fut à l'occasion de la fête du Beiram, en grand honneur chez les mahométans. Chacun se revêtit de ses plus beaux atours et chercha à se divertir le plus possible.

Au Nasimoja les enfants des hautes classes se pressaient aux jeux d'anneaux et autour des balançoires, exactement comme chez nous, mais les petits nègres se livraient à des jeux guerriers, réminiscence de leur patrie. Armés de boucliers, d'épées et de piques en bois, ils s'avançaient avec assez d'ordre les uns contre les autres, puis ils se dispersaient pour les combats corps à corps; ils attaquaient leur adversaire en poussant un farouche cri de guerre; une partie d'entre eux prenait la fuite, poursuivie par l'autre, mais les fuyards se retournaient contre

Le Nasimoja à Zanzibar.

l'imprudent qui les serrait de trop près et, profitant de la prise qu'il donnait sur lui, lui portaient le coup décisif après lequel l'adversaire, déclaré hors de combat, ne peut plus continuer la lutte.

La famille du souverain parut aussi sur la place de la fête et prit part à la joie générale. Le sultan, au contraire, reçut les Européens établis ici et les notables de la ville dans son palais, devant lequel on exécuta pendant ce temps d'autres danses d'armes. Aux sons bien cadencés des trompettes, des Suris [1] très-grotesquement parés dansèrent en rond en chantant sur un ton monotone et en agitant avec une agilité incroyable leurs épées étincelantes. Ils se séparèrent ensuite par couples : l'un des Parsis debout continuait à chanter en cadence avec la musique et levait l'épée pour frapper, tandis que l'autre se mettait à genoux et portait son bouclier en avant pour parer le coup ; après chaque coup ils alternaient leurs rôles, l'attaqué devenait l'agresseur, et réciproquement, puis tous déchargèrent en l'air leurs fusils qu'ils portaient sur le dos pendant la danse. L'éclair des épées, les cris et la rapidité des mouvements à la fin du combat, donnaient l'illusion d'un combat sérieux, pendant que l'abondance de la lumière, le costume varié des combattants, la grande foule des spectateurs et l'ensemble exotique de la scène constituaient un tableau très-intéressant.

Le sultan avait mal au pied ; il envoya donc à bord son frère Nassa-ben-Sayd pour nous rendre notre visite, distinction qui ne s'accorde qu'à un amiral. Malgré la sévérité du sultan, les princesses se montrèrent très-gracieuses à notre égard. Elles reçurent avec la plus grande grâce notre salut quand nous passâmes sous leurs fenêtres et nous firent parvenir l'assurance de toute leur bienveillance.

Bibi-Aischa fut assez aimable à l'occasion de la fête du Beiram pour envoyer à bord une foule de friandises, insipides pour nous, mais recouvertes des couleurs les plus variées.

Avant notre départ nous rendîmes notre visite officielle au sultan qui, comme la première fois, nous accueillit avec une extrême bienveillance et nous fit servir des rafraîchissements. En cette circonstance l'interprète, un certain Mohamed-ben-

---

1. Arabes de Sur.

Chamiss, qui parle l'anglais très-couramment, vint à causer aussi de Vienne et déclara avec un peu de gêne qu'il connaissait très-bien cette ville. Le consul Brenner nous dit ensuite que cet homme, en qualité de capitaine de vaisseau, avait eu autrefois l'occasion de parcourir l'Europe, quand un bâtiment de guerre zanzibariote fut envoyé à Hambourg pour y être réparé.

Il s'était aussi rendu à Vienne; là il s'était donné comme vice-amiral de S. M. le sultan de Zanzibar, était descendu à l'hôtel Lanun et enfin s'était éclipsé en laissant des dettes considérables. Le sultan lui retira sa charge pour cette raison, mais le prit comme interprète parce qu'il lui est indispensable.

Nous passâmes les dernières journées de notre séjour dans la plus grande animation, la plupart de nos nouvelles connaissances nous invitant à dîner, et nous rendant leurs politesses d'usage, nous eûmes ainsi le plaisir de traiter à bord M. et madame Brenner; après quoi l'*Helgoland* mit sous vapeur le 31 janvier au matin et quitta le port, emmenant notre consul et M. Guilois.

Le but le plus prochain de notre voyage était Bagamoio, situé vis-à-vis, sur la côte continentale. Le bruit courait que le corps de Livingstone y était arrivé, et nous espérions pouvoir le transporter à Zanzibar sur la corvette.

CHAPITRE SIXIÈME

BAGAMOIO

Arrivée. — Accueil des missionnaires. — Dépouille mortelle de Livingstone. — Visite de la mission. — Son organisation. — Écoles de la mission. — Mort d'un lion. — Chasse à l'hippopotame. — Caravanes de l'Afrique orientale. — Établissements des membres des missions.

Un voyage de quatre heures, au milieu des innombrables récifs qui rendent si dangereuse la navigation du canal de Zanzibar, amena l'*Helgoland* à Bagamoio, mais le peu d'élévation de la côte nous força à jeter l'ancre à une distance considérable du rivage.

Vu de la mer, Bagamoio n'offre rien de bien caractéristique. Sur le rivage plat, quelques huttes au milieu de cocotiers; des deux côtés, des champs en friche, et, dans l'intérieur des terres, une chaîne de petites collines. N'étaient plusieurs dhows [1] à l'ancre, on ne soupçonnerait jamais que presque tous les produits de l'Afrique orientale trouvent ici leur débouché et que d'ici partent chaque jour pour l'intérieur des caravanes richement chargées, afin d'y échanger les marchandises de l'Europe.

Les missionnaires catholiques ont établi leur première station à Bagamoio, à cause de sa position favorable au commerce avec l'Afrique orientale, et songent à pénétrer de là dans l'in-

---

1. Petits caboteurs qui servent au commerce par mer avec les rivages orientaux de l'Afrique.

térieur du continent, en suivant les chemins des caravanes.

La mission avait été avertie de notre arrivée quelques jours à l'avance par M. Brenner, et quand notre chaloupe aborda au lieu du débarquement, nous y étions attendus par une troupe considérable. C'étaient les frères de la mission et leurs élèves qui, joyeusement émus à la pensée de saluer des Européens dans leur pays, s'étaient portés sur le rivage afin de nous seconder dans les difficultés de l'atterrissage à un endroit où les vagues déferlent avec force. Sans trop hésiter, ces gens au visage bruni par le soleil, en soutane noire et avec un chapeau blanc en liége sur la tête, se mirent à la mer, et nous aidèrent avec empressement à tirer notre canot sur le rivage. Leur accueil fut très-cordial, mais il atteignit le comble de l'enthousiasme quand ils nous dirent qu'ils étaient de l'Allemagne du Sud, bien qu'appartenant à l'ordre français, et quand ils virent qu'après de longues années ils pouvaient parler avec nous leur langue maternelle. Ces braves gens nous conduisirent comme en triomphe à la mission et exigèrent que nous nous servissions de leurs mulets, tandis qu'eux allaient à pied avec leur troupe d'enfants noirs. A la porte de l'établissement, le reste des missionnaires nous souhaita la bienvenue, puis on nous mena au réfectoire, sorte de berceau de verdure en rapport avec le climat, où nous attendait un repas indigène. Les langues se délièrent alors tout à fait et nous eûmes fort à faire pour satisfaire la curiosité des dignes frères et les mettre au courant des événements récents survenus en Europe.

Après ce premier assaut, on s'occupa du motif de notre arrivée. Nous apprîmes ensuite que les porteurs du corps de Livingstone, étant tombés malades, ne sauraient parvenir à Bagamoio avant deux ou trois semaines ; et comme notre séjour ne pouvait se prolonger au delà de quelques jours, nous dûmes

renoncer à l'honneur de transporter à Zanzibar la dépouille
mortelle de l'infatigable pionnier de la science.

« Ici le traducteur se permet d'ouvrir une paranthèse :
« En effet, dans ce même mois de février, peu de temps après
le départ de la frégate « *Helgoland* », le corps de Livingstone

Arrivée du corps de Livingstone à Bagamoio.

arrivait à Bagamoio et était transporté à Zanzibar. Il avait
été soigneusement recueilli par les hommes qui, au nombre
de soixante-dix-neuf, constituaient la suite de l'illustre explo-
rateur et avaient été envoyés à Unganyembe pour lui porter
des provisions. Ils l'avaient enfermé dans une sorte de sarcophage fait de branches et de feuilles. Non-seulement ces

braves Africains, au prix des plus rudes fatigues, portèrent pieusement sur leurs têtes la dépouille mortelle de leur ancien maître qu'ils n'avaient pas voulu abandonner au milieu du désert, mais encore ils ramenaient avec eux ses papiers, ses livres, ses effets personnels. Ils avaient fait ainsi un trajet de plus de mille milles anglaises.

Bien que les voyageurs de l'*Helgoland* n'aient malheureusement pas été les témoins directs de cette arrivée, nous avons cru devoir rappeler ces faits parce que la conduite de l'escorte de Livingstone en cette circonstance, composée en majeure partie d'hommes d'origine zanzibariote, peut fournir un renseignement précieux sur le caractère des gens qui relèvent du gouvernement du sultan Saïd Bargach.

— Et maintenant laissons l'auteur reprendre son récit. »

Les bons missionnaires pressèrent cependant le capitaine de faire ici une station assez longue pour permettre d'organiser une chasse à l'hippopotame. Le commandant consentit à rester trois jours et l'expédition fut fixée au lendemain. Une partie des chasseurs fut chargée de remonter à l'aviron le fleuve Kingani, tandis que l'autre s'éloignerait par terre de la mission ; les deux bandes devaient se réunir à un endroit convenu, chasser de compagnie, puis revenir en changeant leur itinéraire.

Le lendemain on se mit en route à la pointe du jour. Quelques-uns d'entre nous se dirigèrent vers le Kingani avec deux canots, la hauteur de la mer nous empêchant d'utiliser notre rapide chaloupe à vapeur, et les autres débarquèrent à Bagamoio. Je me joignis à ces derniers. Les nombreux circuits du fleuve nous promettant une avance considérable sur les canots, nous nous décidâmes à ne nous mettre en route que le soir et à consacrer la journée à une visite approfondie de la mission.

Donnons quelques indications sur son organisation. L'établissement de Bagamoio fut fondé en 1868 par l'ordre français du Saint-Esprit; c'est une branche de la mission catholique de Zanzibar qui remonte à 1860. Le personnel de la mission se compose de deux prêtres, six frères lais, une abbesse et douze sœurs, et l'établissement est construit de façon à ce qu'on puisse y élever 200 garçons et 200 filles nègres. Les élèves se recrutent principalement parmi les esclaves saisis sur les bateaux de transport par les bâtiments croiseurs; dans ces derniers temps, il s'est rencontré aussi parmi la population de la côte des parents qui, reconnaissant les bienfaits de cette institution, lui ont volontairement confié leurs enfants. Ils y apprennent la lecture, l'écriture et un métier; ils reçoivent aussi des notions religieuses, et, quand ils ont terminé leurs études, ils sont les maîtres absolus de leur sort. Afin de former des familles chrétiennes, les élèves qui, ayant achevé leurs études, prennent pour femme une jeune fille élevée aussi à la mission, reçoivent gratuitement, pour la cultiver, une pièce de terre située dans le voisinage. Cette institution a produit le résultat désiré, puisque la colonie se compose de quarante familles, chiffre considérable comparativement au peu d'ancienneté de la mission. Le nombre actuel de garçons s'élève à 160 et celui des filles à 100 ; ces deux nombres s'accroissent cependant d'année en année et atteindront bientôt un chiffre important. Alors on s'avancera plus avant dans l'intérieur pour fonder un autre établissement.

Ces préliminaires donnés, je passe au tableau de l'établissement que nous visitâmes sous la conduite du frère Oscar, natif des rives du Rhin. Une longue allée de cocotiers conduit du bord de la mer à une petite église proprette au grêle clocher, qui est comme le centre de l'établissement. Les maisons à gauche sont réservées aux filles ; c'est là que règne la sévère abbesse. Quoiqu'il ne puisse être question de coquetterie, il est certain cependant que cette partie de la mission est plus commode, plus luxueuse que les constructions de droite réservées aux frères et aux garçons. Nous nous dirigeâmes d'abord vers ces dernières.

Quelques pas à travers un jardin entretenu avec soin, et nous parvînmes à une des maisons basses d'où sortait un bourdonnement semblable à celui d'un essaim d'abeilles. C'était l'école, comme l'indiquaient la longue rangée de bancs et la grande table ; à notre entrée le bruit cessa soudain, et le frère directeur nous annonça que nous nous trouvions dans la classe des commençants, où les petits enfants reçoivent les premières notions de la lecture et de l'écriture. En effet, les noirs écoliers traçaient sur le papier, en hiéroglyphes bizarres, les syllabes *ba*, *be*, *bi*, *bo*, *bu* qu'ils lisaient à haute voix. C'était vraiment un coup d'œil comique et peu ordinaire de voir avec des plumes blanches derrière l'oreille ces petits diables, noirs comme du charbon, écarquiller les yeux pour mieux suivre les mouvements des *Messieurs Autrichiens*. Ils avaient d'ailleurs l'air très-intelligents et ils le sont réellement, puisqu'en fort peu de temps ils sont en état de passer dans la seconde classe. Il faut aux enfants, pour apprendre à lire et à écrire, de un an et demi à deux ans. Leur facilité, du reste, est en rapport moins avec leur âge qu'avec leur race, et les élèves qui appartiennent à des tribus de l'intérieur du pays restent bien en arrière de celles qui sont fixées sur le bord de la mer. On tient compte naturellement de ces différences, et les élèves les plus instruits donnent les premières leçons à leurs camarades moins intelligents. On voit souvent dans de petites cabanes séparées un petit bonhomme à tête laineuse, et haut de trois pieds à peine, frapper sévèrement sur la table avec une baguette, tandis que des jeunes gens tout à fait formés répondent à ses questions.

Dans la classe supérieure où nous entrâmes ensuite on attache plus d'importance à la netteté de l'écriture et à l'ortho-

Église des missionnaires à Bagamoio.

graphe; enfin, dans une dernière division plus élevée, les élèves s'occupaient à des devoirs de grammaire tout à fait sérieux.

Après les écoles, nous examinâmes la forge, les ateliers de menuiserie, de sellerie et de poterie; partout nous trouvâmes une installation convenable et des travaux étonnants. Comme preuve de cette dernière assertion, je puis dire que l'on venait de construire une maison à deux étages destinée à servir d'école pour les jeunes filles et que la mission avait pourvu à tout.

Mais passons aux dortoirs des élèves. Ce sont de grandes

salles où les enfants dorment sur des lits en bois; là ont été aussi installés des compartiments pour leurs modestes hardes.

Attenants aux dortoirs sont les réfectoires. Des élèves adultes font cuire le repas, qui consiste le plus souvent en riz ou en manioc. Les heures du repas, comme en général toutes les heures de travail à la mission, ont été judicieusement choisies et adaptées au climat.

On se lève à quatre heures, on cultive la terre, puis on déjeune à sept; l'école commence à huit heures et demie et dure jusqu'à onze. On mange à midi et on se repose jusqu'à deux heures; de deux à quatre encore classe, puis travail à la terre jusqu'à six heures, moment où a lieu le souper, et l'on se met au lit à sept heures et demie.

La grande église de la mission est simple, modeste, et répond à son but. Des murs de pierre supportent un toit léger établi de façon que l'air puisse circuler librement. A l'intérieur des murs blancs et nus et pour tout ameublement un autel sans faste, des bancs grossièrement façonnés et un harmonium. Des vitres de couleur aux fenêtres répandent sur l'ensemble une lumière bleuâtre et sérieuse et lui donnent ainsi l'aspect d'une église. Au moment de notre entrée un jeune nègre jouait justement de l'orgue avec beaucoup d'expression; il doit être une rare exception, car les missionnaires se plaignent du manque presque absolu d'oreille musicale chez la plupart de leurs élèves, ce qui empêche l'organisation d'un chant d'église.

Nous nous rendîmes ensuite au pavillon des filles. L'abbesse, femme au noble visage, nous reçut avec la plus parfaite gracieuseté dans son salon élégamment arrangé. Son français choisi et ses manières distinguées décelaient une éducation soignée; en effet, elle nous apprit ensuite qu'elle appartenait à une des premières familles de l'île Bourbon et qu'elle cherchait

à oublier dans les pénibles devoirs de la mission des chagrins
de famille et une profonde peine de cœur.

Nous obtînmes avec facilité la permission de visiter l'école
des jeunes filles. Comme dans celle des garçons on y enseigne
la lecture, l'écriture, la religion, et un peu de géographie : la
culture de la terre est remplacée par les travaux de femme. Les
jeunes filles sont habillées à l'européenne, simplement, mais
avec beaucoup de goût cependant, et cela fait une impression
doublement agréable dans un pays où les enfants, même jusqu'à un âge avancé, circulent dans le costume le plus primitif.

Après qu'on eut récité quelques vers en notre honneur, qu'on
nous eût montré des bas tricotés par les élèves et indiqué quelque peu vaguement la position géographique de l'Autriche,
nous admirâmes le beau jardin de l'abbesse et nous retournâmes auprès du frère Oscar, emportant la meilleure impression
des résultats véritablement merveilleux obtenus dans cette partie de l'établissement. Le digne frère nous attendait en dehor
du rayon réservé à l'abbesse et brûlait d'impatience de nous
montrer le cabinet de curiosités naturelles dont l'existence est
en partie due à son activité. Nous vîmes ici des choses que pourrait envier maint cabinet d'Europe ; entre autres un squelette
d'hippopotame, un crâne de rhinocéros, de monstrueuses dents
d'éléphant, des scarabées, des papillons du tropique, des serpents et, ce qui nous intéressa le plus, la peau magnifique d'un
grand lion tué à la mission quelques jours avant notre arrivée.
Depuis longtemps ce lion semait la crainte dans les environs
de Bagamoio ; il avait égorgé maint bétail, et même tué quelques hommes ; dans les derniers temps il avait ravagé pendant
la nuit l'étable aux cochons mal gardée des missionnaires. Frère
Oscar et ses collègues, avertis par les cris des porcs, étaient
sortis à plusieurs reprises, mais toujours trop tard et il leur fallut

avoir recours à la ruse pour tuer le fauve. Entre autres nobles qualités, le roi des animaux possède celle de la constance à un si haut degré que, quand il tue un animal et ne peut le dévorer en une seule fois, il brave souvent de grands périls pour revenir en manger les restes avant de sacrifier une autre victime à son royal appétit. Frère Oscar, qui connaissait cette habitude, prit ses mesures en conséquence.

Dans l'étable aux pourceaux, on fabriqua une chambre pourvue de grilles et d'une trappe. On plaça ensuite une vieille truie parmi les porcs, dans la prévision que le lion donnerait la préférence à cette dernière. En effet, on la trouva égorgée le lendemain et on en jeta les débris dans la trappe comme amorce. Un tas élevé de bourrées servit d'observatoire, et les deux missionnaires y attendirent l'arrivée du lion. Comme d'ordinaire ce fut vers minuit que les porcs firent entendre leurs cris d'épouvante ; bientôt aussi retentirent les rugissements du lion, qui peu à peu s'élevèrent au paroxysme de la fureur.

Bien que cela indiquât que vraisemblablement il fût tombé dans la trappe, il fallait cependant du courage pour affronter le danger de ce redoutable tête-à-tête, pour se glisser dans l'étable étroite et obscure, et de là tirer dans la chambre. Cette tâche sembla trop difficile au compagnon du frère Oscar, et au frère Oscar resta l'honneur d'avoir abattu d'un coup de feu le fauve qui, rendu furieux à son aspect, se précipita sur la muraille qu'il menaçait de faire voler en éclats. Nous écoutâmes avec beaucoup d'intérêt maints autres récits de chasse, jusqu'à ce que la cloche annonçât enfin que l'heure de midi était arrivée.

On nous conduisit à un riche festin, préparé en notre honneur : il se composait en grande partie de mets allemands, et la cave des missionnaires fournit aussi ce qu'elle possédait de meilleur en vins français. Après le repas nous fîmes une petite sieste nécessitée par la chaleur extraordinaire, car le soleil dardait presque perpendiculairement au-dessus de nous ses rayons brûlants, puis nous prîmes nos armes et nos provisions. Nous traversâmes les plantations de riz et de cocotiers de la mission pour atteindre les bords du Kingani, couverts d'un épais fourré d'arbres, et où seul est praticable le chemin des caravanes que nous suivîmes. Des baobabs et des magnoliers gigantesques, ainsi que de verts et luxuriants buissons, dont les formes nous étaient tout à fait inconnues, captivèrent nos regards, et, contraste frappant avec le parc tranquille de Zanzibar, tout ici était plein de vie et de mouvement. Ce n'était que gazouillement et cris, sifflement et bourdonnement; des oiseaux de toutes nuances, des insectes et des papillons aux couleurs éclatantes et variées voltigeaient dans toutes les directions; enfin on entendait çà et là le souffle sourd d'hippopotames dont à chaque instant nous rencontrions des traces fraîches.

Après trois heures de marche nous parvînmes à l'endroit où les caravanes ont l'habitude de franchir le fleuve; nous étions arrivés au rendez-vous. Nous campâmes à une place favorable, le feu fut rapidement allumé avec du bois sec, et nous attendîmes l'arrivée des canots. Ceux-ci ne se firent pas trop longtemps désirer. La nuit, qui s'approchait, trouva toute la compagnie réunie autour du feu, et suivant avec intérêt les mouvements de frère Oscar qui, en capitaine pratique, faisait rôtir d'une main expérimentée un chevreau à la broche. Quand chacun eut suffisamment apaisé son appétit très-aiguisé, et quand le vin eut passé à la ronde, nous nous rendîmes mutuellement compte de nos impressions. Nos compagnons, venus avec les canots, avaient vu beaucoup de pistes d'hippopotames, ils avaient tiré sur plusieurs de ces animaux et même dans la gueule ouverte de quelques-uns, mais sans résultat, rien du moins ne le prouvait. Comme l'hippopotame, même blessé à mort, plonge aussitôt après avoir été touché, et comme le cadavre ne revient à la surface qu'au bout de quelque temps, le plus souvent en amont, ils n'auraient pu, sans perdre trop de temps, poursuivre les animaux chez lesquels la blessure semblait mortelle. Le plus souvent, cependant, les cadavres sont rejetés sur les bords, et cela nous permettait d'espérer qu'au retour nous retrouverions ces captures.

Sur ces entrefaites, le soir était arrivé ; ramage et bourdonnement s'éteignaient dans la forêt, tandis qu'une faible lumière à l'orient annonçait la prochaine apparition de la lune. Le moment était venu de se mettre à l'affût.

Sous la conduite de notre missionnaire, nous nous levâmes dans le plus grand silence, et nous gagnâmes le bord du fleuve à l'endroit où, d'après son expérience et les traces très-nombreuses, il était présumable que les hippopotames aborderaient comme d'ordinaire pour se livrer à leurs promenades nocturnes dans les champs de canne à sucre et dans les pâturages. L'examen des pistes nous révéla aussi le voisinage de sangliers et d'un chat tigre, et l'intérêt de toute la compagnie fut surexcité au plus haut degré quand, en nous postant en ligne, on nous recommanda d'être prêts à tirer parce que le gibier pouvait se présenter à chaque instant.

Il y a un certain charme poétique à être ainsi caché dans le fourré, tandis que tout autour règne un silence absolu, et que de temps en temps retentit un clapotement dans le fleuve voisin ; çà et là, au travers de l'épaisse feuillée, on aperçoit un coin splendide du firmament étoilé pendant que la lune, montant sur l'horizon, répand sur toute la scène une clarté fantastique et donne de la vie par les longues ombres qu'elle crée. Attention ! quelque chose remue dans le taillis ; on distingue un souffle,

puis le silence se rétablit, interrompu seulement par le bruit de
la batterie d'un fusil qu'on arme. Enfin, un froissement re-
commence dans le buisson, on distingue nettement la lourde
approche de plusieurs animaux, ils arrivent; à peine l'un d'eux
se présente-t-il dans une éclaircie qu'un coup de feu résonne

Missionnaire vêtu en chasseur.

tout à coup, puis on entend un immense trépignement, une
respiration haletante, un murmure, et le silence redevient profond comme auparavant. Un chasseur trop ardent n'a pu attendre que les hippopotames fussent à bonne distance et a com
promis la chasse par sa précipitation.

Nous restâmes encore pendant deux heures à l'affût ; cependant aucun animal ne se présenta, et, à part un grognement sourd que frère Oscar attribua à un crocodile et le hurlement des chacals dans le lointain, on ne perçut plus aucun bruit. Un peu fâchés contre celui qui nous avait joué ce mauvais tour, nous revînmes aux canots où nous trouvâmes un gîte dur et étroit, mais que la fatigue nous fit cependant trouver délicieux.

Le lendemain, dès les premières heures, nous nous levâmes et remontâmes le fleuve à l'aviron. A chaque instant, nous voyions apparaître les têtes massives des hippopotames qui venaient respirer à la surface de l'eau et poussaient un cri guttural qui rappelle le grognement du cochon ; mais, bien qu'ils se montrassent souvent près des canots, nous ne réussîmes cependant pas à en blesser un assez grièvement pour être certain que la mort s'ensuivrait, et qu'une poursuite en descendant le fleuve pût être couronnée de succès. Fatigués de cette fusillade inutile, quelques-uns d'entre nous, moi compris, quittèrent de nouveau les canots. Nous côtoyâmes à pied les bords du fleuve en tirant sur la malheureuse gent emplumée, et remplissant nos carniers de volatiles de toute espèce, surtout de grosses tourterelles. Fiers de ce résultat, nous reprîmes le chemin de la mission pour le repas de midi. Pendant ce temps, les canots avaient descendu le cours du fleuve avec les enragés chasseurs d'hippopotames qu'ils portaient. Nous n'avions pas encore atteint le chemin des caravanes lors que nous entendîmes un concert de cris, des sons tirés de cornes de vache et un grand bruit. En approchant, nous reconnûmes que c'était une caravane en marche qui produisait ce tapage. Je dois faire observer qu'une caravane de l'Afrique orientale ne saurait être confondue avec celles de l'Égypte et de l'Asie Mineure. Ces dernières se composent d'un grand nombre de bêtes de somme qui, conduites par des hommes, transportent des marchandises ; dans l'Afrique orientale, au contraire, les marchandises sont portées par des hommes, et çà et là seulement quelques riches marchands ou voyageurs sont montés sur des ânes.

La caravane que nous rencontrâmes était petite. Elle comptait environ soixante-dix personnes, dont quarante tout au plus

Colonie des élèves.

étaient chargées ; le reste se composait de femmes, de surveillants armés et de compagnons de route rencontrés par hasard. En avant marchait le guide, nommé Kiramgozi, avec un drapeau rouge à la main, la tête et le corps parés de la façon la plus comique, de peaux de singe et de haillons rouges. Il était suivi d'une sorte de bande de musiciens : c'étaient deux ou trois garçons tout aussi grotesquement vêtus, avec des tambours et des cornes de vache comme instruments ; ensuite venait la cohue des porteurs appelés *pagazi*. Les marchandises étaient partagées en solides paquets de 60 à 70 livres, et chacun d'eux était porté par un homme, au moyen d'une fourche de bois attachée tantôt sur la tête, tantôt sur les épaules. De leur main libre, les pagazi tenaient encore des piques, des arcs ou des ustensiles de ménage. Les femmes étaient chargées de batterie de cuisine, quelques-unes portaient aussi leurs nourrissons sur le dos à la manière des nègres, .d'autres conduisaient par la main des enfants âgés de trois à quatre ans. A côté de la caravane marchait un nègre très-richement vêtu de peaux d'animaux et de sonnettes ; il gesticulait très-vivement et vraisemblablement devait être le bouffon de l'expédition. Les voyageurs avaient quitté Baga-moio le matin et emportaient des étoffes de coton, des fils de laiton et des perles de verre pour les échanger dans l'intérieur contre de l'ivoire.

Il est certain que les indigènes ne peuvent marcher long-temps par une chaleur torride, surtout chargés de cette façon ; comme l'on compte d'ordinaire qu'une caravane fait une demi-lieue à l'heure, on voit que, marchant seulement le matin, elle a fait une bonne étape quand elle a franchi deux lieues.

Nous regardâmes avec intérêt passer ce défilé, nous-mêmes fûmes de sa part un objet de curiosité ; puis nous son-geâmes sérieusement au retour, car le soleil était déjà assez haut et, bien qu'ayant des coiffures appropriées au climat, il n'était cependant pas prudent pour des Européens de s'expo-ser sous les tropiques au soleil de midi. Arrivés à la mission, nous visitâmes l'établissement des élèves mariés. Il diffère ab-solument des autres villages nègres. Chaque hutte est autre-ment propre et rangée que beaucoup de maisons de paysans de nos provinces, et si les missionnaires ne devaient trouver aucune récompense de leurs louables efforts, cette preuve éclatante du

résultat extraordinaire de leur influence philanthropique suffirait à leur procurer une grande satisfaction. Après le repas
et la sieste obligatoire, nous fîmes une promenade à Bagamoio
pour acheter des armes des nègres.

La ville n'offre aucun intérêt particulier et se compose d'une
multitude de huttes misérables qui enferment dans un pêle-
mêle bariolé quelques constructions et magasins de marchandises plus considérables. Nous nous procurâmes facilement et
à bas prix des arcs, des flèches, des lances, des boucliers et
autres armes, puis nous nous rendîmes à bord accompagnés par
la plupart des frères.

Une visite détaillée de l'*Helgoland* ravit au plus haut point les
missionnaires et les élèves qui les avaient accompagnés dans
leur canot. Ce qui les intéressa surtout, ce fut la machine que
l'on essayait justement, comme cela a toujours lieu avant le
départ d'un vaisseau. Les petits noirs éprouvaient naturellement une grande surprise.

La vapeur était tout à fait sous la pression et ces braves gens
ne pouvaient se décider à nous quitter ; enfin ils nous dirent
adieu, les larmes aux yeux ; puis leur canot où, dans l'intervalle,
nous avions déposé un échantillon de vin d'Autriche pour le
cellier de la mission, une carabine Werndt pour frère Oscar et
différents présents pour les autres, retourna vers le rivage,
tandis que l'*Helgoland* s'éloignait à toute vapeur.

CHAPITRE SEPTIÈME

NOSSI-BÉ

Le canal de Mozambique mérite bien la mauvaise réputation dont il jouit auprès des navigateurs pendant l'été, c'est-à-dire à l'époque qui correspond en Europe à janvier ou à mars. Depuis son départ de Bagamoio, l'*Helgoland* lutta continuellement contre le temps le plus changeant et le plus détestable. Point de jour, si beau commençât-il, qui ne se terminât par de violentes rafales de vent et de pluie ; quant aux nuits, impossible d'en imaginer de plus inquiétantes pour un marin. Des nuages menaçants roulés en boule cachaient le ciel, l'obscurité complète était rompue par des éclairs éblouissants qui sillonnaient les nues dans tous les sens. On n'entendait pas le tonnerre, le vent cessait tout à fait, la pluie tombait à torrents et, jouet impuissant d'une mer morte, le vaisseau hors d'état de se gouverner devait s'attendre d'après ces indices au déchaînement d'une tempête trop annoncée.

Le 14 février au matin, après une de ces nuits désagréables, le soleil à son lever éclaira une série de montagnes bleues et d'îles ; nous avions devant nous la rive nord-ouest de Madagascar avec les îles de Nossi-Bé, Nossi-Mitsu et toute une série d'îlots.

Déjà les voiles avaient été carguées pendant la nuit et la machine nous rapprochait rapidement de notre but. Peu à peu les contours du pays devinrent plus accusés et plus nets. Le continent — c'est le nom donné à Madagascar dans les îles de l'océan Indien du sud — se montra avec la verdure la plus variée, et ses hautes montagnes semblèrent encore relevées par l'ombre des défilés, tandis que Nossi-Bé, également couverte d'une végétation luxuriante, frappait par la conformation particulière de sa série de hauteurs et révélait son évidente origine volcanique par des cônes tronqués faciles à reconnaître. Nous traversâmes le charmant Passage-Eiland, puis Tanikeli appelé par les Anglais *Nine-Pin*, c'est-à-dire la Quille; peu à peu nous distinguâmes les maisons d'Helleville. Le pilote au teint foncé qui nous fut envoyé monta à notre bord, puis nous nous dirigeâmes droit au mouillage et vers midi nous jetâmes l'ancre devant Helleville, capitale de Nossi-Bé.

Le panorama dont on jouit du mouillage est magnifique et rappelle tout à fait celui de la Martinique vue de Port-de France. Une fraîche verdure réjouit l'œil, de gracieuses maisons au toit élevé et formé de nattes de palmier se dressent au milieu de buissons de bananiers, de mangliers et de palmiers, de plantureuses prairies s'étendent sur les flancs des nombreux cratères, un bois bien garni croît jusqu'au rivage qu'une ligne tranchante de sable blanc sépare de la mer d'un bleu sombre.

A droite d'Helleville, dans une baie profonde, se trouve Ambarounou, centre commercial de Nossi-Bé, et sur la presqu'île escarpée de Loucoubé la colonie hambourgeoise; à gauche de la ville est Andavano-Kourouk, village de pêcheurs peu large

mais long,. auquel succède la *Montagne de la Vigie* qui ferme la
baie.

Deux navires de commerce français étaient à l'ancre dans la
baie d'Helleville, et il y avait à Ambanourou de nombreux dhows
et bungalows. Nous ne vîmes pas le vaisseau de station que

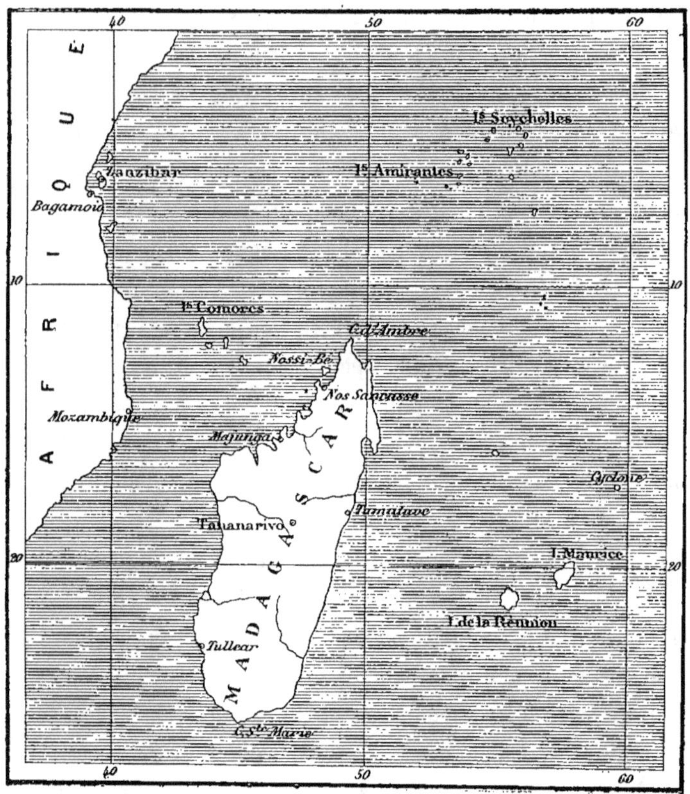

nous pensions rencontrer dans le port; le drapeau qui flottait
sur le môle était le seul indice de l'existence d'une autorité
française, mais de ce côté encore on n'apercevait aucun pré-
paratif pour nous saluer.

Enfin, au bout d'un certain temps, parut un canot portant

un médecin de marine français : c'était le médecin en chef de
la colonie ; il nous autorisa à entrer en rapports directs avec le
pays et nous donna en même temps l'explication de sa tardive
apparition. Le commandant de l'île, officier de marine français, bien qu'ayant interrogé tous ses subordonnés, n'avait pu
deviner à quelle nation appartenait notre pavillon. La couleur
rouge qui y dominait lui avait fait penser que nous étions des
Turcs ; aussi avait-il cru pouvoir se dispenser d'un acte de politesse certainement assez pénible aux heures de midi. Il est
vrai que notre pavillon se montre rarement dans les mers loin-
taines et que par suite il est relativement moins connu ; mais ce
cas particulier indique cependant une certaine apathie de la part
des autorités de Nossi-Bé ; car, outre qu'en qualité de Français ces
officiers devaient connaître notre pavillon qu'ils rencontrent dans
la mer Méditerranée, un navire de commerce autrichien avait fait
en 1871 un long séjour à Helleville. Après avoir reconnu leur
erreur, ils firent tout leur possible pour la réparer ; au docteur
succéda immédiatement le commandant particulier, titre officiel
du gouverneur de l'île, qui offrit ses services à notre commandant avec la plus grande amabilité. Alors eut lieu le salut
réciproque en usage du pavillon de chaque nation.

Nossi-Bé est la plus grande île de l'archipel au nord-ouest
de Madagascar, et sa superficie est d'environ trois lieues et demie carrées avec une population de 8,000 habitants. Ces derniers se composent de Sakalaves, de quelques Cafres, d'Arabes,
d'Indiens, de créoles et peut-être d'une centaine d'Européens,
Français pour la plupart.

Les Français ont pris possession de cette île en 1841 ; comme
par leur établissement vers la même époque à Sainte-Marie et
à Mayotte, ils ont peut-être moins eu en vue de fonder une
nouvelle colonie que de préparer une occupation de Madagas-

Helleville.

car en s'assurant la possession de ce point important pour la
stratégie et le commerce. Nossi-Bé est une dépendance de
Mayotte et relève de la juridiction de Bourbon; sur l'île même
le gouvernement français n'entretient que le personnel admi-
nistratif le plus strictement nécessaire. La force armée est représentée par quelques artilleurs européens et la compagnie
indigène qui se recrute au moyen de volontaires. Elle n'est
d'ailleurs nécessaire que pour le service de sûreté intérieur,
parce que les fréquentes expéditions faites autrefois par les Sakalaves du continent dans un but de pillage ont complétement
cessé depuis que les Hovas ont étendu leur domination sur
presque tout Madagascar.

La végétation à Nossi-Bé, de même que dans la partie nord
de Madagascar, est absolument celle des tropiques; le règne animal y a aussi les mêmes représentants, et les principales productions de l'île sont le sucre, le café, un peu d'indigo et de vanille. Nossi-Bé a plus d'importance comme place de commerce,
parce que Ambanourou sert d'entrepôt à tout le nord-ouest de
Madagascar et parce qu'on exporte de là en quantités considérables des bois précieux, des peaux, du riz et du caoutchouc.

Le lendemain de notre arrivée était un dimanche; le service du bord le permettant, nous descendîmes à terre dès le
matin, en grand nombre, pour nous promener au milieu de la
verdure. Nous débarquâmes sur un beau môle en pierre construit, nous dit-on, avec les plus grandes difficultés, à cause de
la violence des courants de flux et de reflux, et, après avoir
franchi une petite colline, nous parvînmes à la grand'place
d'Helleville. La demeure du commandant, quelques autres
maisons en pierre bâties dans un mode uniforme et accompa-

gnées de jolis jardins, une grande église, un hôpital, une caserne fortifiée et la mission des Jésuites sont symétriquement groupés autour de cette vaste place unie, que décorent des allées de magnoliers et d'acacias les plus luxuriants. C'est là Helleville proprement dit, la ville des fonctionnaires.

De larges rues avec de petites maisons en bois conduisent d'ici au fort par Douani, faubourg habité par des Sakalaves et des créoles; Douani a une importance plus considérable qu'Helleville et offre le caractère complet d'une ville madécasse. On y voit d'élégantes petites maisons de bois couvertes en feuilles de palmier, avec un grand toit à pignon disproportionné; à côté sont les offices, construits sur de hauts poteaux et avec toutes les précautions possibles pour les protéger contre le fléau du pays, c'est-à-dire contre des légions de rats; chaque construction est accompagnée d'un jardin potager et du métier à rabane [1]. De même que dans le pays de Hovas le métier à rabane s'y rencontre presque invariablement.

Comme contraste avec Helleville, où l'on ne voit personne dans les rues, le mouvement le plus animé règne à Douani; après quelques instants passés à l'examiner, nous prîmes pour guide un agent de police sakalave très-fier dans son uniforme rouge, et nous nous mîmes en route pour Ambanourou.

Un chemin fort bien entretenu nous conduisit au *Jardin du gouvernement*, parc minuscule admirablement soigné et contenant toutes les plantes des tropiques; nous franchîmes ensuite diverses côtes, sur la plupart desquelles on cultive du riz et des cannes à sucre, et poursuivîmes jusqu'à ce qu'enfin un fleuve nous barrât le chemin. Grâce à l'entremise de notre guide,

---

1. On appelle *rabane* une sorte d'étoffe fabriquée avec des fibres de palmier et employée dans ce pays aux mêmes usages que la toile.

nous ne tardâmes guère à trouver des bateaux pour passer. Ils consistent en troncs d'arbres creusés et munis d'une poutre sur chaque côté; un Sakalave fait avancer rapidement, avec une seule rame, ces pirogues d'une stabilité étonnante. Nous montâmes au nombre de trois ou quatre personnes dans ces coquilles de noix qui enfonçaient dans l'eau jusqu'au bord; la rive opposée fut bientôt atteinte et nous continuâmes notre excursion au milieu d'une contrée charmante. Aussi loin que s'étendait la vue, se montrait la verdure la plus abondante et la plus luxuriante; on apercevait des papillons et des scarabées aux brillantes couleurs et beaucoup d'oiseaux au plumage bigarré, parmi lesquels le cardinal, c'était un paysage tropical dans le sens le plus étendu du mot; çà et là s'ouvrait la perspective sur la mer azurée qu'on découvrait, avec les navires à l'ancre et les hautes montagnes de Madagascar dans le lointain.

Après une heure de marche, nous avions franchi la langue de terre qui sépare Helleville d'Ambarounou, et nous nous trouvions devant cette dernière localité. Au moyen de pirogues semblables à celles sur lesquelles nous venions de traverser la petite rivière, nous traversâmes le mouillage et abordâmes vers midi devant les vastes constructions de la douane. Cette longue route, par la chaleur des tropiques, avec les rayons du soleil presque perpendiculaires sur nos têtes, nous avait passablement fatigués; aussi acceptâmes-nous avec empressement la proposition que nous fit notre guide de visiter un café. Nous y retrouvâmes des Arabes; c'étaient les mêmes longs individus accroupis devant un narghileh, le même excellent café qu'à Djiddah, mais tout aussi malproprement servi, les mêmes tentatives pour rançonner les visiteurs que dans tous les endroits de cette mer Rouge si attrayante à distance. Les rues aussi nous présentèrent le même tableau que là-bas. Ambarounou tout entier est, à proprement parler, un grand bazar ; des boutiques de marchands succèdent les unes aux autres, dans l'une le vendeur est arabe et dans l'autre indien ; cette seule différence ne saurait intéresser beaucoup l'étranger, car il est certainement la dupe de l'un des deux quand il achète un objet le huitième du prix demandé d'abord.

Comme l'aspect de la ville ne nous offrait rien de nouveau, comme la saleté et la puanteur s'y faisaient par trop sentir, nous songeâmes bientôt au retour, et nous choisîmes une route passant plus dans l'intérieur de l'île, afin de visiter un village de Cafres. Après avoir, comme précédemment, traversé de charmants bosquets, nous parvînmes, au bout de quelque temps, à un plateau bien cultivé d'où la vue embrassait une grande partie de l'île jusqu'aux cratères.

Des éclats de voix et des roulements de tambour nous annoncèrent bientôt le voisinage d'un village. Le guide nous apprit que nous arrivions juste à temps pour assister à une danse, plaisir auquel les Cafres se livrent avec plus de passion encore, si c'est possible que les nègres à Zanzibar.

En effet, en pénétrant dans le village, nous en trouvâmes les habitants occupés avec la plus grande ardeur à rendre hommage à Terpsichore sur une place entourée de hauts palmiers.

Voici en quoi consiste cette danse, à laquelle les hommes seuls prennent part, les femmes demeurant spectatrices ; les danseurs en rond se dandinent au son du tambour, et le premier danseur, qui se trouve au milieu, engage l'un d'eux à sortir du cercle pour exécuter seul une danse, et accomplit en cadence avec lui les mouvements de corps les plus incroyables.

S'il est capable d'imiter le premier danseur, l'engagé est récompensé par les cris d'approbation des spectatrices; dans le
cas contraire, le premier danseur le chasse du cercle de la
façon la plus énergique, et alors les tibias de l'infortuné peu
vent bien ne pas s'en tirer sans porter quelques témoignages
éloquents de sa maladresse.

La toilette des danseurs est des plus primitives. Leur parure
comique, donne à leurs visages inintelligents et laids qui res-
plendissent de joie et de satisfaction, un aspect tout particulier.
Il est seulement regrettable qu'aucun chorégraphe ne s'empare
du sujet et ne s'en serve dans un ballet.

Les Cafres de Nossi-Bé sont des ouvriers amenés de Mozambique et qui pour la plupart ont un engagement de dix ans;
leur condition se rapproche de l'esclavage aux Antilles et peut
bien être la cause de leur grande indolence.

Ils vivent au jour le jour comme de petits enfants; pourvu
qu'ils puissent danser et s'enivrer le dimanche, tout le reste leur
est indifférent, et c'est pour cela que presque tous sont contraints peu à peu de s'engager pour la vie et qu'ils végètent
néanmoins de la façon la plus misérable. Les pitoyables huttes
de jonc dont se composent leurs villages et qui sont ordinairement dans le voisinage des plantations de leurs maîtres, en
fournissent une preuve manifeste.

En continuant notre route, nous arrivâmes de nouveau au Jardin du gouvernement. Nous le visitâmes alors avec plus d'attention et nous y trouvâmes plusieurs espèces d'arbres qui nous
étaient entièrement inconnues, comme l'arbre du voyageur,
l'arbre à ouate et le croton. L'arbre du voyageur, appelé aussi
ranivala, est une belle espèce de palmier qui croît à Madagascar; il doit son nom au suc rafraîchissant qui coule lorsqu'on

perce la tige de ses feuilles. Les Madécasses tirent encore un autre avantage du ranivala. Ils recouvrent leurs maisons avec ses feuilles, se servent des branches comme de roseaux de bambou, et fabriquent des nattes avec le liber.

Un beau caméléon que nous prîmes nous fit grand plaisir, sur les conseils de notre guide, et nous lui donnâmes du tabac, afin de l'exciter et de le faire changer de couleur. Le résultat ne fut cependant pas aussi important que nous pouvions l'espérer, d'après le proverbe, et la nuance gris clair se borna à passer au violet et au gris-brun.

Nous passâmes encore près du puits public très-fréquenté ; là des jeunes filles de Douani puisaient de l'eau en folâtrant, et nous atteignîmes enfin ce faubourg, où l'occasion se montra favorable d'étudier de plus près la population sakalave.

Il est certain que les Sakalaves, race bâtarde formée de Cafres, de Malais et d'Arabes, sont d'un degré bien supérieur aux Cafres eux-mêmes, tant au point de vue physique qu'intellectuel ; cependant pour l'intelligence ils ne peuvent s'élever au-dessus des Suahelis. Les hommes, le plus souvent, sont robustes et de taille élancée ; ils ont un visage expressif, une chevelure abondante, mais cependant une barbe peu fournie. Ils portent ordinairement un chapeau de roseau ; leur ancien costume se compose d'une chemise et du lamba, pièce de coton ou de soie de diverses couleurs qu'ils enroulent autour des hanches ou qu'ils jettent sur leurs épaules. Les femmes, bien que petites, ont une jolie taille, et fréquemment elles ont les traits du visage très-réguliers. Les cheveux abondants, mais hérissés, sont disposés en tresses ou en boules ; cette dernière façon de les arranger donne à celle qui les porte, une physionomie avantageuse et intéressante. Dans leur toilette, le lamba joue encore le principal rôle. Elles ont rarement des anneaux leur traversant le nez, mais presque toujours de monstrueuses boucles d'oreilles ; afin de pouvoir les introduire, elles se percent les oreilles dès l'enfance, et dilatent l'ouverture en y introduisant un bouchon de parchemin roulé.

Les Sakalaves ne professent réellement aucune religion et

Caffre en costume de danse.   Femme Sakalave.
Types populaires à Nossi-Bé.

s'adonnent tout entiers à l'oisiveté, à part le peu de temps qu'ils consacrent à leurs champs de riz ; à Nossi-Bé, cependant, à l'imitation des chrétiens, ils semblent considérer le dimanche comme un jour de repos. C'est ainsi qu'à Douani toute la population en habits de fête se livre aux plaisirs les plus variés.

Des jeunes gens exécutent différentes danses au bruit des tambours et des flûtes ; d'autres, assis sur une natte de paille, devant leurs huttes, s'amusent à jouer au hatra, damier à trente-deux cases ; on en voit quelques-uns, plus avancés, jouer aux cartes avec passion ; les dés enfin ont aussi trouvé moyen de s'introduire parmi ces enfants de la nature.

Le jour baissait quand nous aperçûmes quelques blancs qui quittaient leurs maisons pour prendre un peu d'exercice devant la porte d'Helleville ; leurs visages jaunis et maladifs le plus souvent indiquaient que la fièvre sévit ici en permanence parmi les Européens.

Fatigués et altérés par notre marche, nous songeâmes alors à trouver un hôtel et nous fûmes très-surpris de rencontrer un établissement très-confortable et fort bien approvisionné.

Nous avions beaucoup entendu parler du lac des cratères de Nossi-Bé ; aussi il fut convenu que ce serait le but de notre prochaine excursion. Il se présenta justement une magnifique occasion ; un riche propriétaire de l'île, M. Clain, qui possédait une plantation dans le voisinage de la mer, nous invita à y faire une promenade.

Au jour convenu nous quittâmes en toute hâte le vaisseau, et avec notre canot nous fîmes force de rames pour la prequ'île du *Moine de la Vigie* où nous avions donné rendez-vous à notre ami au pont construit près de l'embouchure de la rivière Ambopilava. Elle n'est pas navigable, même pour des canots, mais comme, près de son embouchure, la marée haute y rend la profondeur suffisante, nous parvînmes sans retard, en nous glissant à travers les belles tiges de mangroves, au pont bâti à quelques encâblures en amont.

M. Clain avec son ami M. Jacquelin nous y attendaient, et

nous nous dirigeâmes de compagnie sur la plantation située dans le voisinage immédiat de la rivière.

La plantation et la raffinerie de sucre ne nous offrirent rien de nouveau ; comme toutes les entreprises identiques à Nossi-Bé, elles n'ont pas atteint le même degré de développement que les établissements de Cuba ou de Maurice, bien que la canne soit ici cultivée et coupée de six à huit fois.

La principale raison de cet état de choses pourrait bien être d'abord dans l'éloignement du monde civilisé et dans la difficulté qui en résulte d'établir les machines convenables ; il faut la chercher aussi dans le défaut d'une bonne force ouvrière, parce que les Cafres sont très-paresseux et très-indifférents à toute incitation. Néanmoins la culture de la canne à sucre prend de l'extension à Nossi-Bé et remplace l'indigo parce qu'elle exige moins de travail. L'exportation de la canne à sucre s'est élevée de 400 à 16,000 tonnes et pourrait augmenter encore si la question du recrutement des ouvriers trouvait une solution satisfaisante par une émigration régulière de coolies.

Le séjour dans la fraîche habitation de M. Clain dura juste le temps de nous rafraîchir ; nous nous régalâmes surtout de lait de coco additionné d'un peu de cognac, boisson si appréciée sous les tropiques, et nous partîmes aussitôt après afin d'atteindre avant la grande chaleur le lac du cratère situé à peu de distance.

Nous longeâmes une plantation de caféiers ; ces arbustes se plaisent beaucoup ici et donnent des fruits dès la seconde année ; nous traversâmes ensuite une pelouse où le gazon était de la hauteur d'un homme et nous atteignîmes une vallée où coule un petit ruisseau sur les deux rives duquel croissent des arbres magnifiques. Il nous fut facile de nous faire une idée de l'exubérante fertilité du sol sous l'influence du soleil tropical quand on nous dit que cette forêt n'existait que depuis quatre ans, et qu'avant cette époque le terrain était consacré à la culture de l'indigo. Il faut attribuer encore au manque de bras l'abandon de cette culture. Des magnoliers, des citronniers, des orangers magnifiques entourés de lianes de toute espèce, formaient le fond de la forêt, tandis que des buissons isolés d'indigotiers et de crotons apparaissaient dans les éclaircies. Le sol était couvert des meilleurs fruits de ces arbres et l'on n'y attachait pas la moindre attention. La vallée traversée, nous montâmes pendant quelque temps et nous nous trouvâmes enfin sur le bord étroit du cratère avec le lac à nos pieds.

Il a presque la forme d'une circonférence et peut avoir de 150 à 200 brasses de diamètre. Son niveau est un peu plus élevé que celui de la mer et l'écoulement des eaux se fait d'abord souterrainement, puis à ciel ouvert, par un ruisseau qui se jette dans l'Ambopilava. Le spectacle que présente le cratère est très-gracieux. Les parois intérieures, comme les flancs, sont couvertes de gazon, et le lac lui-même est entouré d'une ceinture de hauts roseaux et de palmiers raffia, qui croissent serrés les uns contre les autres. L'eau du lac est douce et doit cacher beaucoup de caïmans ; il ne nous fut cependant pas possible d'en apercevoir un seul.

Au retour un copieux déjeuner nous fut servi dans une plantation appartenant à la mission de Nossi-Bé. Sur ces entrefaites quelques-uns des planteurs s'étant joints à la compagnie, causèrent de l'état actuel de l'île et exhalèrent des plaintes très-amères contre l'administration. Elle est, disaient-ils, opposée à tous progrès et ne répond nullement aux intérêts des habitants. Sous le rapport des travaux publics, et en particulier en ce qui touche la question des communications, l'autorité supérieure ne fait rien, et son organisation est telle que les intéressés sont dans l'impossibilité d'intervenir. Le commandant particulier est assisté, il est vrai, d'un conseil d'administration auquel appartient la gestion de l'île. Ce conseil se compose actuellement de cinq membres dont trois fonctionnaires du gouvernement et deux personnes de confiance choisies parmi les possesseurs de bien-fonds. La majorité peut toujours rester acquise aux trois fonctionnaires contre les deux résidents, ce qui, en tous cas, ne laisse au conseil aucune apparence de liberté dans ses décisions. Ajoutez à cela que le peu d'étendue de Nossi-Bé la fait considérer comme la Cayenne des colonies françaises et qu'on doit y envoyer en disgrâce des fonctionnaires qui n'ont réussi nulle part. Enfin, tous les procès, si peu importants soient-ils, doivent être tranchés à l'île Bourbon, avec laquelle Nossi-bé n'a pas de relations directes.

Tout cela explique en partie cette déclaration des planteurs, étonnante dans la bouche de Français, d'ordinaire si fiers de leur patrie ; leur situation leur paraît telle, qu'on serait tenté de croire qu'ils aimeraient mieux voir l'île anglaise que française.

Pendant cette conversation sur la situation du pays, le temps s'était écoulé et il était près de midi ; nous acceptâmes avec plaisir la proposition que nous firent nos hôtes de nous rendre à la ville à dos de mulets, tandis qu'eux-mêmes, selon l'usage des planteurs, se faisaient porter par des Cafres en de commodes palanquins.

La mission catholique d'Helleville est d'une haute importance pour Nossi-Bé. Elle possède la seule école que l'on trouve dans les environs ; les missionnaires ont dans l'île même et sur la côte de Madagascar, située en face, de nombreuses relations

et une influence considérable. Cette mission a été fondée par
les jésuites. Un prêtre de cet ordre, portant le titre de préfet
apostolique, la dirige; plusieurs autres prêtres et frères lais
lui sont adjoints. Du préfet apostolique relève, sous le rapport
ecclésiastique, non-seulement Nossi-Bé, mais encore toute la
côte occidentale de Madagascar près de laquelle se trouvent réunies toutes les communautés catholiques. L'école de la mission
d'Helleville est organisée sur le même plan que celle de Bagamoio, mais avec plus de confortable. Les enfants sont confiés
par leurs parents, Sakalaves pour la plupart, à l'établissement,
où ils sont baptisés; ils y reçoivent une éducation élémentaire
et apprennent un métier; après quoi ils sont complétement libres d'eux-mêmes. L'influence des maîtres pousse cependant
presque tous les élèves à épouser des chrétiennes; dans ce cas
ils reçoivent de la mission une hutte et jouissent d'autres avantages. En somme, un esprit bien plus sérieux qu'à Bagamoio
anime cette institution; comme d'ailleurs la tâche est rendue
plus facile par l'intelligence plus développée des Sakalaves, les
résultats obtenus ici sont plus considérérables. C'est ainsi que
l'école d'Helleville a envoyé au lycée de Bourbon plusieurs élèves
qui y continuent leurs études avec distinction.

Le père Lacôme, tel est le nom du préfet apostolique, est un
homme de talent; déjà âgé, il appartient depuis longues années à la mission de Madagascar et connaît à fond ce pays qu'il
parcourt fréquemment. Il vint à ma rencontre de la façon la
plus gracieuse lors de notre visite à l'école, et, quand il apprit
que je m'intéressais au pays des Hovas, il se mit à ma disposition
pour les éclaircissements qui me seraient nécessaires sur ce sujet. J'acceptai avec plaisir son offre aimable et dans la suite je
fis en sa compagnie des promenades et des excursions très-

agréables. Interrogé sur les Sakalaves, il m'exprima le regret
de ce qu'il n'y eût rien à faire avec eux au point de vue de la
conversion, toutes les fois qu'ils n'étaient pas entrés jeunes à la
mission. Ils sont bons et bien disposés, mais toute notion de religion leur fait absolument défaut. Les mahométans ou les
bouddhistes les plus fanatiques peuvent être plus facilement
convertis au christianisme que ces gens; lorsqu'on leur parle
d'un être qui règne sur tout l'univers, ils vous demandent où
il est et vous disent qu'il faut le leur montrer. Pourquoi, vous
objectent-ils, nous fait-il mourir s'il est aussi bon que vous di-
tes? Puisqu'il agit ainsi, c'est donc un mauvais esprit, et nous
ne voulons pas entendre parler de lui. Le sentiment, inné en chaque homme, qu'il existe une puissance supérieure est remplacé
chez eux par le respect qu'ils professent pour l'esprit des morts.
Cette vénération presque idolâtre qu'ils nourrissent pour leurs
anciens rois et reines actuellement détrônés se traduit envers
eux par la pratique austère de leurs devoirs de sujets. Ainsi,
l'île de Madagascar presque tout entière est aujourd'hui soumise à la reine des Hovas, et tous les Sakalaves qui y vivent
doivent lui payer impôt. Néanmoins ils acquittent avec la plus
grande ponctualité le tribut qu'ils devaient à leurs anciens maîtres à l'époque de leur puissance et ils leur reconnaissent,
comme autrefois, la disposition absolue de leurs biens. Ils ne se
soulèvent pas contre des exigences trop onéreuses, c'est tout
au plus s'ils s'y soustraient en émigrant chez une autre tribu.
Le père Lacôme me dit, en outre, que les Sakalaves, pourtant
si économes, payent un impôt volontaire aux anciens chefs de
leur tribu réfugiés sur la côte madécasse.

Leur culte des esprits ne se manifeste pas seulement par l'a-
bandon de la maison où un chef est mort et par le soin qu'on a

d'y apporter chaque jour des vivres et de l'eau, mais aussi par l'habitude comique que voici :

Qu'un Sakalave se trouve le soir dans un endroit sombre et s'imagine y voir quelque chose de surnaturel, aussitôt il est persuadé que c'est l'esprit d'un mort ; il considère alors comme son devoir le plus sacré d'apporter, pour l'entretien du défunt,

Campagne de Nossi-Bé.

du riz et de l'argent qu'il place sous une pierre. Tout passant, à la vue de ces offrandes, fait de même ; il se forme ainsi un monceau de pierres qui croît de jour en jour jusqu'à ce qu'un autre lieu de vénération soit consacré dans le voisinage. Moi-même j'ai pu remarquer plusieurs de ces monceaux de pierres, situés tout près du chemin qui conduit à la plantation de la mission, et auxquels il a fallu bien des jours pour s'élever. Les Sakalaves d'ailleurs ont tant de respect pour leurs ancêtres qu'ils tiennent compte même de leurs instincts de vengeance; ils aiment aussi à utiliser les sources afin d'y placer de l'argent pour les morts. Le père Lacôme m'expliqua ainsi l'existence de quelques pièces d'argent que nous avions trouvées près d'une source, dans une pierre creuse, pendant une exploration de la rivière Saulan.

Chacun comprend que de semblables notions religieuses, ou plutôt que l'absence de notions religieuses, doivent assurer la prospérité des superstitions d'autrefois; il y existe en effet une sorte de sorciers appelés *ampamuriki* et *sikidis*, qui ont une grande influence sur le peuple; on les consulte dans toutes les circonstances importantes et ils rendent des oracles qu'ils tirent le plus souvent de l'examen des graines de la sekililiane.

Dans des excursions postérieures nous visitâmes encore les cratères situés au loin dans l'intérieur, les chutes de la Saulan et d'autres paysages pittoresques. Nous en revînmes avec l'impression que Nossi-Bé est une des îles les plus charmantes des tropiques; il est véritablement très-regrettable que le climat y soit aussi dangereux pour les Européens, et plus encore que les embarras occasionnés par l'administration s'opposent au développement de sa prospérité.

L'inclémence du climat se manifeste par des fièvres opiniâtres auxquelles les étrangers restent sujets pendant tout leur séjour dans l'île; les accès en sont plus ou moins violents et souvent les personnes d'une constitution délicate y succombent. La conséquence de cet état de choses est que chaque Européen amené ici par ses intérêts n'y séjourne que le temps strictement nécessaire pour mettre ordre à ses affaires ou pour amasser quelque fortune, puis il se hâte de prendre le large. Par suite, tout ce qu'il fait est entrepris avec cette arrière-pensée, et tout n'est calculé que pour une courte résidence. Dans ces derniers temps on a d'ailleurs reconnu que, sur quelques points plus élevés de Nossi-Bé, la fièvre est moins fréquente et beaucoup moins violente ; un plus long séjour des Européens dans l'île permettra peut-être de fonder un établissement dans ces endroits.

La négligence apportée aux intérêts de la colonie par le gouvernement de la mère patrie a des inconvénients bien plus graves.

Si petite que soit l'île, elle ne devrait cependant pas être méprisée comme colonie, parce que sa position peut l'appeler à devenir l'entrepôt de tous les produits de la partie nord de Madagascar et un centre commercial de la plus haute importance. Nossi-Bé est actuellement le siége des agents de plusieurs maisons de commerce françaises, anglaises et allemandes ; elles se servent des caboteurs pour échanger les produits naturels madécasses contre des articles européens et du rhum qu'elles expédient par grands navires. La valeur de l'exportation des peaux, du caoutchouc et des bois précieux est déjà assez étendue et s'accroîtrait sensiblement si, par des mesures intelligentes et par l'encouragement donné à l'esprit d'entreprise, la puissance de production de l'île recevait tout le développement dont elle est susceptible.

Pendant nos promenades, la corvette avait complété son approvisionnement de houille et de vivres frais, et nous pûmes quitter le port d'Helleville le 22 février.

Les communications postales entre Nossi-Bé et la plus proche station des paquebots, de Mahé aux Seychelles, sont des plus défectueuses ; d'ordinaire une petite canonnière française en est chargée et fait chaque mois un voyage circulaire entre Nossi-Bé, Mayotte et Mahé ; aussi notre capitaine permit-il par exception, à MM. Clain et Jacquelin, dont il a été question plus haut, de prendre passage à son bord pour Bourbon ; cette nouvelle compagnie nous fut très-agréable par le changement qu'elle apporta à notre vie.

En quittant l'île nous eûmes un vent favorable; bien que le temps continuât à se montrer aussi capricieux que précédemment dans le détroit de Mozambique, nous parvînmes cependant le lendemain à Nossi-Sancassi, île sans importance, car les bâtiments du tirant de l'*Helgoland* ne peuvent entrer, comme nous le reconnûmes, dans le port de commerce de Nossi-Lava situé dans la baie Narinda.

Après quelques jours passés à Nossi-Sancassi où, — à en juger par la défiance que nous marqaient les indigènes, — fort peu d'Européens ont encore dû débarquer, nous continuâmes le voyage pour Majunga, la principale ville de la côte occidentale de Madagascar où notre arrivée eut lieu le 26 février.

Pendant cette traversée nous n'avançâmes qu'avec la plus grande circonspection; en effet, les cartes marines dressées en 1824 ne méritaient guère de confiance. A un endroit où la carte indique un fonds de 6 à 7 brasses, la sonde nous donna tout à côté du vaisseau 2 toises 1/2 ou 12 pieds 1/2; par bonheur ce n'était qu'un banc de corail isolé; il était situé à 2 ou 3 brasses sur la gauche de notre direction, autrement la corvette. qui tirait 21/8 pieds d'eau, aurait infailliblement échoué ou pour le moins aurait fait une voie d'eau dangereuse. Naturellement nous nous félicitâmes d'avoir échappé à ce péril; car, outre que rien n'est plus démoralisant pour le marin que la perte de son vaisseau, il nous aurait fallu, à la suite d'un événement de cette nature, errer peut-être pendant un mois dans les parties basses de Madagascar où les fièvres sont endémiques.

CHAPITRE HUITIÈME

MAJUNGA

Par un temps clair et serein nous nous retrouvâmes en vue des côtes de Madagascar. Le rivage uni d'abord ne tarde pas à se changer en un pays ondulé et montueux; dans le lointain se dessinaient plusieurs rangées de hautes montagnes. Les courants rapides qui règnent sur cette partie de la côte ne laissaient pas que de constituer un danger sérieux pour le vaisseau ; aussi fallut-il beaucoup d'attention pour nous rendre directement à Majunga près de la baie Bembatooka. Nous avançâmes lentement, cherchant des yeux avec le plus grand soin la muraille de rochers rouges qui, d'après les indications des cartes marines anglaises, marquent l'entrée de la baie. Des cadets montés tout exprès dans la hune de misaine, la signalèrent enfin, et nous entrâmes dans la baie en augmentant de vitesse. Nous pûmes bientôt distinguer suffisamment les contours et la nature du pays. Aussi loin que la vue s'étendait, le terrain présentait une luxuriante parure d'arbres; le sommet des collines surtout était couvert de hauts magnoliers, et l'on ne distinguait, du fort, construit à gauche de l'entrée, que le pavillon blanc hovas.

En approchant du rivage, la violence du courant augmenta encore considérablement; cependant, la teinte jaunâtre de la mer indiquait que le vaisseau se trouvait déjà dans l'eau saumâtre des fleuves qui débouchent dans la baie Bembatooka et parmi lesquels on compte l'Ikupa, qui baigne Tananarive, capitale de Madagascar. Malgré tous nos efforts, quand nous doublâmes la pointe occidentale de la presqu'île, sur la pente de laquelle est située Majunga, et quand nous jetâmes l'ancre à une distance d'un mille marin de la terre, il était déjà quatre heures de l'après-midi. A cette distance, on ne peut voir de la ville que le fort, une ligne blanche de maisons placées à ses pieds, et de très-nombreux caboteurs à l'ancre.

Le vaisseau était à peine affourché qu'un canot monté par un nombre considérable de personnes à la peau brun clair mit à la voile pour nous accoster. C'étaient des Hovas. Un petit vieillard, portant un bonnet dans le genre de l'ancienne coiffure des ordonnances de nos officiers, se présenta comme intendant royal des ports madécasses et demanda au nom du gouverneur les papiers du bord. Quand ils lui eurent été présentés, il examina le vaisseau avec une grande curiosité, accorda en souriant force éloges au rhum qu'on lui servit, et prit congé de nous en faisant des protestations d'amitié sans fin. Il regagna la terre, je l'accompagnai, le commandant m'ayant confié le soin de prendre des informations pour le salut du pavillon et de louer un drapeau madécasse, au cas où notre salut serait rendu. Ce drapeau étant inconnu chez nous, il n'avait pas été possible d'en munir la corvette.

Poussés par une brise fraîche, nous approchâmes rapidement de la terre, mais le peu de fond obligea le canot à s'arrêter assez

loin du rivage, et nous dûmes monter sur les épaules de nègres robustes pour mettre pied à terre sans être mouillés. Toute
la population de la localité s'était réunie sur le rivage; Hovas,
Sakalaves, Arabes et Indiens formaient une foule variée et suivaient avec la plus grande curiosité chacun de nos mouvements.
Mon ami madécasse, l'intendant du port, dut user de toute son
autorité pour nous ouvrir enfin un chemin à travers cette foule
compacte.

Le chemin qui mène chez le gouverneur est une rue qui,
d'abord, est large et plane dans la basse ville, puis qui devient
assez escarpée quand elle traverse les jolis jardins qui longent
le fort, lequel est bâti sur le flanc de la montagne. Au milieu,
dans un réduit entouré de palissades, nous trouvâmes enfin la
demeure du gouverneur. A la vue de mon compagnon, le corps
de garde retira deux lances croisées en travers de la porte, et
nous accompagna dans l'avant-cour. Là, mon ami madécasse
me fit attendre afin, comme il me dit en anglais de sa façon,
de : *prepare governor*. Je dus attendre, assez longtemps, que le
governor eût revêtu un costume convenable. Il me reçut enfin;
c'était un homme grand, d'aspect débonnaire, au teint très-
clair; toute sa toilette consistait en une chemise blanche et en
un pantalon de même couleur. Il me fit l'accueil le plus empressé par l'intermédiaire de son interprète anglais; je lui expliquai le but de ma visite, il me donna les renseignements
désirés et me promit aussi le drapeau.

Les affaires de service ainsi terminées, on servit du vermout,
et la conversation s'engagea. Il me questionna d'abord sur
l'Autriche, demande qui paraît l'avoir gêné tout le temps de
l'entrevue, car, d'après son aveu, c'était la première fois qu'il entendait parler d'un État de ce nom. Je lui traçai de mon
mieux une carte d'Europe. Prenant pour échelle de proportion

l'Angleterre et la France, qu'il connaissait au moins de nom, je lui expliquai la position et la grandeur de notre empire. Son respect augmentait à vue d'œil et arriva au plus haut degré quand je lui assurai que l'Autriche était deux fois aussi grande que la puissante Angleterre. Il se montra aussi très-curieux d'apprendre quel était le pays qui venait dernièrement d'infliger un échec à la France.

Cette question, qui nous fut posée à diverses reprises à Madagascar par des Hovas et des Arabes, indique quel retentissement ont dans de lointains pays les événements de ce genre ; par l'intérêt que ces nouvelles excitent, on peut juger de la grande influence qu'elles doivent avoir sur la politique de peuples à demi barbares.

Je pris enfin congé du gouverneur et j'annonçai en même temps que le commandant devait venir le lendemain matin, avec l'état-major du vaisseau, lui rendre la visite officielle.

Le père Lacôme de Nossi-Bé m'avait remis pour un certain André Ambulahéry, directeur de la douane à Majunga, une lettre d'introduction et un paquet d'images religieuses. Je me mis à sa recherche et le trouvai sans peine, car sa maison était située dans le voisinage immédiat de la demeure du gouverneur. Ambulahéry a l'air très-intelligent ; il parle très-bien le français, et, après avoir lu la lettre que je lui apportais, il m'accueillit très-amicalement.

Heureux de rencontrer celui par lequel je comptais obtenir des renseignements sur la situation du pays, j'exprimai le désir d'employer le reste de l'après-midi à visiter la ville en détail, et, comme je m'y attendais, Ambulahéry s'offrit à me servir de guide.

Majunga se compose de deux parties distinctes : le quartier Hova sur la montagne et la ville commerciale sur le rivage. Le chiffre total des habitants s'élève à 8,000 âmes.

Majunga.

Comme nous nous trouvions dans le fort, nous le parcourûmes d'abord. Là demeurent exclusivement des Hovas et leurs
familles. Chaque Hova appartient à la classe des guerriers,
c'est pourquoi la population mâle compose en même temps la
garnison. Toute la force militaire, soit environ un millier d'hommes, est sous les ordres du gouverneur.

A l'exception de son palais bâti en pierre, les maisons, qui se
trouvent dans le fort, sont construites en bois; mais toutes sont
d'une élégance et d'une propreté extraordinaires. Le soubassement de bois supporte un toit élevé, pointu et couvert de feuilles de palmier. Les murailles extérieures des maisons sont si
artistement ornées de feuilles de palmier en éventail qu'on est
tenté de les croire lambrissées. A l'intérieur, des étoffes en rabane et des nattes tapissent les murailles et le sol; partout règne une exquise propreté. L'ameublement est, en général, des
plus simples : il se compose de la *kitanda,* lit en usage dans le
pays, qu'on fait avec des liber, et de quelques chaises basses;
les personnages importants ont cependant, quelquefois, un
mobilier européen. Les rues étroites prouvent l'esprit d'ordre
des Hovas et sont tenues dans un état de scrupuleuse propreté.

Les ouvrages fortifiés de la ville haute de Majunga ne sont
pas très-redoutables. Un fossé de quelques pieds de profondeur entoure la ville. Sur les glacis, irrégulièrement élevés,
on a posé çà et là de vieux canons de marine en fonte qui
pourraient être tout aussi dangereux pour les servants que
pour les ennemis. Néanmoins, ils sont soigneusement préservés
des intempéries des saisons par un toit de paille.

La partie basse de Majunga, où nous nous rendîmes ensuite,
contient quelques belles constructions de pierre appartenant
à de riches Indiens; elle renferme également des maisons
aussi propres que celles des Hovas dans le fort, mais la majeure

partie de la population (Arabes, Sakalaves et Cafres), habite dans des cabanes très-sales où, à chaque nouvelle visite, on est dégoûté par une puanteur révoltante. Au centre de la ville basse se trouve un grand bâtiment de pierre muni d'une longue véranda. Une hampe à l'extrémité de laquelle flotte un drapeau madécasse indique que c'est un établissement du gouvernement. Ambulahéry, en effet, me dit que c'était le Lapa (hôtel de ville), où se tiennent les conseils publics appelés *kabary*. Là, de temps en temps, les membres supérieurs de l'assemblée se réunissent, quand il s'agit de régler quelque affaire de la commune. Lorsque la reine expédie des ordres, le gouverneur les communique au chef de la basse ville, qui convoque les kabary et leur en donne connaissance. Chaque membre, en particulier, doit avoir soin que toutes ces communications soient comprises, et, en cas de nécessité, le conseil est convoqué une seconde fois. Grâce à cette organisation, les arrêtés et nouvelles sont rapidement connus au dehors, et nul ne peut prétexter de son ignorance.

Le soir était venu, mais comme le canot qui devait me prendre n'était cependant pas encore arrivé, je suivis, en l'attendant, mon aimable guide et me promenai devant la ville, où des palmiers, des magnoliers magnifiques et des taillis luxuriants bordent le chemin qui conduit dans l'intérieur du pays. L'air était tiède et chargé de parfums balsamiques; les derniers feux du jour luttaient avec la clarté de la lune qui se levait; tout était en harmonie avec le tableau pittoresque que formait (avec ses costumes et ses nuances de teint variés), la population revenant des champs. Ayant largement joui de ce spectacle, je rejoignis l'*Helgoland* en rade.

Le lendemain matin, à huit heures, nous saluâmes de vingt et un coups de canon le pavillon madécasse, drapeau blanc qui porte

en lettres d'or l'inscription : Ranavaluna Mandjaka'ny Mada-
gaskar (Ranavaluna, reine de Madagascar). Le fort nous rendit
salut coup pour coup, et après ce prélude de rapports officiels,
notre commandant, accompagné de l'état-major, descendit à
terre pour rendre visite au gouverneur.

Palanquin Malgache.

On avait fait les préparatifs les plus importants pour
donner à cet acte de courtoisie tout l'éclat possible, et il est
vraiment difficile de s'imaginer une parodie plus coûteuse de
l'étiquette occidentale.

Arrivés à terre, on nous conduisit au corps de garde. Des
palanquins primitifs nous y attendaient avec une escorte d'hon-

neur. Un officier, noir comme l'ébène, vêtu d'un frac rouge, d'un tricorne posé de travers et surmonté d'une touffe de plumes blanches nous rendit les honneurs et nous fit présenter les armes par ses soldats, au nombre de douze, en surtout de coton blanc et en kappis bleu. Ce n'était cependant pas chose si facile. Tout soldat madécasse porte de chaque côté un poignard ; il est également armé d'un fusil à pierre et d'un bâton en bois dur ; toutes les fois qu'il veut manier son fusil, il doit commencer par enfoncer le bâton devant lui dans le sol. Un second officier en habits civils et avec un chapeau haut de forme dirige strictement l'exécution de chaque manœuvre. Il donne de l'énergie à son commandement en imprimant un mouvement à son sabre étincelant pour lequel il ne possède pas de fourreau, accessoire que les Hovas en général paraissent ne pas connaître. En même temps, la musique commença l'exécution de l'hymne populaire des Madécasses avec des violons, des flûtes et des tambours grands et petits.

La réception solennelle était alors achevée ; le commandant, satisfait, plaça son sabre sous son bras et nous aida à monter sur les palanquins. La musique et le piquet d'honneur en tête, nous nous mîmes en route pour le fort et nous gravîmes le chemin escarpé. Une fois arrivés, de nouveaux honneurs nous furent rendus. Pour nous donner libre accès, on enleva solennellement les lances croisées devant la porte ; la garnison et les artilleurs nous présentèrent les armes. Enfin le gouverneur et sa suite en grande tenue nous reçurent dans l'avant-cour, où était rangée une quantité de troupes considérable. Le défilé des divers dignitaires était vraiment imposant. Le gouverneur portait un frac de velours noir, un chapeau avec une cocarde française et des épaulettes de marine anglaise ; mon ami Ambulahéry n'avait qu'un simple vêtement brun et une casquette d'ordonnance d'officier ; nous remarquâmes ensuite le commandant en second des troupes dans son uniforme madécasse de velours bleu et avec le chiffre de la reine sur des épaulettes informes. Les autres avaient les livrées et les uniformes les plus variés avec des coiffures de toutes les espèces, y compris le chapeau italien à la Garibaldi.

La présentation réciproque eut lieu. A en juger par la vigueur qu'ils mirent à nous donner une poignée de main, on aurait pu croire que ces gens voulaient éprouver la force musculaire de nos bras. Peut-être certains d'entre eux cherchaient-ils, par ce moyen, à attirer notre attention sur leurs longs gants d'une blancheur éblouissante et dont la ressemblance frappante avec ce que nous appelons communément des bas, avait d'ailleurs excité déjà notre gaieté.

Ces saluts militaires achevés, le gouverneur ordonna une conversion par le flanc gauche dans la direction de la capitale Tananarive, et fit présenter les armes en l'honneur de la reine Ranavaluna. *Misotra Ranavaluna Mandjaka* (vive la reine Ranavaluna)! cria-t-il; et chacun de s'incliner, de ce côté, plein d'une crainte respectueuse. Le gouverneur s'informa alors du nom de notre monarque, commanda une conversion à droite — c'est juste la direction dans laquelle se trouve l'Autriche — et fit de nouveau présenter les armes en l'honneur de notre empereur; on renouvela enfin une troisième fois cette cérémonie à notre intention, puis la musique joua comme au commencement l'hymne national. Nous remerciâmes de notre mieux, et, sur l'invitation du gouverneur, nous entrâmes dans sa maison, où l'on nous servit du vermout. Après divers toasts dans lesquels, à l'imitation des usages anglais, le maître de la maison porta le premier toast à sa propre reine, le gouverneur nous pressa très-instamment d'être ses hôtes le lendemain. Nous acceptâmes de grand cœur; puis, escorte et musique nous reconduisirent aux canots en renouvelant tous les honneurs précédents.

Chargé, avec le commissaire du bord, de m'occuper de l'achat de vivres frais pour le vaisseau, je redescendis à terre dans l'après-midi afin de demander à Ambulahéry des renseignements. Je le trouvai au milieu de sa famille occupé à lire la Bible et je fus reçu de tout cœur aussi bien par lui que par sa femme à l'air doux et intelligent. Le fils adulte et quelques enfants plus jeunes étaient accroupis sur le sol autour de la chaise du père qu'ils écoutaient attentivement, tandis que la fille, une charmante demoiselle d'un teint très-clair et couleur olive comme la mère, s'occupait, en compagnie de la servante noire sakalave, à repasser du linge. Quel contraste ! Pouvait-on s'attendre à rencontrer ce délicieux tableau de famille chez une nation qui, il y a quinze ans, poursuivait les chrétiens avec la plus grande férocité et chez laquelle tout dernièrement encore les notions de la moralité étaient presque inconnues !

On est surtout étonné du progrès extraordinaire que la conversion au christianisme a fait faire aux Hovas sous le rapport de l'honnêteté et des relations sociales, et c'est une nouvelle preuve, si toutefois elle est nécessaire, de la haute influence civilisatrice du christianisme. D'ailleurs la vie patriarcale des Hovas repose aussi sur l'autorité incontestée que le père a toujours exercée ; même à l'époque où les Hovas étaient païens et pouvaient avoir plusieurs femmes [1], elle apaisait facilement les discordes qui s'élevaient dans le ménage. Il existe une légende intéressante sur l'origne de cette domination de l'homme, autorité qui s'est maintenue chez les Hovas malgré leur conversion au christianisme.

1. Dans la partie nord de Madagascar il était d'usage qu'un homme eût, outre sa femme légitime, plusieurs esclaves et une épouse temporaire, de laquelle il pouvait se séparer à chaque instant.

Officiers hovas.

Voici la traduction de cette légende :

« Dieu créa le premier homme et la première femme en même temps, et leur donna pour séjour dans l'intérieur du pays une belle contrée où ils se nourrissaient de fruits et de racines.

« Alors naquit le premier enfant, un fils, et les parents demandèrent au Seigneur une nourriture plus substantielle. Celui–ci leur répondit : « Votre demande est fondée, vous ne devez plus vous nourrir comme des animaux, donnez-moi le sang de votre fils et je vous donnerai une nourriture substantielle.

« En entendant ces paroles, les parents commencèrent à se désoler, et la femme dit : « Prends-moi plutôt que mon fils. » Cependant quand Dieu vint avec sa lance flamboyante, la femme trembla et tendit en sanglotant l'enfant pour le sacrifice. Mais l'homme le lui arracha, le serra contre sa poitrine, se présenta devant Dieu et dit : « Prends-moi à la place de mon fils, j'ai assez « vécu.

« Dieu lui répondit : « Songe bien à ce que tu fais, la vie est « belle. » Mais l'homme resta inébranlable et courba la tête. Alors Dieu leva la lance flamboyante au-dessus de la tête de l'homme, celui-ci s'épouvanta, ferma les yeux, mais découvrit cependant sa poitrine pour recevoir le coup mortel.

« Touché par cet amour paternel, Dieu, au dernier moment, détourna sa lance, et avec la pointe effleura la tête de l'homme. Quelques gouttes de sang jaillirent, et voilà que, quand elles sont tombées sur le sol, il en crût une magnifique plantation de riz. Alors Dieu dit : « Vous avez là une nourriture pour vous « et vos descendants, et toi, homme, qui t'en es montré digne, « tu gouverneras désormais ta famille, et toi, femme, qui fus « faible, tu lui obéiras et tu lui seras toujours soumise. »

Après une longue et très-intéressante conversation, dans laquelle Ambulahéry nous fournit encore divers renseignements sur les mœurs et coutumes de ses concitoyens, nous nous mettons en route avec lui pour prendre sur place les renseignements nécessaires à nos achats. La plupart de nos demandes sont très-rapidement satisfaites. Majunga offre fort peu de ressources, et l'on n'y trouve jamais de pain frais ; par contre, les animaux de boucherie y abondent et les particuliers et les navires de commerce peuvent se les procurer à bon compte ; ces derniers payent 11 à 12 francs un beau bœuf pesant environ 400 livres de viande ; mais les vaisseaux de guerre ne peuvent se les procurer que moyennant 50 à 55 francs.

L'exécution de nos ordres ne fut cependant pas très-facile en dépit des efforts de notre ami. On aurait peine à se figurer combien de hautes autorités doivent concourir à une décision sur une affaire aussi importante que l'achat de quelques bœufs par un vaisseau de guerre. On pourrait bien chercher la raison de ce commerce difficile dans la défiance que l'on garde contre tous les actes d'un étranger. A l'imitation des institutions européennes, il s'est formé à Hova une armée de fonctionnaires dont il est impossible de se faire une idée, et dont la pédanterie est d'aspect d'autant plus bizarre que ces fonctionnaires sont en manches de chemise. Nous visitâmes alors successivement tous les dignitaires que nous avions rencontrés le matin à la suite du gouverneur et nous en mîmes plusieurs dans un grand embarras à cause des occupations privées dans lesquelles nous les trouvions, occupations fort peu en rapport avec leur haute position.

Nous entrâmes aussi en passant dans une école, où un prêtre protestant, Hova de naissance, apprenait à lire et à écrire aux petits enfants, et leur enseignait surtout à chanter des cantiques. Ce dernier enseignement obtient les meilleurs résultats parce que les Hovas sont très-musiciens. Pour l'écriture et l'impression de leur langue, les Hovas ont adopté les lettres romaines; les mots s'écrivent comme on les prononce, ce qui rend la lecture et l'écriture relativement faciles.

Dans le voisinage de l'école se trouve la prison. A en juger par les criminels que nous y vîmes, la position des prisonniers madécasses n'est pas des plus agréables. Quelques-uns étaient attachés à deux barres de fer, et enchaînés par le milieu du corps au moyen d'un anneau tandis qu'une chaîne était passée autour du cou et qu'une autre retenait le pied droit. Cette flexion si petite du corps doit être pénible et très-douloureuse. Plusieurs autres malfaiteurs étaient enfin attachés tout nus à un poteau où ils restent exposés pendant un certain temps aux rayons ardents du soleil.

Après avoir enfin obtenu pour nos achats l'autorisation couverte de visa, nous nous rendîmes dans la basse ville chez les marchands proprement dits, Indiens ou Arabes pour la plupart. Les Hovas ne s'occupent pas de ce qui est étranger au métier des armes, ou, s'ils le font, c'est tout à fait à contre-cœur. Avec la question du payement recommencent de nouvelles et diverses difficultés. Seules les pièces de cinq francs françaises ont cours chez les Hovas; l'or est refusé, et on accepte difficilement le thaler de Marie-Thérèse, bien que les Arabes et les Sakalaves le connaissent. Pour solder les fractions de thaler, il faut avoir recours à des pièces coupées en morceaux et on se sert alors d'une petite balance. Quiconque, à Madagascar, veut payer avec de l'argent, est toujours muni d'un instrument de ce genre.

Nos affaires terminées, nous arrivâmes sur la place découverte située devant les bâtiments de la douane où nous vîmes une foule compacte qui regardait un Bungalow venant de Bombay jeter l'ancre.

La manœuvre du pesant transport me laissa assez indifférent, mais l'échantillon que me présenta ainsi la population de Majunga et celle de presque toute la côte, m'intéressa beaucoup. Je vais décrire quelques-uns des principaux types.

Les Hovas avant tout occupent le premier rang aussi bien comme les maîtres du pouvoir que sous le rapport de l'intelligence. Ils sont faciles à reconnaître, de même que tous les habitants de Madagascar d'origine malaise ; çà et là, on aperçoit quelques métis résultant du mélange avec le sang des Arabes et des Cafres ; mais ces derniers sont en moins grande quantité que chez les Sakalaves ; on les distingue à leur teinte couleur olive, tandis que les autres sont couleur chocolat. Ils sont de taille moyenne ; leur chevelure est belle, noire, généralement lisse, et leur barbe peu fournie ; chez les femmes, le visage est plutôt animé par l'intelligence que beau. Le vêtement des hommes est très-simple. Il consiste en un lamba plus ou moins riche passé par-dessus le linge de corps, sans ornement ; les dignitaires ont en même temps certaines parties de vêtements européens, des souliers et des chapeaux de paille. Ces chapeaux font partie du costume et sont portés par la plupart des Hovas.

La façon de se vêtir des femmes, bien que toujours légère, est plus en rapport avec nos idées, et le lamba, suivant sa valeur vénale plus ou moins grande, indique le rang de celle qui le porte. Elles semblent ne pas accorder beaucoup d'importance à la parure ; on leur voit parfois des boucles d'oreilles très-simples et souvent des colliers ornés principalement de médailles et de croix qu'elles reçoivent des missionnaires. Chez la plupart d'entre elles, les cheveux, d'un noir brillant, sont l'objet de soins assidus, elles les disposent en pelotes artistement roulées ; quelques-unes, appartenant à la haute société, se coiffent cependant à la manière européenne.

En seconde ligne, il faut ranger le Sakalave qui, à proprement parler, est ici dans sa patrie. C'est le même type qu'à Nossi-Bé ; il conserve le même aspect robuste et intelligent, seulement il s'assimile davantage aux Hovas sous le rapport des mœurs et du costume. Les Sakalaves se livrent surtout à l'agriculture. Le riz et encore le riz, voilà leur fortune principale.

Les Arabes et les Indiens sont exclusivement commerçants, ils ont gardé les mœurs et les habitudes de leur patrie. Les Arabes entretiennent des relations avec l'Afrique orientale, Zanzibar et l'Arabie, avec Maskat surtout, et le commerce des esclaves qu'ils tiraient de Mozambique était naguère une de leurs principales sources de bénéfices. Elle est maintenant presque anéantie depuis que l'esclavage a été formellement interdit à Madagascar et depuis que des vaisseaux anglais croisent le long des rivages. Les Indiens sont en relations avec leur patrie et on trouve chez eux des marchandises anglaises et indiennes.

Pour terminer cet examen, mentionnons encore quelques nègres de Mozambique, des Cafres et des Comores ; autrefois il y avait et peut-être y a-t-il encore des esclaves remplissant le rôle de parias ; mais à présent ils se sont soumis, sous le rapport de l'habillement, à la grande décision prise à ce sujet par les Hovas.

Le dîner chez le gouverneur fournit le lendemain au bon Hova l'occasion de développer toute la pompe imaginable. Comme à la visite précédente nous fûmes conduits au fort au son de la musique, puis vinrent une présentation, des révérences, des coups de chapeau sans fin.

Le gouverneur et sa suite étaient cette fois *en campagne*, c'est-à-dire en vêtements civils, vêtements d'ailleurs tout à fait usés ; néanmoins ils étaient armés de sabres étincelants qu'ils placèrent à leur côté immédiatement avant de s'asseoir. La

table était dressée entièrement à l'européenne et les serviettes
même ne faisaient pas défaut ; le service de table semble pro-
venir de quelque vaisseau de guerre anglais, du moins on y
reconnaissait des emblèmes de marine.

Deux dignitaires servirent les mets dont les restes étaient
mangés par des servantes accroupies dans un coin de la salle.
Comme le plus grand nombre des dignitaires parlait un peu
l'anglais et le français, une conversation animée s'engagea après
le repas. Elle nous apprit peu de chose sur Madagascar, car la
méfiance à l'égard des étrangers semble être un des caractères
propres à la nation, méfiance d'ailleurs assez naturelle à cause
des désirs d'annexion que les Européens, les Français surtout,
ont témoignés à diverses reprises à l'endroit de l'île.

J'obtins des renseignements plus étendus à cet égard de Chip
Abdallah, vieil Arabe qui est le chef de la basse ville et l'homme
de confiance du gouverneur. C'est encore lui qui, entre autres
indications, me donna de nombreux détails sur l'organisation
de l'armée de Hova. Tout Hova sans exception est soldat et
reçoit en conséquence de l'État armes et équipement. Depuis le
dernier sous-officier jusqu'au ministre de la guerre, toutes les
charges sont désignées par le numéro du grade. A partir du
septième grade, qui correspond chez nous au titre d'officier d'é-
tat-major, les officiers reçoivent leurs nominations par un bre-
vet de la reine. Personne ne touche de traitement, pas même
le gouverneur de Majunga, bien qu'il réunisse dans sa personne
les plus hauts pouvoirs militaires et civils sur la partie occidentale de Madagascar. Cela l'oblige à retenir sur les droits de
douane [1] qu'il expédie à Antananarive une petite portion qu'il
partage avec les autres fonctionnaires de haut rang ; — il n'y

---

1. Sur toute la côte de Madagascar on prélève sur toutes les marchandises
exportées et importées un droit de 10 0/0 sur leur valeur.

avait à table avec nous que des chefs supérieurs au douzième
rang et ayant par suite le titre de généraux.

Le gouverneur d'ailleurs doit être un homme très-habile et
jouir auprès de son gouvernement d'une confiance particulière.
Il fut envoyé de Tamatave afin de tenir dans l'obéissance les
Sakalaves qui s'agitaient, et de donner à la fertile partie occidentale de Madagascar un régime régulier nécessaire à son dé-

Ramas, gouverneur de Majunga.

veloppement. Le gouverneur s'appelle Ramas et son titre officiel
est : 14 *Vtra Dekany Prince Minister Governor'ny Mojanga*
(du 14ᵉ degré, adjudant du premier ministre, gouverneur de
Majunga).

Chip Abdallah me fournit encore beaucoup de renseignements sur la justice des Hovas.

Les châtiments sont généralement très-barbares. Outre

l'enchaînement au moyen de barres de fer et l'exposition au soleil, dont j'ai déjà parlé, les coups de bâton, la compression des yeux, le chevalet et autres supplices du même genre sont en usage. La peine de mort s'exécute par transpercement, au moyen de lances, mais la lapidation s'emploie aussi pour quelques crimes.

Celui qui a subi une peine judiciaire ne peut porter pendant quelque temps ni le lamba ni le chapeau de paille et doit se couper les cheveux ras ; beaucoup ont également sur le front un signe imprimé par le feu. Quant à la procédure, elle n'est du reste pas aussi inhumaine que la punition elle-même.

Une sorte de jury composé de douze des kabarys supérieurs, — correspondant aux douze rois regardés comme saints, qui ont régné jadis à Hova, — forme le tribunal, sous la présidence du sizialainga (homme sévère).

Le sizialainga, armé d'une lance d'argent, signe de sa dignité, et accompagné de quelques assesseurs, se rend à la maison du prévenu ; il lui ordonne de sortir. Celui-ci comparaît et apporte à manger et à boire pour traiter les gens de justice.

Alors le sizialainga annonce l'accusation, et le prévenu le suit à l'hôtel de ville, où a lieu l'instruction ; il est permis à ce dernier de se défendre. Quand une personne comparaît pour la première fois, elle a le droit d'en appeler à un grand kabary , dans le cas où elle n'est pas satisfaite de la sentence du tribunal ordinaire.

Il existe, pour régler l'application des châtiments, un code établi par Andrianim-Pœmerina, le fondateur de la dynastie régnante, et augmenté par les chefs qui lui ont succédé.

On prononce la peine de mort pour la désertion, le recel d'armes, la révolte, la perfidie, l'excitation à l'émigration ; elle est toujours accompagnée de la confiscation des biens de la

famille et des travaux forcés pour les membres qui la composent.
Les dispositions et le contenu de quelques articles feront connaître les idées et le degré de civilisation des Hovas. Un article
dit : «Celui qui, dans un procès, corrompt le juge ou cherche à
le corrompre, perd le procès et doit payer 200 francs (environ) ;
dans le cas où il n'est pas en position de payer l'amende, il est
condamné aux travaux forcés pour une période de temps équi-
valente. » Un autre article porte : «Si un homme ivre vous
injurie et endommage votre propriété, liez-le ; quand il aura
recouvré la raison, faites-lui payer le dommage. »

Les peines édictées par la reine Ranavaluna I, pour l'extir-
pation du christianisme, étaient cependant sévères [1], mais elles
furent abolies aussitôt après la mort de cette reine barbare.

Pendant que mon voisin me donnait ces renseignements,
le repas continuait sans interruption. Du riz avec quelque
chose et quelque chose avec du riz afin que le riz ne manque
pas, tel était le fond du menu ; en outre, il y avait toujours sur
la table deux grands plats remplis de riz, probablement pour
remplacer le pain, qu'on ne connaît pas ici. Je dois, d'ailleurs,
déclarer que la cuisine était bonne, et que tous les innombrables
rôtis et mets arrangés avec du curry étaient très-bien préparés.
Le gouverneur et sa suite ne cessèrent de veiller à ce que rien
ne manquât à notre service. Comme boisson, on servit du vin

1. Les voici : « Celui de mes sujets qui, désormais (1835), reconnaîtra le
christianisme pour religion, est puni :

1° De la mort, si c'est un homme libre ; sa femme et ses enfants deviennent
esclaves ;

2° S'il est esclave, il sera jeté dans les fers pour le reste de sa vie ;

3° Si toute une commune est convaincue de conversion au christianisme,
elle payera une amende en argent et en bœufs ; les principaux de la commune seront cependant précipités de l'Itsinihatsaka (rocher situé à Antananarive), et leurs corps seront brûlés ;

4° Ceux suspectés d'être chrétiens doivent prouver leur fidélité à la foi de
leurs ancêtres, par un sacrifice public, avec l'eau sacrée et la terre sacrée des
tombeaux des douze rois. »

d'absinthe, que les Hovas, en général très-sobres, semblent aimer beaucoup.

Les toasts, naturellement, ne firent pas défaut. Un gros général d'artillerie, entre autres, prononça un long discours accompagné des gestes les plus passionnés, et, vaincu enfin par l'émotion ou par l'absinthe, le termina brusquement par un *velooma* (toast) assourdissant.

Bien que nous n'eussions rien compris, nous nous mêlâmes naturellement à la joie générale. Enfin, le repas fut terminé, et le gouverneur nous invita à prendre le café sous la véranda. Nous demandâmes la permission d'allumer nos cigares, ce qui nous fut gracieusement accordé ; et on nous fit même entendre très-clairement qu'on désirait essayer nos cigares ; quelques-uns de nous répliquèrent malicieusement par l'offre de cigares de Virginie, et punirent durement la curiosité de ces malheureux. Les Hovas, en effet, ne fument d'habitude que du chanvre, dans de petites pipes ; ils ne fument pas le tabac, mais ils le mâchent le plus souvent en petites quantités.

Tranquillement installés, nous jouissions d'une vue magnifique sur la basse ville, le port et la large baie. Des chants joyeux attirèrent bientôt notre attention sur la cour située devant la veranda. La fine fleur des Hovas, en habits de fête, s'y était réunie provisoirement, parce qu'on avait annoncé une danse en notre honneur. Les danseurs proprement dits n'étant pas encore arrivés, nous eûmes le loisir d'examiner les assistants, qui étaient d'un âge avancé pour la plupart. A droite, devant nous, était accroupi sur le sol un groupe de femmes frisées avec le plus grand soin et dont une partie portait des lambas très-riches. Ainsi que nous l'avions remarqué précédemment, aucune de ces femmes ne pouvait passer pour belle, mais beaucoup avaient une physionomie spirituelle et intelligente.

A un moment donné, chacun prêta attention. Tous les yeux
se tournèrent vers la droite, où apparaissaient une douzaine de
couples d'un comique inimaginable. Les hommes avaient des
habits civils plus ou moins usés et tous les genres de coiffure possible; les femmes portaient des costumes européens baroques,
dont on aurait peine à trouver des échantillons dans un bal
masqué. Sur leurs cheveux lissés, contrairement à la cou-

Femme de Hova.

tume, les unes avaient posé des chapeaux de mode ancienne,
les autres des couronnes de mariées; depuis la robe de bal rose
jusqu'au vêtement noir étroit et à la jupe d'hiver, toutes les toilettes étaient représentées. Ajoutez à cela la variété de teint (car
il y avait là des échantillons de toutes les nuances de la couleur
brune), des chaussures massives et ces gants étranges dont j'ai
déjà parlé, où se lisait la marque de fabrique *Patent Stockings* [1],

1. Bas patentés.

et l'on conviendra que le respect dû au pavillon est une belle chose puisque non-seulement il nous fit comprimer une belle envie de rire, mais encore prêta à nos visages l'expression de la plus haute admiration.

Après un défilé devant le gouverneur, défilé pendant lequel la gravité des belles à faire la révérence mit notre sérieux à une rude épreuve, la musique commença à jouer une sorte de varsovienne, aux sons de laquelle fut exécutée une danse qui rappelait celle de nos campagnards. La danse terminée, les dames furent reconduites auprès de leurs mères, aux côtés desquelles elles s'accroupirent sur le sol.

Fort heureusement, la bonne humeur de notre hôte, accrue par ses précédentes libations d'absinthe, permit enfin à notre hilarité de se donner libre carrière sous prétexte d'approuver ses traits d'esprit.

A la danse suivante, le gouverneur nous engagea à prendre part au plaisir et à inviter des dames. Nous le fîmes, promettant, par l'intermédiaire de l'interprète, aux mères vigilantes de ne pas danser trop vite, habitude qu'ont les officiers anglais et par suite de laquelle plus d'une des brunes *lady-partner's* est tombée étourdie.

En conséquence, nous exécutâmes les figures de la valse avec une *grandezza* espagnole, puis nous ramenâmes à leurs places, avec de grandes révérences, nos danseuses de couleur tremblantes de crainte.

Sur une invitation de montrer notre manière de danser, nous régalâmes les assistants d'une valse dont la rapidité de mouvements ne leur causa pas peu d'étonnement; ils exécutèrent ensuite la véritable danse nationale des Hovas, appelée *maninazi*. Les dames, placées en rang l'une derrière l'autre, au nombre de huit à dix, commencèrent à se mouvoir sur le rhythme lent de la musique et en suivant un homme qui dansait en leur faisant vis-à-vis. Elles levèrent lentement les bras en cadence, jusqu'à ce qu'ils fussent horizontaux ; puis, elles imprimèrent à leurs mains un mouvement analogue à celui de nageoires. Si le danseur avançait en faisant les mêmes mouvements que le Hongrois dans *Czardas* et en agitant de même un mouchoir, la rangée des femmes reculait et laissait tomber les bras. Après un long va-et-vient peu fatigant, même sous le tropique, et dans lequel les mouvements, exécutés en même temps par toutes ces femmes, rappelaient tout à fait à l'esprit ceux d'un immense mille-pattes, — que les dames me pardonnent cette comparaison, — la représentation se termina par une grande révérence devant le gouverneur.

Nous en profitâmes pour prendre congé, après avoir renouvelé l'assurance de notre satisfaction. Notre commandant rendit politesse pour politesse au gouverneur, en l'invitant, lui et sa suite, à un repas à bord.

L'invitation fut faite le plus gracieusement et le plus complétement possible, vu le nombre des personnes présentes. Comme nous n'avions point de musique à bord, nous eûmes quelque peine à donner à notre réception une pompe capable de répondre à celle dont nous avions été l'objet à terre.

Lorsque ces braves gens arrivèrent à bord, nous eûmes recours à l'expédient de faire sonner nos deux cors, et tous les signaux imaginables ; la cloche de détresse et l'alarme de feu semblèrent satisfaire au plus haut point Son Excellence M. Ramas. Sa suite et lui étaient cette fois, en demi-toilette civile, avec des épaulettes et un bonnet. Ce fut avec une émotion visible qu'ils nous secouèrent les mains, comme des cordes de cloche, et qu'ils nous témoignèrent chaudement leur amitié.

Ils visitèrent le vaisseau en détail, le gros général d'artillerie examina d'un air de connaisseur les canons Armstrong, puis on se mit à table; nos hôtes firent grandement honneur à tous les plats, et Chip Abdallah, chef arabe mahométan, caressa très-tendrement les bouteilles de vin, surtout celles de champagne. Le menu était depuis longtemps déjà épuisé, que nos convives ne songeaient pas à se lever; toutes nos insinuations, l'offre même de cigares de Virginie, restèrent sans effet. Par bonheur, nos matelots venaient de prendre deux requins. Cette capture nous apporta alors un secours tout à fait imprévu. A peine eûmes-nous annoncé à nos convives que les animaux se trouvaient sur le pont, qu'ils s'y précipitèrent pour les contempler. La joie enfantine avec laquelle les braves chefs hovas excitaient les poissons à demi morts était superbe à voir; nous les leur offrîmes comme cadeau, car les gens de ce pays considèrent les requins comme une friandise; — nous les fîmes porter dans leurs canots; et trouvâmes ainsi une bonne occasion pour les engager de la façon la plus polie à s'en aller.

Comme on en peut juger, le séjour de Majunga nous était très-agréable, et fort attrayant, par suite de cet étrange contact avec une demi-civilisation; cependant nous ne devions malheureusement pas quitter la baie sans laisser un des nôtres en terre étrangère.

Le lendemain du jour où nous avions reçu la visite des Hovas, le quartier-maître Ferletic fut atteint des fièvres, et, dès la nuit suivante, juste après un grain violent, le silence du bord fut interrompu par la cloche des morts, qui retentit lentement. En dépit de la très-robuste constitution du marin, la mort était survenue après quatorze heures de maladie.

Dès le matin, je fus envoyé à terre, afin de demander au gouverneur la permission d'enterrer le mort dans le pays, car les

Hovas, quoique chrétiens, conservent des préjugés particuliers. C'était un dimanche. Dans la basse ville, on me dit qu'il était impossible de parler avant quelque temps au gouverneur, parce qu'il assistait au service divin dans le fort; je profitai de cette circonstance pour rôder un peu et pour observer les indigènes en habits de fête. Tout à coup je distinguai un chant harmo-

Village malgache.

nieux, je me dirigeai vers l'endroit d'où partait le son, et je parvins à une vaste construction en bois, qu'à sa grande croix fixée sur le toit je reconnus pour une église chrétienne. L'intérieur de l'église répondait, par sa simplicité, à l'aspect extérieur. Tout l'ameublement se composait d'une chaire grossièrement travaillée ; le sol et les murs étaient cependant couverts de nattes de paille très-élégantes et ornées de feuilles de palmier.

Des hommes et des femmes étaient accroupis sur le sol, en

groupes séparés, suivant l'usage protestant, et chantaient des psaumes.

Je m'acheminai ensuite lentement vers le fort, dans l'idée que le service divin devait être terminé ; il n'en était rien cependant. Au moment où j'atteignais la palissade de la demeure du gouverneur, une musique d'église retentit de deux côtés à la fois. La plus sérieuse sortait de la maison d'Ambulahéry, et la moins sévère s'élevait de l'église protestante du fort, située sur la gauche.

A défaut d'église et de prêtre, Ambulahéry, comme doyen d'âge de la communauté catholique qui compte cinquante personnes au plus, réunit le dimanche dans sa maison tous ses coreligionnaires, et célèbre une sorte de service divin, c'est-à-dire qu'il lit des versets de la Bible et fait chanter des cantiques. A l'instant où j'entrai, il expliquait à sa congrégation le sens de quelques images qu'il avait reçues du père Lacôme par mon intermédiaire et qui représentaient très-énergiquement les peines de l'enfer. J'assistai à toute la dissertation exposée d'une manière fort digne, puis, après le service divin, je remerciai l'assemblée de la gracieuseté que les catholiques de Majunga nous avaient faite comme à leurs coreligionnaires en nous donnant quelques volailles. Je leur offris en même temps au nom de l'équipage du vaisseau deux requins que nous venions encore de capturer.

Notre présent fut reçu avec joie ; il en fut de même de petits miroirs et autres bagatelles [qu'en partant je partageai entre les enfants d'Ambulahéry. Sur ces entrefaites le gouverneur devint visible et m'accorda sans difficulté la permission d'inhumer notre mort dans un terrain réservé pour cet usage et situé hors de la ville.

En cette circonstance les catholiques de Majunga montrèrent

une fois de plus le grand esprit de corps qui les anime. Ils propo-
sèrent de creuser la tombe et lorsque, dans l'après-midi, la dépouille mortelle de notre brave marin, si estimé de ses supérieurs
et de ses camarades, arriva à terre, ils se joignirent au cortége
funèbre afin de rendre les derniers honneurs à leur frère en
Jésus-Christ ; ils étaient en habits de fête, mais portaient leurs
lambas sous le bras [1].

A Majunga le dimanche est entièrement consacré au recueillement et au service divin, usage transmis par les Anglais ; par
suite le lundi est réservé au plaisir.

Les excellents habitants de Majunga se considèrent alors
tout à fait comme de bons bourgeois et cherchent une récréation dans des parties de campagne. Ils se mettent en route dès
le matin et visitent un des villages des environs. Le tableau ordinaire de femmes qui tissent, de servantes qui broient du riz
devant les huttes, et de bœufs zébus dans le pré voisin, se
trouve alors complété par des groupes de gens joyeux qui
dansent et chantent ; les jeunes gens, se livrent à des distrac-
tions plus guerrières et lancent le javelot. Le spectacle de
cette joie générale et de ces plaisirs fit disparaître la contrariété
que nous causa d'abord ce chômage du lundi qui avait pour
résultat direct de rendre plus difficile le règlement de nos
affaires à terre, comme l'exigeait notre départ fixé au lendemain, 3 mars.

Avant d'en finir avec la description de Majunga, dernier endroit de Madagascar que nous rencontrâmes sous la domination
des Hovas, je vais dire quelques mots de ce peuple auquel appartient l'avenir de cette belle île et de la situation politique et
commerciale du pays.

Comme nous l'avons déjà constaté plusieurs fois, la popula-

1. C'est chez les Hovas un signe de deuil.

tion totale de Madagascar, qui porte le nom général de Madécasses, bien qu'elle soit d'origine malaise, se divise en plusieurs
branches, par suite de ses divers mélanges avec les Cafres, les
Arabes, etc. On compte généralement : 800,000 Hovas, environ 1,200,000 Sakalaves, 1,000,000 de Bestiles, et 1,000,000
de Betsimsarakes; sans compter les Antanos et d'autres tribus
sauvages dans le sud; on peut donc évaluer le chiffre total à
4 millions et demi d'habitants, répandus sur une superficie d'environ 11,000 lieues carrées, ce qui constitue une population peu
dense. Les Hovas, établis d'abord sur le haut plateau d'Ankova
ou d'Emirina dans l'intérieur de l'île, sont de beaucoup les plus
intelligents ; viennent ensuite les Bestiles, qui se tiennent entre
eux et les Sakalaves établis sur la côte occidentale; enfin les
Betsimsarakes, avec un fort mélange d'Arabes dont ils égalent
la férocité, sont fixés sur la côte nord-est de Madagascar. Tout
ce qu'on sait des Antanos, c'est qu'ils occupent le territoire
stérile situé à l'extrémité méridionale de l'île.

De 1820 à 1829, sous le règne du roi Radama Ier, les Hovas
d'Ankova s'étendirent sur la côte ouest et commencèrent à subjuguer les Bestiles et les Sakalaves, divisés en beaucoup de petites tribus. Ils furent énergiquement soutenus dans leurs expéditions par les Anglais, qui, dans la création d'un puissant
royaume Hova, voyaient la meilleure garantie contre la conquête de Madagascar par les Français. En effet, les Hovas
réussirent peu à peu à soumettre à leur domination toute l'île
jusqu'à l'extrémité sud-ouest, et augmentèrent considérablement leur puissance par l'introduction d'un régime plus régulier, et par l'organisation de l'administration et de l'armée
sur le modèle européen.

Mais, comme cela arrive souvent, ces rapides succès furent suivis d'une période d'exaltation. La défiance à l'endroit des chré-

liens et la jalousie occasionnée par l'influence des Européens se traduisirent, sous la reine Ranavaluna Ire, par la persécution des chrétiens et l'exil de tous les étrangers. Enfin, en 1861, sous le règne de Radama II, le pays fut de nouveau ouvert aux blancs; la religion chrétienne devint la religion d'État par la conversion de la cour au protestantisme, et l'esclavage fut aboli à la suite d'un traité avec l'Angleterre. Bien que des troubles eussent eu lieu quelques années plus tard et que Radama II eût été assassiné [1], Rasahérina et la reine actuelle Ranavaluna II marchèrent cependant sur les traces de leur prédécesseur et furent très vigoureusement soutenus par les personnages les plus influents des Hovas, dont un grand nombre avaient reçu une éducation européenne.

Madagascar est un pays naturellement très-riche. Il produit des bois précieux et propres à la construction maritime, du riz, du tabac, du coton, du café et du caoutchouc; les bœufs et les moutons y abondent; l'éducation des abeilles et des vers à soie y est très-développée; ses mines de fer, de cuivre et de charbon sont très-productives, et il suffirait d'une exploitation mieux entendue et de chemins entretenus avec plus de soin pour en retirer tout le profit qu'elles sont susceptibles de donner. Dans l'intérieur, chez les Hovas et les Bestiles, il s'est créé une industrie assez importante; on y travaille très-bien le fer, le bois, l'or et l'argent, et on y fabrique des étoffes de soie et de coton. La culture des vers à soie a pris un grand développement, particulièrement dans l'Ankova, pays d'ori-

---

1. Radama II fut assassiné par des individus atteints ou faisant mine d'être atteints de la danse de Saint-Guy; on les appelait Ramanazanas; ils jouèrent en tous cas un grand rôle en cette circonstance, et l'on mit sur le compte de leur maladie bien des attentats qui furent commis publiquement par divers Madécasses contre leurs ennemis politiques.

gine des Hovas, et les tapis qu'on y tisse sont très-fins et artistement travaillés.

Quant aux moyens de transport, ils sont très-défectueux et n'existent pour ainsi dire pas. La faute en est à la défiance des Hovas, qui craignent, non sans quelque raison, que les chemins construits pour l'exportation de leurs produits ne rendent facile l'invasion de maîtres détestés.

Parmi les nombreux et excellents ports de Madagascar, Tamatave et Majunga seuls sont en communication avec la capitale Tananarive ; le premier lui est relié par un chemin pour les piétons ; mais d'un point à l'autre il ne faut pas moins de dix jours de lutte contre des fatigues et des difficultés de toutes sortes, pour le transport à dos d'hommes des marchandises ; de Majunga, on se rend à Tananarive par le plus grand cours d'eau de Madagascar, l'Ikupa, qui, on s'en souvient, traverse la capitale et a son embouchure près de Majunga. Il faut de six à sept jours en tout pour faire ce voyage, en se servant de canots qui remontent jusqu'aux chutes situées à deux jours de route de Tananarive. Comme l'Ikupa est en état de porter les plus grands bateaux de transport entre ces deux points, la seconde route paraît la plus favorable pour le commerce. Néanmoins, tant que tout le commerce de Madagascar avec l'extérieur se fera par Maurice, comme c'est le cas actuellement, Majunga devra se borner à l'exportation des produits de ses environs, c'est-à-dire à celle des peaux, du riz, du caoutchouc et de la cire. Quand la baie de Bembatooka sera comprise (comme c'est l'intention d'une compagnie anglaise), dans l'itinéraire de la ligne des paquebots à vapeur entre le cap de Bonne-Espérance, Zanzibar et Aden, Majunga pourra devenir le port le plus important de Madagascar, et trouvera dans la facilité des communications un débouché pour ses innombrables richesses.

CHAPITRE NEUVIÈME

TULLEAR.

Tempête dans le canal de Mozambique. — Dilemme de l'officier de quart. — Branle-bas de combat. — Arrivée à Tullear. — Commerce d'échange. — Le capitaine Martin. — Visite à Tullear. — *En tout cas vous n'êtes pas Prussiens ?* — Un ministre du roi Lémérize. — Généralités sur les Vèses. — Caractère. — Idées religieuses. — Coutumes. — Singulier traitement de la fièvre. — Une nuit en compagnie de rats. — Visite du ministre à bord. — Tir à la cible. — Visite au capitaine Martin.

Le 3 mars au matin, l'*Helgoland* sortit à toute vapeur de la baie de Bembatooka. A cause des bas-fonds et des bancs de corail qui rangent la côte, nous nous servîmes de la machine pour gagner la pleine mer, mais tout le reste de notre navigation à travers le canal de Mozambique se fit à la voile. Déjà nous avions rencontré le mauvais temps dans le détroit, mais c'était encore bien pis maintenant que nous étions au changement de saison. De tous côtés se déchaînaient sans interruption des tourbillons de vent et de pluie ; ce fut l'unique variété que présenta cette traversée ; et le voyage s'en trouva considérablement ralenti.

Nous ne montions sur la passerelle du commandant que coiffés d'un chapeau à larges bords, et chaussés de grandes bottes. La nuit surtout, la première question que l'officier prenant le quart adressait à celui qu'il remplaçait était celle-ci : « Où est le tourbillon ? » Or, il arrivait souvent qu'il s'en présentait plusieurs coup sur coup ; et à peine avait-il bu, en compagnie des cadets, le café — presque réglementaire avant une garde de nuit, — l'officier était obligé de donner la plus grande attention à la situation extérieure.

Des nuages particulièrement menaçants se rassemblaient d'un côté, les éclairs sillonnaient la nue à l'horizon, on entendait un sifflement caractéristique ; — voilà qui pourrait bien éclater maintenant, se disait-on, — on diminuait de voiles et l'on attendait sans crainte l'assaut de la bourrasque ; — un certain temps s'écoulait, — rien, toujours rien ; — le sifflement cessait, les nuages se dispersaient, la lune apparaissait au milieu et souriait ironiquement à l'officier contrarié de sa trop grande précipitation.

Dans le lointain un autre tourbillon se soulevait moins menaçant ; après l'expérience précédente, on craignait de faire trop de concessions à la tempête, mais, à l'instant où l'on y pensait le moins, elle sifflait à travers les agrès ; le vaisseau, cédant à la pression des voiles, se couchait sur le côté, les huniers gémissaient et craquaient ; il n'y avait rien à faire pour le moment, car le moindre changement dans la direction des voiles serait, sans nul doute, accompagné d'avaries. On attendait avec une pénible impatience la fin du coup de vent, et l'on regardait avec anxiété les manœuvres qui soutenaient la mâture ; de leur bon ou mauvais état dépend la réputation du marin, et c'est bien le cas de dire que tout tient à un fil.

Néanmoins, pour l'officier relevé de quart, le vent qui mugit et la pluie qui fouette, chantent une douce chanson qui l'invite à dormir ; avec la conscience d'avoir lui aussi heureusement supporté de semblables épreuves, il se sent sur sa couche tout à fait à son aise.

Ces fréquentes alternatives de vent et de pluie avaient d'ailleurs leur côté agréable. La température, ordinairement élevée sous ces latitudes, avait sensiblement baissé ; par suite nous étions soulagés de cette dépression physique et morale dont nous souffrions, sous l'influence de la chaleur étouffante des tropiques. Tout le monde se ranimait et retrouvait son ancienne activité. Ce changement était aussi le bienvenu sous le rapport du service, car il nous procurait l'occasion de recommencer, sur une plus large échelle, les exercices qu'on avait dû

Tulléar.

limiter par raison de santé. Rien à bord n'exerce une meilleure influence sur la disposition générale qu'une sévère exécution du règlement. Les efforts faits pour l'accomplissement du devoir animent tout le monde, le travail en commun rapproche les individus, on apprend à se mieux connaître, il règne une émulation salutaire ; avec une occupation continue les jours se passent vite, et quand on a l'agréable conscience d'avoir accompli le labeur de la journée, on jouit doublement le soir des heures du repos.

Parmi les exercices du bord, le « branle-bas de combat » joue le rôle le plus important. Le branle-bas est la préparation du vaisseau au combat ; dans cette lutte simulée avec un ennemi imaginaire, on suppose ordinairement toutes les éventualités possibles, on y comprend tous les exercices militaires proprement dits, et c'est la pierre de touche qui permet d'apprécier le degré d'instruction de l'équipage pour un cas sérieux. C'est là que se manifeste dans toute sa force l'émulation des matelots. Le branle-bas a ordinairement lieu vers dix heures du matin ; mais il arrive souvent que le commandant se plaît à surprendre les hommes en donnant l'ordre d'exécuter cette manœuvre à une heure quelconque du jour ou de la nuit choisie par lui. Une parole attrapée au vol ou l'avertissement de l'infaillible *Gazette de la Poulaine*, et, par tout le vaisseau la nouvelle se répand, avec la rapidité de l'éclair, qu'il est question de cet exercice. L'équipage est aux aguets au pied du grand mât ; si quelque officier ceint son écharpe, voire même si le premier lieutenant envoie chercher le rôle d'armement, on est alors certain que le grand événement va se produire ; chacun tâche de se tenir le plus près possible de son poste, afin de gagner les devants sur ses camarades.

Enfin arrive le moment attendu avec une si vive impatience. Dix heures sonnent et les cornets appellent chacun à son poste de combat. Une agitation indescriptible s'empare de tout l'équipage. Comme saisi du malin esprit, chacun court, chacun se précipite. Les uns vont chercher les armes, montent et descendent les escaliers ; les autres retirent aux énormes pièces de canon les amarres qu'on leur avait passées à cause de la grosse mer et les mettent en batterie ; d'autres grimpent dans les agrès et les disposent de façon qu'en cas d'avaries le pont soit le plus possible préservé des objets qui tomberaient. Ici l'on tire de la sainte-barbe les lourds projectiles, plus loin on pompe de l'eau, on prend toutes les mesures pour combattre l'incendie ; ailleurs, les calfats apprêtent les tampons pour obstruer les voies d'eau ; les gabiers préparent les hamacs pour le transport des blessés. Les médecins sortent un véritable arsenal d'instruments de chirurgie, et le « *père des malades* » (nom que nos matelots donnent à l'infirmier), qui a conscience de son importance, dispose avec la plus grande dignité sur une table les appareils de pansement. Au milieu de ce brouhaha retentit soudain le signal du cornet. Quelque position qu'on occupe, quelque travail qu'on ait commencé, tout le monde instantanément s'arrête immobile. Il règne un silence de mort. Les ordres sont donnés et le cornet retentit de rechef. On continue alors, au milieu d'un vacarme nouveau, à faire les préparatifs en se conformant au nouveau commandement. Peu à peu le calme s'établit ; triomphants, les canonniers de mainte pièce d'artillerie regardent autour d'eux, parce qu'ils ont déjà fait leur office, tandis que d'autres ont encore de la besogne ; enfin le bruit du dernier levier de bois se perd au loin ; toutes les bouches à feu sont prêtes au tir, l'équipage entier est armé, le vaisseau est disposé pour le combat et le commandant est prévenu.

Suivant la grandeur et la disposition du vaisseau, ces préparatifs exigent ordinairement de cinq à sept minutes ; mais ce temps, au point de vue idéal, est encore beaucoup trop long, et, afin d'obtenir de meilleurs résultats, l'état-major le rappelle à l'équipage en lui adressant des paroles soit d'éloge, soit de blâme, voire même des éloges sur une partie de leur service et un blâme sur d'autres.

Dès que le commandant a reçu avis que tout est en état, il donne l'ordre de commencer l'action proprement dite. Tout

d'abord on canonne l'ennemi imaginaire suivant toutes les règles de l'art. Au commencement on décharge, lentement et
avec circonspection, une pièce après l'autre ; bientôt le mouvement, s'accélère, on tire des bordées entières soit horizontale-
ment soit en concentrant le feu sur un point. Puis dans la supposition que l'ennemi est tout près et qu'on peut songer à un
combat d'abordage, on appelle les divisions organisées à cet
effet. La première division d'abordage représente l'armée régulière du navire, elle s'avance en rangs serrés et laisse à la
seconde division, la landwehr, le soin et le service des bouches
à feu. Mais quand celle-ci à son tour est appelée sur le champ
de bataille, les canons se taisent. Si enfin ce renfort ne suffit
point, la troisième division ou levée en masse entre en ligne.
Tout homme qui n'est pas absolument nécessaire à la garde
des postes les plus importants, comme celui de la soute aux
poudres et autres semblables, doit monter à ce moment sur le
pont. Les portes du Tartare s'ouvrent et on en voit sortir ses
habitants si diversement colorés. Alors entrent en campagne
les cyclopes, les chauffeurs dans leurs habits noircis de suie,
puis les ouvriers, les domestiques, les cuisiniers, ceux-ci armés
de tous les ustensiles possibles, et, s'ils ne peuvent pas autrement mettre en fuite l'ennemi, ils contribueront du moins au
succès de la bonne cause par leur aspect étrange et surprenant.

Malgré tout ce déploiement de forces, le vaisseau ennemi a
résisté, on rappelle les hommes envoyés à l'abordage, on retire
les grapins, les canons reprennent la parole. Cette manœuvre
paraît être suivie d'un meilleur résultat, car les chaloupes
sont armées, c'est-à-dire pourvues de canons et de matelots en
armes, probablement pour prendre possession du bâtiment
ennemi si abominablement maltraité. Aucune des éventualités
pouvant surgir dans le combat n'est omise. A l'instant le plus

acharné de la lutte retentit tout à coup le signal d'un incendie. Les hommes désignés pour y parer se hâtent d'accourir afin d'éteindre le feu, mais le service des pièces d'artillerie ne doit pas en souffrir et continue aussi longtemps que le permettent les circonstances.

Voilà ce qui se passe pendant le branle-bas de combat selon le talent de combinaison du commandant jusqu'à ce que le temps apporte son *veto* et que l'approche de midi mette un terme à ces exercices belliqueux.

Telles sont les particularités qui signalèrent nos onze jours de navigation dans le détroit de Mozambique ; la traversée fut plus rapide qu'on ne s'y attendait.

Le 14 mars, dans l'après-midi, la vigie signala : « Terre basse à l'avant : » nous étions en vue de la montagne en forme de toit située derrière Tullear et appelée par les Anglais Westminsterhall. La nuit tomba avant que nous eussions atteint l'entrée difficile du port ; en conséquence nous tournâmes la proue vers la mer et passâmes la nuit sous le vent avec peu de voiles dehors.

Le lendemain matin, de bonne heure, les voiles furent serrées et l'on gouverna à l'aide de la machine vers l'entrée du port. L'expérience nous avait appris à ne pas nous fier aveuglément à la carte ; comme il y avait à l'ancre dans le port deux grands bâtiments de commerce, nous hissâmes le pavillon demandant un pilote dans l'espoir que, s'il ne nous arrivait pas un pilote indigène, il nous en viendrait un de ces navires ; mais nous comptions peu sur ce dernier secours. Le pavillon flottait à peine sur le mât de foc, que nous aperçûmes plusieurs pirogues, semblables à celles de Nossi-Bé et montées chacune par trois ou quatre Sakalaves, se dirigeant vers nous à la rame ; leurs chefs se présentèrent comme pilotes. Nous choisîmes celui qui nous pa-

rut le plus digne de confiance à cause de son âge avancé et il eut
l'honneur de conduire au mouillage le plus grand vaisseau entré jusqu'ici à Tullear.

Le port est formé par un récif de dix milles de longueur qui
suit la côte à une distance d'un mille et demi dans la direction
du nord au sud. Il y a deux entrées formées par deux passes
dans un banc de corail; nous prîmes l'entrée septentrionale
parce qu'elle est en face de Tullear, tandis que les navires qui
viennent par le bas choisissent ordinairement l'entrée méridionale.

L'aspect du pays, du côté du port, ne promet pas beaucoup.
Le rivage se compose de collines sablonneuses, basses et on-
duleuses. A part quelques cactus desséchés, on ne voit pas trace
de végétation; ce n'est qu'à l'arrière-plan que s'élèvent des
montagnes sur les flancs desquelles croissent de maigres plantes : ce tableau me rappela vivement la plage désolée du Mexique qui entoure la Vera-Cruz.

La localité, car on ne pouvait donner à Tullear le nom de
ville, se révéla immédiatement dans toute sa misère. De pauvres petites chaumières s'alignaient sur le rivage dans un pêle-
mêle sauvage; deux grands édifices en bois, au sommet desquels flottait le drapeau français lors de notre entrée, méritaient
seuls la dénomination de maisons. Aux innombrables pirogues tirées sur le rivage devant les huttes on reconnaissait tout
de suite qu'on était dans un lieu de pêche.

Notre mise à l'ancre fut le signal d'un remue-ménage général à terre. De toutes les petites huttes un flot de gens se
précipita; les pirogues furent poussées à l'eau et nous nous
vîmes bientôt entourés d'une flotte montée par de nombreux
matelots; les canots qui revenaient de la pêche s'y joignirent
également.

Les indigènes étaient tous des Sakalaves plus ou moins beaux ; ils avaient l'air intelligent et étaient venus pour regarder le vaisseau ou pour offrir des poissons, des moules, de la volaille et autres provisions. Leur vêtement, ou plutôt son absence presque complète, leurs gestes et leurs attitudes nous prouvaient clairement que nous avions devant nous un peuple encore placé au plus bas échelon de la civilisation. Et pourtant la vanité ne paraissait pas lui être inconnue. Hommes et femmes avaient les cheveux très-soigneusement peignés ; ils étaient roulés en pelote chez les hommes, tandis que les femmes les séparaient par une raie ou les retenaient avec des rubans de couleur. Le cou et les bras étaient le plus souvent ornés d'un collier de coquillages. Les femmes portaient gracieusement attaché autour des reins un morceau de cotonnade qui cachait fort mal les formes irréprochables de leur corps. Assurément plus d'une de ces belles, aux dents éblouissantes de blancheur, aurait à juste titre excité l'envie de nos Africaines de théâtre.

Nous ne pouvions accéder aux prières instantes que nous faisaient les indigènes de monter à notre bord ; néanmoins il leur fut permis de séjourner auprès de l'escalier du vaisseau et d'offrir de là leurs marchandises. Malgré les difficultés de ce commerce, le marché présenta bientôt la plus grande animation. Il n'était possible de s'entretenir qu'avec le petit nombre de ceux qui savaient quelques mots de français ; la plupart du temps on ne se comprenait que par signes, et souvent d'une manière très-comique. Mais ces gens connaissaient à peine l'argent ; ce qui rendait le trafic difficile pour l'acheteur. Ils aimaient bien mieux se procurer les objets dont ils avaient besoin pour leur ménage ou qui excitaient leur curiosité ; ils montraient surtout par des gestes éloquents qu'ils désiraient avoir quelque chose à boire.

Nous constatâmes ainsi que le rhum, ou plutôt le grog, était un
excellent objet d'échange. Pour une bouteille nous obtenions
sans peine un jeune cochon, deux couples de poulets ou une
quantité considérable de poissons. Nous donnions aussi avec
avantage des habits usés, de vieux couteaux, de vieilles limes et
d'autres objets semblables, mais surtout des bouteilles vides que
les Vèses (ainsi s'appelle la tribu sakalave habitant autour de

Vèse.

Tullear) désiraient avoir pour orner leurs habitations. Dans la
suite, non-seulement nous les troquâmes contre des fruits et du
lait, mais on nous offrit même des cochons de lait ou des poulets en échange de quelques bouteilles curieuses, comme celles
de Tokay, ornées de figures représentant des hussards hongrois.
En général plus l'étiquette était bariolée, plus la valeur de la
bouteille était réputée grande.

Quelqu'un qui nous égaya beaucoup, ce fut le pilote, appelé le capitaine Martin. Après avoir reçu sa solde, c'est-à-dire un écu et plusieurs litres de rhum, il réclama de plus un certificat attestant les connaissances nautiques dont il avait fait preuve. Il tira de son tablier une boîte en fer-blanc qui renfermait plusieurs papiers crasseux et il nous les présenta avec fierté en balbutiant ces mots anglais singulièrement corrompus : *see paper,*

Femme Vèse.

capitain Martin saue [1] *make pilot, givie likie paper* (Voyez papiers, capitaine Martin sait faire pilote, donnez semblable papier). Pour me distraire, je lus quelques-uns de ces billets prodigieusement usés, et je ne pus alors me défendre d'un franc éclat de rire. Ces soi-disant certificats étaient pour la plupart des pa-

1. Corruption de l'italien *sa*, de *sapere*, savoir, que les Arabes ont répandue dans toute l'Afrique orientale.

piers n'ayant absolument rien de commun avec le sujet en question; il y avait, par exemple, un calcul astronomique qu'un capitaine lui avait probablement donné à la hâte pour se débarrasser de lui, des certificats dans lesquels on ne parlait de lui qu'avec l'expression de «*per rogue*» (gredin); on n'y contestait pas, il est vrai, ses connaissances nautiques, mais on n'y reconnaissait que ceci: «he is perhaps not so great a thief as the rest» (il n'est peut-être pas un aussi grand voleur que le reste).

Nous avons d'ailleurs reconnu dans le capitaine Martin un aide très-utile pour les Européens qui visitent Tulléar, d'abord à cause de sa connaissance, imparfaite, il est vrai, de l'anglais, puis à cause de la considération dont il jouit parmi les siens. Autant que nous pûmes en juger, il se montra à notre égard toujours obligeant et honnête homme; il me fut donc permis de lui donner, en bonne conscience et à son grand plaisir, un témoignage avantageux sur papier in-folio orné de deux énormes sceaux.

Peu après notre arrivée, quelques membres de l'état-major se réunirent pour faire une excursion à terre.

Le nettoyage général du vaisseau ayant lieu tous les samedis, les besoins du service nous empêchèrent d'utiliser nos propres embarcations; il fallut donc avoir recours aux pirogues, qui voltigeaient constamment en grand nombre autour du vaisseau; moyennant quelques morceaux de biscuit, nous fûmes transportés à terre très-obligeamment et rapidement. C'était juste l'heure du reflux et le vent soufflait dans la direction de la grève, soulevant d'énormes lames; nous débarquâmes sans recevoir la moindre goutte d'eau, grâce à l'habileté de nos matelots qui, à l'instant où les pirogues s'enfonçaient dans le sable, se précipitèrent sur la plage et nous tirèrent à sec avec les barques. La moitié de la population de l'endroit nous attendait et

jetait sur nous des regards curieux; par bonheur, le capitaine
Martin, que nous avions demandé, était également ici; grâce à
lui nous traversâmes la foule, et parvînmes aux huttes qui composent Tullear.

C'est seulement sous les tropiques et chez des gens aussi
primitifs que les Vèses, qu'on peut rencontrer des habitations
aussi simples que celles que nous vîmes. Dans le sable mobile,
sont enfoncés quatre pieux sur lesquels repose un toit de feuilles de palmier, à six pieds tout au plus au-dessus du sol. Les
murs latéraux sont aussi tressés de feuilles de palmier ou de
jonc mince. Les gens de qualité couvrent de nattes en paille le
plancher qui comprend à peine trois à quatre toises carrées;
chez d'autres, la kitanda, sorte de lit de repos, est immédiatement placée sur le sable. Le feu pour cuire le riz et griller les
poissons se fait devant la maison. Les quelques ustensiles de
pêche sont cachés dans une barque qui se trouve dans le voisinage, et les rares provisions de bouche sont mises à couvert
dans une petite case adjacente un peu élevée au dessus de la
terre. Afin de les préserver des rats, on garnit abondamment
les pieux du soubassement d'épines et de coquilles aiguës.

Après avoir examiné à loisir différentes chaumières, ce que
les habitants nous permirent sans difficulté, moyennant la
distribution de quelques biscuits, nous nous dirigeâmes vers
l'un des deux grands édifices sur lesquels flottait le pavillon
français et qui éveillaient en nous l'espoir d'y rencontrer des
Européens. Nous ne nous étions pas trompés. A peine avions-
nous dépassé la palissade qui entourait cette maison de bois assez vaste, que deux personnes vinrent nous complimenter en
langue française, et nous inviter à prendre des rafraîchissements. Nous acceptâmes avec plaisir. Nous apprîmes alors que
nos hôtes, au service d'une compagnie de l'île Bourbon, diri-

geaient une factorerie chargée de négocier l'échange des produits du pays, tels que bœufs, tortues, orseille et féves, contre
de la poudre, du rhum, des chaudrons de cuisine, de la vaisselle de faïence et autres objets analogues. On achète à l'encan
un beau bœuf pour un petit baril de poudre du poids de trois
kilogrammes, auquel on ajoute parfois, suivant les circonstances, une ou deux bagatelles.

Rien de plus égayant que le désir de nos hôtes d'apprendre
à quelle nationalité nous appartenions. Il fut cependant un peu
difficile de la leur indiquer; leurs notions sur la division politique de l'Europe étaient si vagues que l'existence même de
l'Autriche leur parut tout à fait étrange. L'un d'eux interrompit
tout à coup la leçon de géographie que nous avions été obligés
de faire, et nous adressa cette question d'un air soucieux : « *En
tout cas, vous n'êtes pas Prussiens, vous?* »

Ainsi, ces braves gens qui ont vécu dans les colonies voisines, n'ont aucunes notions sur l'ancien monde; ils connaissent cependant la nouvelle si tragique pour leur patrie
du conflit avec la Prusse. Nous ne pûmes nous empêcher de
sourire et nous nous empressâmes de les rassurer sur ce point
délicat. La certitude que nous n'étions pas leurs ennemis mortels augmenta visiblement leur amabilité et ils nous offrirent de
la manière la plus amicale leurs derniers rafraîchissements.

Après un court repos nous reprîmes notre excursion sous la
conduite du capitaine Martin; mais nous nous dirigeâmes cette
fois vers l'intérieur des terres, afin de nous faire une idée de la
végétation. Il y avait peu à voir; cependant le pays accidenté
dont les ondulations s'étendent derrière le rempart de sable où
est situé Tullear, présentait à l'œil un caractère tout particulier.
Sur un sol sablonneux où croissait une herbe maigre, poussaient des tamarins très-luxuriants dont quelques-uns attei-

gnaient une grande hauteur; il y avait aussi d'épais buissons formés d'une espèce de grande euphorbe et de cactus, de sorte qu'en divers endroits nous pouvions nous croire dans une promenade artificielle aux allées sablées. On nous dit que ces bosquets de tamarins sont le refuge de pintades, de faisans et de perdrix; en effet, quelques-uns de nos chasseurs en abattirent plusieurs beaux spécimens.

La faune de cette partie de Madagascar était représentée par un petit nombre d'espèces; il ne s'y trouvait que des bœufs zébus, des cochons, des singes, des perroquets, des huppes, des cardinaux, etc. Par contre, le monde des poissons était on ne peut plus varié. La raie surtout s'y faisait remarquer par sa grosseur extraordinaire.

En rentrant à Tullear, nous trouvâmes une grande foule près d'une des fontaines. Il y avait là une troupe nombreuse armée de lances et aussi de fusils à pierre sous le commandement d'un homme grand, élancé, vêtu d'un lamba et portant une conque blanche sur le front; il conduisait un magnifique bœuf zébu et semblait nous attendre. En effet, dès qu'il nous aperçut, ce chef, s'avançant vers nous, nous déclara en mauvais français qu'il était un « *ministre* » de Lémérize, roi des Vèses, et qu'il était chargé, en signe de salut et de bienvenue, de conduire à bord le bœuf qu'il amenait avec lui. Nous lui fîmes comprendre que dans tous les cas le commandant serait très-heureux de voir l'ambassadeur du roi et que les heures de la matinée du lendemain étaient les plus convenables pour une visite à bord.

Satisfait de cette assurance, M. le ministre se mit en route avec son cortége, tandis que nous nous dirigeâmes vers le lieu de débarquement pour gagner notre canot.

Mais, avant d'atteindre le rivage, nous fûmes arrêtés par un

Européen qui nous adressa la parole en français ; il se présenta à nous comme agent d'une maison de Bourbon et directeur de la deuxième factorerie établie ici. Il nous demanda avec instance, qu'ayant été voir l'autre établissement, nous voulussions bien maintenant honorer le sien de notre visite. Nous ne pouvions réellement pas repousser cette prière et nous suivîmes M. Rosier jusqu'à son vaste comptoir. Il y régnait la plus vive animation. Les deux navires à l'ancre dans le port avaient apporté de grandes quantités de poudre, de fusils et d'étoffes de laine ; une partie de ces marchandises était offerte comme échange aux indigènes rassemblés à l'intérieur ; le reste était déposé avec le soin le plus minutieux dans les spacieux entrepôts.

Considérée dans son ensemble la factorerie de M. Rosier semblait installée sur le plus grand pied. Un personnel considérable était occupé dans l'immense cour. Les uns mettaient dans la saumure de la viande de bœuf, d'autres vidaient des tortues ou empilaient dans des tonneaux les provisions ainsi obtenues. En parcourant les différentes parties de l'établissement, nous remarquâmes dans une des cours une hutte tombée en ruines, mais dont la clôture était soigneusement entretenue. Cela nous étonna, mais on nous apprit que c'était la hutte d'un chef des Vèses à laquelle on ne saurait toucher sans mécontenter la population.

Il se faisait tard cependant et, selon toute vraisemblance, il y avait déjà longtemps que notre canot nous attendait ; après avoir bu l'inévitable verre d'excellente bière de Bourbon en trinquant « *à la vôtre* », nous courûmes en toute hâte vers le rivage. A notre extrême surprise, l'embarcation était déjà partie et nous nous trouvions dans le plus grand embarras sur ce que nous devions faire. Nous étions sur le point de prêter l'oreille aux conseils du capitaine Martin et de le suivre jusqu'à sa hutte fort éloignée afin de retourner à bord dans sa pirogue après la chute du vent très-violent qui soufflait en ce moment, quand M. Raoulx, l'un des Français dont il a été question, vint nous inviter à souper dans sa factorerie et à y passer aussi la nuit, si besoin était.

Nous acceptâmes avec reconnaissance sa bienveillante proposition, et nous mangeâmes du meilleur appétit le repas très-délicat qui nous fut servi.

Pendant la conversation animée que nous eûmes à table, nous apprîmes que nos hôtes et M. Rosier étaient les seuls Européens résidant à Tullear et que, vivant au milieu de sauvages, ils étaient privés de toute relation sociale. Comme employés de deux maisons rivales, ils vivent dans la plus aigre inimitié. Nous nous expliquâmes ainsi les efforts étonnants faits par les deux partis pour attirer exclusivement à lui notre compagnie.

Grâce à son séjour à Tullear depuis cinq années, M. Raoulx connaissait parfaitement les Vèses, il put donc nous donner d'amples renseignements sur eux. Conformément à l'impression qu'ils avaient produite sur nous, il les dépeignit comme un peuple encore tout à fait dans l'enfance sous le rapport de la civilisation. Naturellement sobres, les indigènes se nourrissent de riz, de maïs et de poissons, rarement de viande et de volaille. Ils aiment surtout le rhum et cherchent à s'en procurer à tout prix ; cependant ils s'enivrent rarement parce qu'ils peuvent en absorber de grandes quantités sans effet appréciable.

Les Vèses ont un excellent cœur et sont très-accommodants entre eux ; mais dans le commerce ils songent avant tout à leur avantage et ne font pas une rigoureuse différence entre le tien et le mien. Ils sont indolents, paresseux, amassent par conséquent peu de provisions, et vivent beaucoup au jour le jour. Ce genre d'existence s'explique facilement parce que chez eux comme chez les Sakalaves du nord, le chef ou le roi est maître absolu des biens de ses sujets et qu'après la mort d'un individu, sa succession tombe en partage.

Très-courageux, ils se sont mesurés à plusieurs reprises avec les Hovas et les tribus voisines des sauvages Antanos, et ont plus d'une fois infligé des pertes sérieuses aux premiers. C'est ainsi qu'en 1872, les Hovas perdirent, près de Menabé, un millier de guerriers et deux canons, bien que les Vèses fussent simplement armés, comme ils le sont encore, de lances et de quelques rares fusils à pierre.

Les Vèses ont des notions religieuses d'une nature très-vague : cependant ils croient à un être suprême gouvernant le monde et à l'immortalité de l'âme. C'est pour cela que, chez eux, comme chez les Sakalaves du nord, les maisons des morts de qualité sont l'objet d'une grande vénération.

Quelques Vèses ont adopté les pratiques extérieures du mahométisme; toutefois, la doctrine chrétienne n'a pu prendre racine chez eux, car une mission fondée par les Jésuites à Saint-Augustin, à quinze lieues marines au sud de Tullear, a été délaissée. Les tableaux baroques des bons pères, qui peignaient avec des couleurs trop vives le ciel et l'enfer, eurent pour résultat d'inspirer aux Vèses l'effroi du Dieu des chrétiens.

Être forcé, pour un vol de chiffons, de rôtir pendant toute l'éternité et ne pas recevoir le moindre verre de rhum (on avait mis le rhum au nombre des récompenses du paradis), oh! véritablement, pensèrent-ils, ce serait trop dur, et ce fut ainsi qu'ils ne voulurent plus entendre parler de rien.

Naturellement la superstition fleurit chez eux dans toute sa beauté et revêt les formes les plus accentuées, témoin ce qui se passe au sujet du mortier à riz, qu'on rencontre dans tous les ménages. Pendant qu'on fait tomber l'arbre dont ce mortier

doit être fait, on abat un bœuf[1]. Dès que l'arbre est couché sur
le sol et que le morceau désigné a été creusé à la hache, il
n'est plus permis de lever celui-ci de terre, et il faut le conduire en le traînant au lieu de sa destination. Quiconque levait

Le capitaine Martin.

de terre le mortier était autrefois condamné à mort; maintenant encore, il expie sa faute par l'esclavage.

Les mariages ne se contractent qu'avec la permission des

1. C'est chez les Vèses un sacrifice, comme, par exemple, chez nous celui
de la messe ; il est inséparable de toutes les occasions importantes. En souvenir de solennités toutes particulières, telles que la naissance d'un garçon
et d'autres semblables, on place la tête de l'animal abattu, encore munie de
ses cornes, sur une perche plantée dans le voisinage de l'habitation ; souvent l'on voit des douzaines de ces crânes empilés l'un sur l'autre.

chefs ; les hommes recherchent ordinairement les femmes d'un certain âge, et volontiers les veuves ayant des enfants, parce que la richesse en progéniture est très-appréciée. La cérémonie nuptiale est des plus simples. On convoque les anciens du village, on égorge le bœuf obligatoire et l'on en distribue la viande, ainsi que du rhum ; après quoi, fiancée et fiancé déclarent, publiquement, qu'ils se sont volontairement choisis l'un l'autre ; puis ils font tous deux les promesses ordinaires de fidélité. Quelque relâchées que soient les idées de moralité qui règnent parmi ces enfants de la nature, quelque libre et sans contrainte que soit la conduite des jeunes filles, on n'en estime pas moins comme sacré le lien conjugal. Une fois mariées, les femmes vèses se consacrent entièrement à leur famille, et l'on raconte d'elles les preuves les plus touchantes d'attachement à leur mari et à leurs enfants.

En cas de mort, les formalités sont un peu plus compliquées ; il est, avant tout, sévèrement défendu de prononcer le nom du défunt ; dès le moment de son décès, il devient un esprit digne de vénération et reçoit un autre nom, sous lequel il est désigné désormais. Cette crainte du nom du mort augmente tellement avec le rang du défunt, qu'on irait jusqu'à punir de la peine capitale celui qui annoncerait simplement le décès d'un roi.

Le cadavre est placé sur une peau de bœuf, et, après quelques heures d'exposition, l'enterrement a lieu. Le mort, placé sur une civière, est porté en tête du convoi ; les parents suivent vêtus de leurs plus beaux habits et avec leurs armes ; enfin viennent les bêtes à cornes que possédait le défunt. Le convoi se met en marche vers le rivage de la mer, ou dans l'intérieur, vers une rivière ou un fleuve ; lorsqu'on est arrivé, tout le monde, même les porteurs du cercueil, commence à danser au son du tambourin, puis à pousser de vigoureux hurlements. Ce tapage et ces mouvements ont pour but d'essayer de rappeler le mort à la vie, et, par le voisinage de l'eau, on veut lui donner occasion de prendre congé de cet élément. Au bout de quelque temps, si le mort ne se réveille pas, malgré les rugissements réellement capables, — nous dit-on, — d'ébranler les pierres, le convoi se dirige vers le lieu de sépulture, où le cadavre est placé sur le sol, dans deux troncs d'arbres creusés.

Suivant la fortune du défunt, la bière est couverte d'objets de prix, tels que des lambas, coupés en morceaux pour empêcher les vols ; on n'oublie pas d'y joindre des victuailles. Cela fait, les parents y amoncellent des pierres, jusqu'à ce que tout soit recouvert. Cette précaution, néanmoins, comme nous nous en sommes convaincus dans les cimetières de Tullear, n'empêche pas les environs d'être entièrement imprégnés de vapeurs méphitiques.

Bien différente est la cérémonie funèbre pour les rois ; l'enterrement n'a lieu qu'après un an ; enveloppé aussitôt après le décès dans des peaux de bœuf, le corps est suspendu dans un bois entre deux arbres, et gardé pendant ce temps par des membres de la famille royale. L'année une fois expirée, les ossements sont descendus ; l'héritier du trône conserve pour lui, comme amulettes, les dents, les doigts et les orteils ; c'est seulement alors que l'inhumation décrite précédemment a lieu au milieu de la plus grande pompe.

Le repas s'était terminé au milieu de nos causeries sur ces mœurs et coutumes et, comme au lever de la lune, le vent était tombé, un de nos hôtes, cédant à nos instances, se rendit au village pour nous procurer une barque.

Il revint bientôt, déclarant qu'il était impossible de trouver des indigènes pour nous conduire à bord ; il n'y en avait plus un seul dans le village, parce qu'ils étaient occupés à délivrer quelqu'un de la fièvre. Chez les Vèses, cette cure est une cérémonie religieuse à laquelle personne n'ose se soustraire; la fièvre passe pour l'esprit d'un ennemi décédé qui doit être expulsé par tout le monde.

En effet, un vacarme extraordinaire annonçait que quelque chose de particulier devait se passer dehors.

Nous fîmes alors contre fortune bon cœur, et, contraints par la nécessité, nous acceptâmes l'offre d'un gîte dans la factorerie; mais, avant de nous coucher, nous voulûmes assister au spectacle dont il venait d'être question, si cela était possible, sans causer de scandale parmi les indigènes.

M. Raoulx nous assura que notre présence ne leur occasionnerait aucun déplaisir et proposa aussitôt de nous conduire sur le lieu de la cérémonie.

Comme la lune était dans son plein, et comme nous entendions fort bien le tapage infernal, nous trouvâmes sans peine notre chemin au milieu des innombrables petites huttes qui paraissaient encore plus misérables en se détachant sur le sable vivement éclairé et nous atteignîmes bientôt notre but.

Une foule d'hommes, dans un costume plus simple qu'on n'a coutume de le porter ici pendant le jour, était rassemblée autour d'une hutte : elle dansait et criait à pleins poumons suivant le rhythme marqué par des tambours et des mandolines. En même temps, on frappait du poing sur les murs de la hutte avec une admirable régularité. A l'intérieur gisait le malade atteint de la fièvre, et il est facile de s'imaginer combien le témoignage d'amitié que lui donnaient ses voisins devait lui être agréable.

Les coups de baguette des tambours devenaient de plus en plus rapides, la danse de plus en plus furieuse, le vacarme de plus en plus violent, et nous, simples spectateurs, nous en étions à la fin tout abasourdis. Que l'imagination se représente le plus beau ciel des tropiques, un clair de lune comme on n'en connaît pas chez nous, toute la contrée féeriquement illuminée par le reflet de la lumière sur le sable blanc; ajoutez à cela ces formes noires et nues, baignées de sueur et bondissant comme possédées du démon, enfin un bruit infernal, et vous comprendrez alors que les nerfs les mieux trempés puissent être sensiblement affectés.

Ce délire furieux atteignit enfin son paroxysme: un homme de haute stature, le chef de la famille du malade, à ce que nous fit savoir M. Raoulx, enfonça la porte de la hutte; pendant le répit qui s'ensuivit, plusieurs individus aidèrent à traîner le malade au dehors. Il fut amené tremblant, par deux hommes vigoureux qui le tenaient par les mains, les autres formèrent cercle autour de lui, et aussitôt on recommença à tambouriner et à danser. Le pauvre malade fut obligé de prendre part à cette ronde diabolique. Il s'affaissa d'abord et tomba. Il fut relevé brusquement et sans pitié. A la fin, lui aussi fut visiblement saisi par la rage de la danse et sauta à l'envi avec les autres, aux applaudissements et aux hurlements de tous. Au bout d'un certain temps, les tambours se turent, et le malade, auquel le mouvement n'avait pas fait de mal, fut ramené dans la hutte. Comme conclusion, le tapage recommença pendant quelques instants, puis la foule se dispersa.

La manière dont la chose venait de se passer, nous dit notre compagnon, était encore très-douce, en comparaison des autres cures auxquelles il avait assisté; très-fréquemment, en effet, les indigènes ne se contentent pas de faire danser le malade avec eux, souvent ils le conduisent tout en sueur au bord de la mer pour le plonger dans l'eau, puis ils le contraignent à danser de nouveau. Si barbare que paraisse ce traitement, à première vue, il peut, en tout cas, empêcher qu'on ne s'abandonne trop légèrement à une maladie; et comme il n'est qu'une autre forme de notre bain d'étuve, il est peut-être réellement possible que plus d'un malade ait été débarrassé de la fièvre par l'emploi de ce procédé.

Revenus à la factorerie, nous fûmes logés et traités avec distinction : nos hôtes insistèrent pour nous faire accepter leur chambre à coucher, tandis qu'ils prenaient place dans des hamacs; nous avions tout ce qui était nécessaire à un bon repos, c'est-à-dire la lassitude voulue, une température agréable par sa fraîcheur et surtout un lit excellent; nous nous couchâmes donc avec la plus grande satisfaction. Mais nous avions compté sans... les rats, et c'est certainement une énorme bévue à Madagascar. A peine avais-je éteint la lumière, que le sabbat commença comme dans un château hanté par les esprits ; de tous côtés, mais surtout dans les parois nattées de la chambre, j'entendais se remuer quelque chose. La fatigue aurait cependant triomphé de tout cela, et je me serais endormi en dépit de tout ce tapage, si je n'avais tout à coup entendu tomber quelque chose sur le matelas ; j'étendis aussitôt la main et je sentis... un rat qui chercha au plus vite à prendre le large. Il va sans dire que, dans de semblables circonstances, il n'est plus question de sommeil; comme mon camarade n'était pas beaucoup plus tranquille que moi, nous passâmes la nuit à causer ensemble, ce que permettait très-facilement la cloison nattée.

Nos hôtes, probablement informés de notre insomnie par le bruit de notre conversation, nous témoignèrent le lendemain le regret que notre repos ait été troublé; ils nous dirent que dans ce cas il n'y a rien à faire, et que l'on doit être content que les rats ne s'attaquent pas au corps même du dormeur, cas qu'ils affirmaient s'être maintes fois présenté. Nous prîmes, il est vrai, pour une gasconnade l'histoire qu'ils nous racontaient d'un orteil rongé par un rat ; mais nous avons été injustes envers ces messieurs, car nous apprîmes plus tard à l'île Maurice que ces animaux n'avaient pas peu contribué à l'évacuation de cette île par les Hollandais.

Au matin, le vent était tombé, nous prîmes congé de nos aimables hôtes, et rejoignîmes l'*Helgoland* sans encombre.

Le ministre du roi Lémérize nous rendit visite comme il l'avait annoncé. Toute une flotte de pirogues le transporta ainsi que sa nombreuse escorte et le bœuf sus-mentionné. Cet animal fut amené d'une manière fort originale quoique peu humaine. Il était attaché à l'arrière d'une pirogue par ses énormes cornes, de sorte que la tête seule sortait de l'eau ; il pouvait ainsi devenir facilement la victime de la voracité des requins fort nombreux dans le port.

Le commandant reçut la députation avec beaucoup de bienveillance, et lui fit visiter le vaisseau dont la grandeur frappa d'étonnement tous les visiteurs. Mais les grosses bouches à feu et les armes se chargeant par la culasse leur imposèrent plus que tout le reste. Le capitaine d'armes fit tirer à blanc quatorze coups de feu en une minute avec une carabine Werndt ; la surprise des indigènes ne connut alors plus de bornes. Ils éclatèrent de rire tout d'abord, puis ils redevinrent sérieux, tout en pensant que nous étions venus en bons amis. Nous les rassurâmes et leur fîmes comprendre que nous étions arrivés ici pour protéger les résidents européens, si besoin en était, et nous ajoutâmes que, s'il le fallait, il viendrait dans ces parages une quantité tout à fait imposante de vaisseaux semblables au nôtre. Cela porta les Vèses à nous déclarer solennellement qu'ils avaient été et seront toujours les amis des Européens. Nous leur versâmes un verre de grog et avec lui disparut subitement l'impression d'inquiétude visible produite par notre déploiement de puissance. Ils se mirent alors à nous parler de guerres qui, paraît-il, sont en permanence chez eux.

Comme nous l'avons dit précédemment, les Hovas cherchèrent à subjuguer les Vèses, mais, en 1872, ceux-ci leur infligèrent des pertes sensibles. Les Hovas ont alors changé de tactique pour arriver à leur but. Par leurs intrigues ils excitent les uns contre les autres les Vèses et les tribus du sud. Le principe vénitien : *divide et impera*, semble ici couronné d'un plein succès ; en effet, dans la guerre faite actuellement par Lémérize, la victoire est bien loin d'être de son côté. D'une part, il y aurait avantage pour le commerce de Tullear à ce que les Hovas s'emparassent du pays et qu'avec eux s'établissent des relations plus régulières ; par contre, les propriétaires de factoreries et les bâtiments de commerce ne se plaignent pas de Lémérize qui, généralement bienveillant envers les Européens, n'exige pas d'eux des impôts trop élevés.

Pour obtenir la permission de débarquer leurs marchandises, les navires doivent pour la plupart donner deux fusils, deux barils de poudre et douze aunes de calicot. Chaque année, les factoreries sont obligées de livrer une certaine quantité d'articles semblables et de rhum ; moyennant cette contribution, le roi les met à l'abri de tous les coups de main de ses sujets.

En quittant le bord, nos hôtes emportèrent des présents pour le roi Lémérize ; ils consistaient en une caisse de bouteilles de rhum, une quantité considérable de poudre à canon, plusieurs paquets de tabac à fumer et quelques pièces d'or autrichiennes. Ces dernières semblèrent particulièrement charmer le ministre qui, en prenant congé de nous, ne put trouver assez de paroles pour nous remercier, en mauvais français, au nom de son maître, et pour nous assurer qu'il raconterait fidèlement à son souverain l'histoire du grand vaisseau du roi d'Europe dont il emportait l'effigie.

Jusqu'à notre arrivée à Tullear nous n'avions pas eu l'occasion de faire nos exercices semestriels de tir à la cible au canon, mais comme ici le mouillage s'y prêtait à merveille, nous les exécutâmes, au grand plaisir des bons habitants de Tullear qui, montés sur une multitude de pirogues, y assistèrent avec le plus vif intérêt.

Le capitaine Martin s'y intéressait tout particulièrement ; malheureusement il ne lui fut pas permis de rester sur le vaisseau pendant l'exercice. Nous le consolâmes en lui promettant d'accomplir le désir qu'il avait souvent exprimé d'une visite à sa demeure de terre ferme.

Un jour, en effet, après une courte promenade dans le bosquet des tamarins, nous dirigeâmes nos pas du côté d'Anos, petit village au nord-ouest de Tullear, dont le brave capitaine était le chef. Nous fûmes aperçus de loin et reçus par Martin qui nous conduisit dans sa hutte et nous présenta sa nombreuse famille. Nous serrâmes les mains à ses fils, jeunes gens dégagés et superbes ; nous saluâmes la femme et la fille de Martin, et celui-ci nous introduisit dans une pièce qui paraissait être le salon d'honneur ; le plancher était couvert de nattes charmantes, et les cloisons étaient ornées de bouteilles parmi lesquelles figuraient sans doute quelques flacons de notre Tokay. Il déballa une quantité de vaisselle de terre et nous régala de poissons bien préparés et d'un grog. De notre côté, nous étalâmes tout ce que nous avions apporté, et je me fis spécialement un jeu de produire un grog bouillant au moyen de poudre effervescente ; ce qui ne jeta pas nos gens dans une médiocre stupéfaction, d'autant plus qu'en même temps je ne négligeai pas de faire quelques *hocus pocus*.

Le repas se passa très-gaiement, car le vieux pilote, flatté de notre visite, était de très-bonne humeur et ne cessa de parler dans son anglais très-caractéristique. A notre départ nous lui remîmes, comme témoignage de reconnaissance pour les services qu'il nous avait rendus, un accoutrement très-comiquement composé. Impossible d'exprimer la joie de ce brave homme. Il fallut qu'il s'affublât tout de suite de son nouvel habillement ; mais ce qui l'embarrassait beaucoup, c'était le choix de la coiffure, car nous lui donnions deux chapeaux, l'un haut de forme et l'autre à larges bords ; il eût certainement préféré mettre les deux à la fois. Il ne cessait de nous serrer les mains et trouva moyen d'exprimer son profond attendrissement en répétant à plusieurs reprises : « *Captain Martin black man, but white heart* » (capitaine Martin homme noir, mais cœur blanc).

Le lendemain, au moment où nous sortions du port à toute vapeur, nous pûmes reconnaître combien le capitaine Martin estimait nos présents, car nous le vîmes ramer en toute hâte vers nous et nous apporter en retour de la volaille et des fruits.

CHAPITRE DIXIÈME

ILE MAURICE

La route directe de Tullear à Maurice passe par le cap Sainte-Marie de Madagascar ; elle mesure à peine 800 milles de longueur ; cependant le vent contraire du sud-est qui y souffle empêche souvent qu'on ne la suive. On préfère cingler dans la direction des vents de l'ouest et atteindre par ce moyen le méridien de Maurice, afin d'aborder l'île avec le vent favorable du sud-est. En agissant ainsi, on fait, il est vrai, un détour d'environ 2,000 milles ; mais comme dans cette direction le vent est très-favorable pour une traversée rapide, elle s'exécute le plus souvent en moins de temps qu'en choisissant la voie directe.

L'*Helgoland* prit donc la route la plus longue et, depuis Tullear, se dirigea continuellement vers le sud. Nous espérions gagner au bout de quelques jours les vents d'ouest qui règnent par le 30ᵉ degré de latitude sud. Mais, sous ce parallèle lui-même, nous trouvâmes toujours le vent du sud-est, qui soufflait même en tempête. Ce phénomène était si anormal dans cette région que nous ne pouvions l'expliquer que par l'existence d'un cyclone sévissant à l'est de notre parcours. Plus tard nous apprîmes qu'une tempête de cette sorte et de la nature la plus violente y avait éclaté, et si nous n'avions pas fait plus ample connaissance avec ce fléau de la partie méridionale de l'océan Indien, c'était grâce à ce que nous n'avions pas suivi la voie directe.

Dans cette circonstance, la corvette sous le vent et avec ses voiles de tempête luttait contre une grosse mer et par conséquent était peu maniable, quand retentit tout à coup ce cri alarmant : « *Un homme à la mer !* » Un matelot, occupé dans les agrès du beaupré, avait été enlevé par une vague ; toutes les mesures de sauvetage furent prises à l'instant ; mais les moyens employés ne permirent guère d'espérer qu'ils seraient suivis de succès. Cependant le matelot, qui était par bonheur un habile nageur, saisit encore à temps le bout d'un câble qu'on lui avait jeté et put être remonté triomphalement à bord. Il en fut quitte pour quelques contusions, et peu après cet homme échappé à une mort certaine régala joyeusement ses camarades avec les quelques mesures de vin dont l'avaient gratifié le commandant et l'état-major.

Nous étions environ par le 35e de latitude sud quand le vent sauta à l'ouest, puis au nord ; nous pûmes alors couper la longitude et gagner bientôt à toute vapeur la région du vent alizé, qui nous conduisit en peu de temps à notre destination. Le problème proposé pour cette navigation avait donc été résolu d'une manière satisfaisante ; mais, quelques jours après notre départ, un incident imprévu était venu rendre cette traversée excessivement désagréable pour tous ceux qui y prirent part.

Jusqu'alors la provision d'eau potable avait été fournie par le

distillateur installé à bord, afin d'éviter l'embarquement de l'eau
fraîche, travail qui occasionne toujours une perte de temps, mais
surtout afin d'obtenir une eau réellement pure et saine, comme
nous n'en avions presque jamais pu trouver dans les endroits
où l'*Helgoland* avait touché. Le distillateur avait toujours parfaitement fonctionné ; mais quand, trois jours après avoir quitté
Tullear, il nous fallut de nouveau compléter la provision d'eau
presque entièrement consommée, nous nous aperçûmes que
l'appareil fonctionnait mal et ne fournissait plus qu'une eau
saumâtre. En dépit de tous les efforts, il fut impossible de
remédier à cet inconvénient. La provision insignifiante de
bonne eau qui nous restait, fut réservée pour les malades,
et, afin de ne pas tomber malades à leur tour, les hommes
bien portants durent se borner à n'absorber de liquide que sous
forme de soupe ou de vin.

Ajoutez à cela que les vivres, n'ayant pu être complétés
depuis deux mois et demie, tiraient à leur fin. Il n'y avait
plus de vin pour l'équipage ; la chaleur tropicale avait gâté
le riz, et le manque d'une boisson rafraîchissante empêchait
de manger des vivres salés parce qu'ils étaient trop alté-
rants. La situation n'était rien moins qu'agréable, même pour
des gens ordinairement peu difficiles sur la nourriture et la
boisson. Cette calamité donna lieu cependant à des scènes
amusantes. Quand, après une journée étouffante, survenait
enfin une bonne averse, tout le monde montait en hâte sur le
pont, afin d'y attraper au moins quelques gouttes d'eau douce.
Heureux les hommes occupés dans une chaloupe, parce que de
temps en temps l'eau s'y accumulait en quantité suffisante
pour leurs besoins. Les moins favorisés se jetaient sans répu-
gnance à plat-ventre sur le plancher et étanchaient leur soif
dans le bourbier qui se formait sur le pont.

Aussi quelle ne fut pas notre joie quand, le 16 avril, au lever du soleil, retentit le cri : « *Terre à l'avant,* » et quand, aux montagnes encore baignées par le brouillard, nous reconnûmes les côtes de l'île Maurice. La machine, mise en pression dès la veille, nous fut très-utile et permit à la corvette d'entrer dès quatre heures de l'après-midi dans le port de Port-Louis.

Sauf Mahébourg, peu visité à cause de son entrée difficile, Port-Louis est le seul port de l'île Maurice. C'est un golfe étroit, au nord-ouest de l'île, et dont l'accès n'est possible que par l'interruption des bancs de corail qui entourent la côte de toutes parts.

Le port a plus d'une lieue marine de longueur et sa profondeur permet d'approcher jusqu'au rivage ; cependant le mouvement de la navigation y était si actif qu'il fallait affourcher les navires avec quatre cordages pour les réduire à l'immobilité.

Vue du port, l'île est très-pittoresque. Une étroite langue de terre partant du fort Georges, au nord de l'entrée, s'étend vers la ville ; à l'arrière-plan s'élèvent des rochers escarpés et dentelés où l'on remarque deux pics d'aspect grotesque : l'un, le Pieterboth, haut de 2,800 pieds, doit son nom à une imagination très-vive, qui lui a trouvé une ressemblance avec un docteur hollandais en costume officiel ; l'autre, appelé le Pouce, s'élève à 2,700 pieds, et se dresse effectivement au-dessus de la chaîne des rochers, comme un pouce. Vers le sud, le tableau est coupé par le mont Signal et le fort William, construit sur une langue de terre, prolongement de cette montagne. Si la partie supérieure des rochers est dépouillée de toute verdure et offre à l'œil la sombre couleur de la lave, les pentes qui se dirigent vers la mer sont, au contraire, couvertes de la végétation la plus riche et la plus fraîche ; les blancs et gracieux édifices de la ville, les nombreux navires avec leurs pavillons diffé-

Port-Louis.

rents, et l'animation du port, rendent ce panorama extrêmement attrayant, surtout pour celui qui, comme nous, arrivant d'un voyage de plusieurs mois sur l'immense Océan, n'a
vu que des contrées sauvages et des colonies isolées.

Atteindre un port agréable, où l'on trouve toutes les ressources possibles après avoir souffert des privations, c'est une jouis-
sance tout à fait particulière qu'on ne peut apprécier si l'on
n'est marin.

Ce ne fut d'ailleurs pas notre seule joie. Depuis cinq mois, aucune nouvelle de la patrie ne nous était parvenue ; aussi notre
allégresse fut grande quand un employé de la poste se présenta
à bord, suivi aussitôt d'un nègre, avec deux sacs pleins de
lettres. Ceux qui étaient obligés de continuer leur service sur
le pont, afin d'exécuter les manœuvres de l'entrée dans le
port, avaient le cœur serré de ne pouvoir saisir immédiatement
quelque lettre, quoique les nouvelles générales et intéressantes
reçues dans leurs lettres par des camarades plus heureux et
libres, se répandissent avec la plus grande rapidité.

L'affourchement, qui avait demandé beaucoup de temps, se
termina enfin ; l'*Helgoland* était en sûreté dans ses liens, et
nous fûmes enfin délivrés. Aussitôt la plupart de nos hommes
assis dans un coin dévorèrent ardemment les lettres si longtemps attendues, tandis que d'autres moins heureux s'empa-
raient de petits paquets de journaux, cherchant ainsi à dissiper la
mauvaise humeur que leur causaient des correspondants négli-
gents ou l'absence de lettres. Peu à peu la soif de nouvelles
s'apaisa, leur vif échange cessa complétement ; en même temps
se calma heureusement aussi l'assaut des fournisseurs, des
blanchisseuses, etc., qui, comme d'avides requins, assiégent
tout vaisseau de guerre à son arrivée dans le port.

Tous ceux qui n'étaient pas retenus par le service s'empressèrent de descendre à terre, afin de réconforter leur estomac, qui souffrait depuis si longtemps.

Quant aux hommes restés à bord, ils célébrèrent de véritables bacchanales avec l'eau potable qu'on avait fait venir en toute hâte, et qui, soit dit en passant, était des plus mauvaises ; ce fut littéralement aussi en un tour de main que l'on débarrassa de tous leurs fruits et de tous leurs pains frais les barques amarrées le long du bord à l'heure du repas du soir. Le docteur prévit déjà que le nombre de ses malades allait tripler ; il donna en vain des avis et fit des remontrances, mais sans avoir le courage de faire cesser le va-et-vient par un ordre officiel.

Le lendemain matin, l'activité fiévreuse qui avait signalé le jour de notre arrivée fit place à un recueillement plus sensé, sans détruire cependant l'excellente impression qu'avait produite sur nous ce lieu d'un séjour agréable.

En Europe, on n'entend presque jamais parler de l'île Maurice ; aussi ne nous en étions-nous pas fait une grande idée, et cependant peu d'îles de même étendue et de population égale ont la même importance comme colonie.

Maurice est située sous les tropiques, de 20° à 20°30′ de latitude sud et par 57°17′ de longitude est, dans la région humide des vents alizés ; le sol très-fertile permet d'y cultiver la canne à sucre dans des conditions extrêmement lucratives et permet une production très-considérable. Voisine de Madagascar, elle sert de station intermédiaire et assure le commerce du monde civilisé avec ce pays. Elle est au milieu de l'océan Indien, à distance égale de l'Inde, de l'Australie et du cap de Bonne-Espérance ; c'est le seul port sûr où l'on trouve toutes les ressources maritimes nécessaires ; elle est aussi importante au point de vue stratégique que sous le rapport maritime, et comme elle est le seul lieu de refuge pour les vaisseaux si fréquemment

assaillis dans ces parages par des cyclones, elle est d'une valeur
à peu près inestimable.

L'amiral Mascarenhas en prit possession en 1510 pour le
Portugal et la baptisa du nom de Cerne. Plus tard, en 1598,
elle passa entre les mains des Hollandais qui l'appelèrent Maurice, mais l'abandonnèrent bientôt après, n'en reconnaissant pas
l'utilité. Devenue colonie française en 1721, sous le nom d'Isle-
de-France, Maurice prit quelque essor particulièrement sous
Labourdonnais, et la population, maintenant encore, conserve
un monument élevé en son honneur. Sa prospérité et sa situation, qui permettaient aux flottes françaises de faire des
courses heureuses et menaçaient de ruiner le commerce de
l'Angleterre avec l'Inde, attirèrent l'attention des Anglais et décidèrent la conquête de 1810. De ce moment date l'épanouisse-
ment de la colonie ; il s'est conservé jusqu'à ce jour malgré des
crises difficiles telles que l'abolition de l'esclavage, la grande
épidémie de fièvre, la disette de l'année 1867, enfin, malgré
l'ouverture du canal de Suez qui diminue la fréquentation de
cette station à moitié route des Indes. Voilà ce qui a fait donner à juste titre à Maurice le nom de *Perle de l'océan Indien*.

Sa superficie est de 322 milles géographiques carrés, dont le
quart environ, c'est-à-dire la partie septentrionale, est plat. Le
reste est formé par des plateaux s'élevant jusqu'à 400 pieds au-
dessus de la mer, et par de hautes chaînes de montagnes qui
ont jusqu'à 2,000 pieds.

Comme le prouve sa conformation géologique, l'île est certainement d'origine volcanique, et c'est assurément aussi de la
lave calcinée qui constitue ce sol dont la fertilité est si extraordinaire. Maurice a plusieurs fleuves ; mais, par suite de la confi-
guration du terrain et du climat, ils sont plus ou moins torren-
tueux.

Le climat est en général très-agréable ; dans les parties hautes de l'île il est très-sain. On peut distinguer deux saisons. De décembre à avril règne la saison de la sécheresse et de la chaleur : c'est la période des cyclones ; pendant le reste de l'année les pluies sont fréquentes et la température s'abaisse considérablement ; c'est ainsi qu'on a observé sur les plateaux une température minimum de 10° Celsius. Le vent alizé du sud-est souffle presque toute l'année et tempère la chaleur excessive de l'été.

La population totale de l'île Maurice se compose d'un peu plus de 330,000 âmes et se divise, suivant l'origine, en Anglais (environ 50,000), Français, mulâtres, Madécasses et Indiens. Ces derniers sont, soit des colons, soit des travailleurs engagés pour les plantations ; ils atteignent le chiffre considérable de 220,000 et composent la plus grande partie des habitants. L'idiome généralement usité dans cette population mêlée est le créole [1], français très-corrompu ; mais les classes élevées se servent du français. L'anglais est surtout employé dans les bureaux et d'ailleurs n'est ordinairement parlé que par des Anglais. Quant à la religion, les Mauriciens se divisent en catholiques, protestants, mahométans et sectateurs de Brahma.

Depuis quelque temps l'état sanitaire de l'île laisse beaucoup à désirer. Une population relativement dense, plus de 10,000 têtes par mille carré, et principalement composée d'Indiens, le défaut de propreté, une canalisation défectueuse, et d'autres causes semblables ont rendu endémique la fièvre per-

---

1. Cette langue, dans la vie ordinaire, ne sert qu'à se faire comprendre et n'a qu'un nombre de mots limité. Pour toutes les expressions dont la signification est quelque peu semblable on n'emploie toujours qu'un mot. Ainsi le créole rend toutes les nuances possibles de *voir* par *guetter*. Tout sentiment agréable est désigné par le mot *content*. Enfin, l'usage de *va* et de *fini*, comme verbes auxiliaires, produit un son comique ainsi que les différentes combinaisons qui en résultent : *Moi fini commencé ; moi fini finir.*

nicieuse qui s'était déclarée pour la première fois en 1867. Les ravages causés cette année-là par cette épidémie sont incroyables. 35,000 personnes succombèrent à cette seule maladie, et le manque de quinine, survenu en même temps, a grassement contribué à ce triste résultat. L'once de ce médicament coûtait, dit-on, alors plus de 180 dollars, c'est-à-dire environ 972 francs. La fièvre a maintenant beaucoup diminué ; cependant, sur l'ensemble des décès, il y en a 50 pour 100 attribués à cette cause. Le choléra aussi y fit irruption et, tout récemment, l'île a été visitée par une rougeole très-maligne.

Tout cela explique facilement les ordres de quarantaine si sévères et si inexorablement exécutés à Maurice. Dans ces derniers temps, on a beaucoup fait pour améliorer la santé publique, et le fonctionnement de la commission de salubrité, établie depuis peu, promet le retour de l'état sanitaire autrefois si vanté de l'île.

Grâce à sa fertilité, à son climat humide et tropical, toutes les plantes poussent et prospèrent à l'île Maurice ; cependant la canne à sucre, qui, nous l'avons dit, constitue sa richesse, et dont les plants couvrent le quart de sa superficie, soit environ huit milles carrés, y est presque exclusivement cultivée. Le sucre de canne obtenu ici constitue le neuvième de la production totale du globe ; la moyenne est de 120,000 tonnes et la valeur approximative est de 70 millions de francs.

La culture si lucrative de la vanille fut autrefois aussi importante. Toutes les circonstances favorables à la prospérité de cette plante se rencontrent à Maurice ; mais, bien qu'on y eût obtenu les plus belles cosses, on fut longtemps sans savoir les sécher convenablement. En outre, de fréquents vols du fruit à peine mûr causèrent aux propriétaires de grands préjudices, et arrêtèrent l'essor de cette culture. Mais, en se servant des moyens employés à Bourbon, on apprit à l'île Maurice à manipuler la vanille, si bien qu'aujourd'hui elle peut supporter la comparaison avec la meilleure du monde. Une loi a été également promulguée pour arrêter le vol des cosses ; la production augmente rapidement et atteint dès aujourd'hui une valeur annuelle de 250,000 francs.

L'élevage des bestiaux est fort négligé ; Maurice tire du dehors les approvisionnements nécessaires à son alimentation et cela explique en partie son commerce considérable.

Voici à grands traits en quoi il consiste : on exporte du sucre et du rhum en Angleterre, du fer travaillé et des cotonnades à Madagascar, tandis qu'on importe de l'Inde du riz, de Madagascar des animaux de boucherie, et d'Europe tous les autres objets de luxe ou de nécessité; l'Amérique du Sud fournit des mulets et du guano. En 1872, la valeur totale de l'exportation était de 81 millions de francs, celle de l'importation de 67 millions et le commerce s'est effectué par environ 600 grands navires entrant et sortant.

Ces quelques données suffisent pour juger l'île et pour reconnaître qu'à Maurice tout se concentre autour du sucre et de la navigation; passons maintenant à Port-Louis, la seule ville importante de l'île, le centre des affaires et du commerce.

Port-Louis compte environ 60,000 habitants ; elle est située sur la pente presque nord-ouest du Pouce et sa plus grande extension est le long de la mer. Ses rues sont larges et se coupent à angle droit; elles se composent surtout de maisons de bois à un étage et de charmants petits jardins; les constructions en pierre, plus rares, sont réservées d'ordinaire aux édifices publics. En général, l'architecture indique qu'on se trouve dans la région des cyclones où, autant que possible, il faut éviter toute construction en hauteur.

On quitte le vaisseau en mettant pied à terre près du *Chien de plomb*, nom donné au débarcadère, puis on arrive, après avoir traversé les rails du chemin de fer qui suit le rivage, sur une grande place entourée de grands et jolis édifices — appelée place Labourdonnais. Elle est plantée de deux rangées de fort beaux arbres et au fond s'élève le palais du gouverneur, bâti moins en considération de la beauté extérieure qu'en rapport avec

Place Labourdonnais.

les besoins résultant de la chaleur tropicale. Au milieu, en avant des arbres, se dresse la colossale statue en bronze de Labourdonnais, dont les Mauriciens ont gardé le plus fidèle souvenir.

Au matin, le commerce est des plus animés en cet endroit. Les bateaux débarquent à terre des quantités de marchandises que d'innombrables chariots reçoivent et transportent plus loin ; à chaque instant, les trains de chemins de fer parcourent

le quai sans donner d'autre avertissement qu'un petit coup de
sifflet, et des files serrées de voitures de louage sont constamment en mouvement. Ici, le chargement avarié d'un navire est
mis à l'enchère en pleine place ; là, on voit passer une longue
file d'Indiens aux habits de couleurs très-diverses ; ils ont
achevé le temps de leur contrat de service et s'embarquent
pour retourner dans leur patrie.

Mais, à quatre heures de l'après-midi, les choses se passent
tout autrement. Toute vie a disparu, les nombreuses boutiques
sont fermées, et ce n'est qu'isolément qu'on voit des gens d'affaires attardés courir en toute hâte vers la gare du chemin de
fer, afin de prendre le dernier train.

Depuis l'épidémie, qui a particulièrement sévi dans la ville,
Port-Louis a un peu changé de caractère ; autrefois elle était
exclusivement habitée par la haute classe, qui vit maintenant
à la campagne le plus haut possible au-dessus du niveau de la
mer et ne vient à la ville qu'au moment des affaires, c'est-à-
dire de dix à quatre heures. Il n'y reste généralement que de
pauvres créoles indiens et chinois, tandis que des rues entières,
ornées des plus charmantes habitations, sont comme dépeu-
plées. Par-ci par-là seulement, lorsqu'a lieu une représentation au théâtre ou un concert de bienfaisance, les volets s'ouvrent de nouveau ; on entend toucher du piano ou chanter ;
dans les féeriques jardins on voit de jolies femmes, qui, la plupart
vêtues de blanc et assises dans de confortables fauteuils élasti-
ques, observent les passants. Cela permet de se faire une faible
idée de la vie agréable et joyeuse qui, au dire unanime de
chacun, régnait à Port-Louis avant l'épidémie.

Celui qui veut étudier les classes inférieures de la population de Port-Louis, doit le visiter dans la matinée. Ce vaste
emplacement entouré d'une solide grille de fer est bien planté

et tenu avec la plus grande propreté ; à l'abri d'un toit supporté par des colonnes de fer, on trouve toutes les marchandises imaginables. Là sont entassés des monceaux de verdure. Debout devant l'étalage est une femme au teint bronzé et vêtue d'un léger vêtement rouge ; un grand anneau informe est passé à son nez, elle en porte également aux mains et aux pieds. C'est une Indienne aux yeux brillants ; son langage est empreint de toute la passion de sa race quand elle débat le prix de sa marchandise avec le matelot qui va aux provisions.

Plus loin, on voit mise en vente, une viande dont l'aspect est des plus appétissants ; puis ce sont d'innombrables poissons et des huîtres dont un mulâtre vante la qualité dans son créole si comique.

De tous côtés rôdent des Chinois, reconnaissables à leur habillement, composé d'une blouse et d'un collier ; un pâle créole français qui vend des fruits se réjouit, au contraire, d'avoir comme chalands les matelots d'un navire de guerre, parce qu'ils achètent sans marchander.

Les fleurs magnifiques sont à vil prix ; aussi chaque fantassin anglais, dont la tunique rouge-écarlate est boutonnée jusqu'en haut, malgré la chaleur tropicale, s'achète un joli bouquet rien que pour plaire à la gracieuse Madécasse vêtue à l'européenne qui le lui offre.

Outre la foule pittoresque qui s'offre au visiteur dans le bazar, cet endroit mérite d'être vu à cause du grand ordre et de la propreté qui y règnent, et, si on le compare aux marchés en pleine rue encore existants dans la plupart de nos villes, on ne peut se défendre d'un sentiment de confusion.

Si le visiteur quitte le bazar pour suivre la rue Bourbon, où presque toutes les boutiques sont tenues par des Chinois, et contiennent les marchandises les plus diverses, il arrive alors

16

à l'église catholique, beau monument gothique surmonté de deux clochers très-bas et entouré d'un beau parc, du palais épiscopal, du presbytère et du collége des jésuites.

Tout près de là est encore le petit théâtre, fermé cependant la plupart du temps. Le prix élevé de la traversée ne permet pas ici le luxe de troupes d'opéra; des bandes de jongleurs, des Siamois de passage et des évoqueurs d'esprits s'y montrent seuls de temps en temps. Ces derniers donnent réellement les preuves les plus extraordinaires de leur art.

Nous fîmes ensuite un tour sur « la chaussée », où se trouvent les magasins élégants ; nous visitâmes les grandes casernes bâties par les Hollandais, le lycée avec ses constructions petites, mais d'un extérieur coquet, le temple anglais et la mosquée ; après avoir vu ainsi les curiosités de la ville, nous nous rendîmes par les rues magnifiques de Waterloo et du Rempart, au Champ-de-Mars dont les Mauriciens sont si fiers. L'impression en effet est très-agréable quand, après avoir suivi ces rues interminables, on arrive à ce beau pré vert, entouré d'allées touffues ; il a vraiment dû être charmant aux bons temps de Port-Louis.

La société s'y réunit une fois chaque année, à l'occasion des courses de chevaux qui ont lieu au commencement du mois d'août, à l'époque des vacances scolaires, et qui sont devenues une fête populaire.

Le séjour de la corvette ne devait être que de dix jours ; mais, en faisant l'inspection de la mâture, nous reconnûmes que le mât de beaupré était si pourri qu'il devenait absolument nécessaire de le changer. Ce travail exigeant au moins cinq à six semaines, il ne fallait pas songer à partir avant la mi-juin.

Ainsi assurés d'un plus long séjour et n'ayant plus à redouter pour nos excursions de touristes le préjudice causé par la re-

cherche de la société, nous nous mîmes joyeusement à la disposition de notre aimable consul, M. Wilson, chef d'une maison de commerce à Maurice, pour nous présenter dans le
monde mauricien. Grâce à son obligeante entremise, nous entrâmes très-rapidement en relation avec les hautes autorités et
les principales familles, où nous trouvâmes un accueil très-
cordial.

La haute société de Maurice se divise en deux clans qui,
par suite de leur origine et de leurs mœurs différentes, restent
hostiles et n'ont entre eux que des rapports commerciaux.

Le plus considérable comprend la majeure partie des planteurs, leurs familles et quelques commerçants isolés ; c'est le plus
ancien dans la colonie, il descend des meilleures familles roya-
listes de France. Le fond du caractère de ces créoles est resté
français ; mais ils ont généralement subi l'influence énervante
du climat. A l'opposé des Français d'Europe, l'énergie et l'esprit d'initiative leur font défaut ; aussi, leur prospérité diminue,
lentement, il est vrai, mais d'une manière sensible, et le capital
passe dans les mains anglaises. A l'encontre de leurs gracieux
compatriotes d'Europe, les créoles français n'ont plus entre eux
que de rares relations de société ; ils se bornent à quelques
solennités pompeuses et ne se voient plus le reste de l'année.

Il en est tout autrement de la colonie anglaise. Elle se compose des fonctionnaires, des officiers, des propriétaires de maisons de commerce et de quelques planteurs. Elle est en
rapports suivis avec la mère patrie où beaucoup de ses membres sont nés ; il y règne le meilleur ton, une vie sociale active, les mœurs et les usages de l'Angleterre.

Cette race anglo-saxonne possède une force qui en a fait une
grande nation, mais ne rend possible la vie sociale que si les
explosions de sa rudesse sont comprimées par une sévère con-

trainte de formes. Malgré la nécessité d'une toilette irréprochable, qu'il est agréable de fréquenter librement ces
jeunes Anglaises instruites et vêtues d'étoffes coûteuses, mais
sans goût, qui savent qu'un gentleman ne dépassera jamais certaines limites, tandis que la créole, habillée d'après la dernière
mode de Paris, est ennuyeuse ou se montre elle-même assez
sans-gêne.

En sa qualité d'Anglais, notre consul nous introduisit presque exclusivement dans des maisons anglaises. La première glace
une fois rompue, leur hospitalité nous absorba complétement,
et, par suite, nous eûmes peu de contact avec la société française.

Comme nous l'avons dit, quiconque à Maurice en a le moyen,
vit à la campagne, c'est-à-dire sur les plateaux de l'intérieur.

A quatre heures de l'après-midi, tout le monde quitte la ville
pour rentrer dans sa maison d'Eurepipe, de Mokka, de la plaine
Williams, d'où chacun revient le lendemain matin à dix heures.

Grâce à notre accès dans des maisons de campagne situées dans les parties les plus diverses de l'île, nous pûmes
visiter à fond cette île très-riche en beautés naturelles. Danses,
concerts, chasses ne manquèrent pas non plus pour nous dédommager de notre long séjour loin du monde.

Lynnwood surtout, charmante villa de M. Wilson, et aussi
Forest-Side, maison de campagne de son beau-père, l'honorable F.-M. Dick, furent le rendez-vous des officiers de l'*Helgoland;* grâce à la cordialité de notre cher consul, à celle de
sa mère et de sa sœur, Mrs. et Miss Dick, les jours que nous avons
passés en cet endroit resteront longtemps gravés dans notre
mémoire.

Le samedi soir nous y arrivions le plus souvent à six ou huit
par le chemin de fer ou en voitures, nous dînions à Lynnwood

où nous passions la soirée la plus charmante. Après avoir fait
de la musique et chanté, nous nous séparions à une heure
avancée, et les maîtres de la maison prenaient le « Brandy and
Soda », boisson qu'on boit toujours dans les colonies avant de
se coucher. A Lynnwood, la maison n'était pas assez grande
pour coucher des hôtes aussi nombreux que nous l'étions souvent. Aussi quelques-uns de nous furent-ils logés, — ce qui

Lynnwood.

est très-agréable, sous les tropiques, — dans une tente dressée
dans ce but pendant notre séjour.

Le dimanche, jour pendant lequel les Anglais cessent toute
affaire, se passait le plus souvent à de plus longues excursions.
C'est ainsi qu'un jour nous quittâmes Lynnwood pour prendre le train à la station du chemin de fer de Rose-Hill. De là
nous devions aller à Cluny, plantation appartenant à un grand
ami de notre hôte.

Le chemin qui conduisait à la voie ferrée traversait le gracieux

Mokka, qui tire son nom d'anciennes plantations de café, et où se succèdent de charmantes villas ; nous passâmes près de l'élégante chapelle protestante, puis, après avoir longé le magnifique parc de Réduit, résidence de campagne du gouverneur actuel, nous avançâmes entre de verdoyants champs de cannes à sucre jusqu'au moment où nous atteignîmes enfin la petite gare de Rose-Hill.

A droite, à nos pieds, s'étendait l'infini de la mer bleue, sur laquelle apparaissait de place en place une voile blanche ; devant nous était cette coquette petite localité avec sa ceinture de rochers escarpés et bizarrement contournés au dernier plan, et à laquelle on a donné, sous prétexte de ressemblance, le nom de Corps-de-garde ; à gauche, aussi loin que l'œil pouvait atteindre, s'étalaient de verts champs de cannes à sucre entrecoupés çà et là par la cime de quelque colline volcanique ; paysage ondoyant, du milieu duquel se dressaient les hautes cheminées des fabriques. Le tableau était animé par une population nombreuse proprement vêtue qui se rendait à l'église ; des Indiens aux habits bigarrés qui employaient le jour du repos à se promener, et cette humeur de jour de fête trouvait un écho dans nos cœurs. Au reste, le ciel était bleu, le soleil pur et l'ardeur de ses rayons tempérée par le souffle rafraîchissant de l'alizé.

Nous arrivâmes juste à l'heure ; à peine avions-nous pris nos billets que le train s'arrêta, et, comme il ne reste pas longtemps en gare, nous fûmes bientôt en route. La ligne que nous prenions était la Midland-Line qui, traversant l'île, va de Port-Louis à Mahébourg [1].

1. Maurice possède actuellement deux lignes ferrées qui partent toutes deux de Port-Louis. L'une, la Northland-Line, a une longueur de 6 milles géographiques 1/4. Elle se dirige vers la partie nord de l'île, traverse la plaine dans une certaine étendue et se termine près de la *Grande-Rivière* S.-E ; l'autre,

Aux stations un public endimanché se pressait : des créoles noirs, comme on appelle ici les mulâtres, des Indiens et des négresses avec des vêtements européens qui leur donnent un air si comique, employaient le jour de liberté à faire des visites à leurs connaissances des autres plantations ; le grand nombre de soldats, lesquels montaient de préférence sur l'impériale des wagons, montrait aussi que les militaires aimaient à changer d'air.

La scène, jusqu'à Eurepipe, resta toujours telle que nous venons de la décrire ; elle devint seulement plus animée par suite des maisons de plus en plus nombreuses ; à mesure que nous approchions de cet endroit, elle prit peu à peu un caractère romantique et se changea en une forêt vierge coupée de profonds ravins. C'étaient les derniers débris de la grande forêt qui couvrait autrefois l'intérieur de l'île ; elle n'a pas encore cédé la place à la canne à sucre parce que, sur cette partie la plus élevée de l'île, le climat est peu favorable à sa culture. Les parcs reparurent enfin ; vers le sud-est nous aperçûmes la mer, et le train nous déposa à notre lieu de destination.

Après avoir cheminé quelques instants dans une magnifique allée de palmiers entre des plantations bien soignées de cannes à sucre, nous arrivâmes à un petit parc au centre duquel s'é-

appelée Midland-Line, traverse la partie centrale de l'île ; elle passe par le plateau d'Eurepipe, où, près de la station de ce nom, elle atteint une hauteur de 1,800 pieds au-dessus de la mer ; elle redescend ensuite. Cette élévation est considérable pour une voie ferrée ayant sept lieues de longueur ; la pente est dans la proportion énorme de 1/27 (pour une longueur totale de près d'une demi-lieue) ; il faut donc employer des locomotives très-puissantes et un système de freins particulier. Sur la Midland-Line, principalement, on a dû construire de nombreux travaux d'art ; — le pont de fer jeté sur la *Grande-Rivière* N.-O. a cinq arches longues de 126 pieds ; — aussi les frais d'établissement s'élèvent à plus de 2 millions et demi de francs par lieue. L'entreprise commence, néanmoins, à faire des bénéfices et l'on songe déjà à exécuter un embranchement pour desservir les plantations, surtout celles du riche district de Savanne.

lève l'habitation du propriétaire de Cluny, M. Macpherson. Ce loyal Écossais, portant le beau costume de son pays natal, peu pratique peut-être sous les tropiques, nous reçut très-cordialement et, après nous avoir fait servir des rafraîchissements, nous invita à visiter la plantation.

Nous parcourûmes, d'abord, les champs très-étendus, puis la fabrique, tenue avec une exquise propreté; notre hôte nous donna très-gracieusement des détails sur la culture de la canne, à Cluny, et, comme cette culture est à peu près la même dans toute l'île, je vais les résumer en quelques mots.

Les cannes plantées à Maurice n'ont pas toutes la même provenance; celles que l'on rencontre le plus souvent viennent des Indes, de Batavia, de Taïti et tout récemment de la Nouvelle-Calédonie.

Pour couper les cannes, les broyer avec des machines et clarifier le suc, on se sert des méthodes ordinaires et connues; cependant les fabriques de Maurice se distinguent de celles que j'ai vues ailleurs par une disposition mieux appropriée à leur but et par une propreté des plus minutieuses. Les chaudières sont continuellement en usage, de même que les turbines, pour séparer le sucre du sirop. Le sirop est livré aux distilleries de rhum, dont le nombre est de trente-huit à Maurice et, pour l'étendue totale de l'île, on a atteint, en 1872, le chiffre de 87,000 muids de rhum.

Comme cette récolte dépend, plus que toute autre, du temps, il se produit souvent à l'improviste des désastres, par suite de cyclones ou de maladies sur les cannes.

La situation des engagés indiens est une des questions les plus sérieuses; sa solution a une grande importance sur l'avenir des plantations et, par suite, sur la prospérité de Maurice, et occasionnait justement, pendant notre présence, une grande agitation dans les cercles des planteurs. Actuellement (1873), on trouve à Maurice plus de 230,000 personnes natives de l'Inde.

L'engagement des coolies se fait ainsi : il existe à Maurice un protectorat des ouvriers émigrants et un dépôt, tandis qu'à Madras et à Bombay sont établies des agences qui envoient des recruteurs dans les divers endroits. Lorsqu'un planteur a besoin d'ouvriers, il s'adresse au dépôt qui les fournit. En arrivant à Maurice, les coolies sont logés au dépôt ; on leur donne un numéro et on constate leur nationalité ; ils reçoivent ensuite un passe-port avec leur photographie qu'ils doivent toujours porter sur eux.

Lorsque les planteurs ont payé le prix du passage (quatre livres sterling), ils reçoivent les ouvriers demandés. Chaque famille trouve, à son arrivée, sur les plantations une hutte particulière ; toute plantation doit également être pourvue d'un grand hôpital en rapport avec le nombre des ouvriers ; il est visité deux fois par semaine par un médecin nommé à cet effet.

Ce que nous vîmes de ces dispositions, à Cluny, produisit sur nous la meilleure impression. Les huttes qui composaient le « camp » étaient très-spacieuses et pourvues de jardins potagers convenables, l'hôpital était construit avec intelligence, installé et tenu avec la plus grande propreté.

Tout cela considéré, le sort des ouvriers agricoles ne paraît pas très-pénible, surtout parce que, le plus souvent, le travail exigé n'est pas excessif ; une famille peut en outre gagner de l'argent, parce qu'en dehors des travaux du père, les autres membres trouvent toujours de l'occupation convenablement rétribuée.

Quand les cinq années de service stipulées par le contrat

sont écoulées, les coolies, alors désignés sous le nom d'*Old immigrants,* recouvrent leur liberté. Ils acquièrent dès lors une situation particulière et peuvent à certaines conditions se réengager.

La peinture de cette situation m'a entraîné au delà du cadre que je m'étais tracé d'abord; je reviens à la visite de Cluny, que nous terminâmes par celle du jardin de la maison soigneusement entretenu. De beaux thés, des quinquinas et des vanilliers nous offrirent un intérêt particulier.

En allant à la station, nous trouvâmes les Indiens en grand mouvement. C'était l'époque du Yamseh, ou fête du Moharrum, dans laquelle les Indiens portent le deuil, à l'occasion du différend survenu lors de la succession de Mahomet, et célèbrent en même temps la victoire d'Ali, gendre du Prophète. Chaque commune prépare, ce jour-là, une procession solennelle dans laquelle on promène un ghun, construction de bois et de carton ayant la forme d'une pagode et richement décorée d'oripeaux.

Comme plus tard à Port-Louis, il nous fut donné de contempler un défilé de ce genre. Des individus couverts des habits les plus variés ouvraient la marche et simulaient la petite guerre à coups de bâtons, en poussant de grands cris. Le ghun était suivi par des prêtres et la masse des croyants qui, au bruit d'un gong, poussaient des « ya Hossan », « ya Hossan » et autres lamentations. Ces processions durent jusqu'à une heure avancée de la nuit; elles se terminent ordinairement par une redoutable explosion de fanatisme, parfois aussi par des luttes sanglantes, et les gens de la police ont la plus grande peine à disperser la multitude emportée par la passion.

J'ai dit précédemment que, pendant notre séjour à Maurice, nous prîmes très-souvent part à des chasses au cerf; comme

elles diffèrent des nôtres et constituent un sport tout particulier
à l'île, à cause de l'abondance du gibier, je vais en faire ici une

. Cortége de fête avec le ghun.

courte description. Les cerfs de Maurice [1], plus grands que ceux

1. Il y a dans la ménagerie de Schönbrunn un cerf et deux biches dont le
commandant de la corvette lui a fait cadeau.

ramenés avec nous, habitent les plateaux de l'île et se rassem-
blent en grandes troupes, dont l'ensemble atteint au moins le
chiffre de 10,000 têtes. Bien que conviés à toutes les parties de
chasse, qui ont lieu presque toutes les semaines au commencement de la saison (15 mai), nous acceptâmes de préférence les
invitations de MM. Stein et Antelme, parce que leurs propriétés
se trouvent à Eurepipe, immédiatement derrière la maison de
campagne de M. Dick, notre séjour habituel.

C'était l'ouverture de la chasse. Pour recevoir les officiers
de l'*Helgoland*, M. Dick a fait mettre en état, avec son amabilité ordinaire, une maison pour l'instant inoccupée. La soirée se
passa aussi agréablement que d'habitude, et le matin, avant
sept heures, le consul à notre tête, nous nous mîmes en route
dans le costume le plus bizarre.

Après quelques retards, nous arrivâmes, enfin, avant l'heure
indiquée au rendez-vous de chasse de M. Stein, où celui-ci,
entouré d'une grande escorte de chasseurs mauricéens, nous
reçut très-amicalement. J'avais éprouvé d'abord des craintes
au sujet de notre accoutrement de chasse incontestablement
quelque peu extraordinaire ; mais, en voyant ces messieurs, j'é-
prouvai un sentiment tout opposé. Maintenant je ris en songeant à l'aspect comique de ces vêtements de toutes les couleurs, à la variété des coiffures, au parasol que tient une main
et au fusil que porte l'autre.

Quand tous les invités, au nombre de quatre-vingt-dix, furent réunis, nous fîmes un solide déjeuner ; puis chaque
chasseur accompagné d'un porteur pour les provisions se
rendit à son poste. Le grand district, composé d'un pays
accidenté et en partie boisé, était cerné de trois côtés par
une ligne de chasseurs, tandis que les piqueurs s'avançaient
avec les chiens du quatrième côté vers le centre et rabat-

taient le gibier, dont nous vîmes une centaine de têtes.

Les meilleurs postes nous furent courtoisement octroyés ; M. Stein nous donna les indications nécessaires sur la portée des fusils, le gibier à abattre, — et nous autorisa exceptionnellement à tuer tout ce qui se présenterait devant nous, tandis que les autres ne pouvaient tirer que sur des cerfs ; — je m'établis à mon poste et je jetai un coup d'œil sur les environs.

Je me trouvais sur une colline, et, lors même que je n'aurais vu aucune pièce de gibier, j'aurais été très-largement récompensé d'avoir pris part à cette expédition, qui, au fond, était plutôt une partie en liberté qu'une chasse, par le panorama magnifique qui se déroulait devant moi.

Je n'avais pas d'ailleurs beaucoup de temps pour admirer. Le signal retentit, et une fusillade nourrie sur ma droite annonça que le gibier se mettait en mouvement. En effet, j'aperçus bientôt une harde d'au moins soixante têtes traverser la ligne à six postes de moi ; un feu nourri retentit bientôt ; près de mon second voisin de gauche défilait une bande sans fin, qui se montrait aussi sur la droite ; je me tenais prêt à tirer au plus épais, lorsqu'un trépignement retentit tout à coup dans les buissons et qu'une troupe de trente têtes environ passa au grand galop à dix pas à peine de moi. Comme c'étaient des biches, je les laissai passer, parce que je voulus me conformer à la recommandation faite aux chasseurs indigènes.

Le gros du gibier était maintenant passé, et mon porteur estimait que j'avais largement le temps de fumer un cigare avant que le reste des animaux parût. Pour avoir du feu, j'allai trouver mon voisin de gauche, qui entendait parfaitement le confort à la chasse, car, étendu sur un plaid, il lisait tranquillement sa *Commercial Gazette* à l'ombre du parasol que tenait son porteur. Celui-ci avait pour consigne de signaler toute pièce de gibier, et, le cas échéant, la carabine posée à portée de la main remplaçait rapidement le journal.

Bien que mon voisin m'assurât qu'il ne fallait pas attendre le gibier de sitôt, des détonations répétées commencèrent à retentir à ma droite, lieu évident du passage principal. Fermement résolu à ne plus rien laisser échapper, et prêt à faire feu, je surveillai attentivement le pays en face de moi ; mais, pendant longtemps, je ne pus rien découvrir à ma portée ; j'aperçus enfin une magnifique tête de cerf qui me regardait tranquillement et devait appartenir à un animal très-près de moi, mais caché par un buisson. Tout à coup mon voisin de droite fit feu, le cerf partit et passa au galop devant moi, se dirigeant vers la gauche. Bien décidé cette fois, je tirai et réussis à loger ma balle dans le train de derrière de l'animal qui tomba. Mais mon voisin au journal lui envoya malheureusement le coup de grâce avec une rapidité à laquelle je ne m'attendais pas et m'enleva ainsi une proie assurée.

Du gros gibier, mais le plus souvent hors de portée, passa encore ; il était déjà tard et il fallait s'attendre au signal de : « cessez le feu » à cause du voisinage des chiens ; dans mon mécontentement j'étais sur le point de déposer mon fusil, lorsqu'une biche se montra tout à coup en face de moi, à soixante-dix ou quatre-vingts pas. Jusqu'alors je n'avais pas profité de la permission de tirer sur ces animaux, mais maintenant, moitié par amusement, comme cela arrive souvent, je ne pus résister à la tentation. L'animal fit un saut et disparut dans le buisson. J'en conclus que je l'avais manqué et je m'en réjouis, car presque aussitôt retentit le signal de cesser la chasse ; en retournant au pavillon, mes compagnons m'assurèrent qu'aucun d'eux n'avait tiré sur des biches.

Arrivés à la maison, nous prîmes un somptueux repas de

chasse, puis eut lieu la revue du butin. Cinquante-quatre cerfs et deux biches étaient tués ; il me fallut malheureusement reconnaître pour ma chasse une de ces dernières, trouvée en face de mon poste. Quoique M. Stein rit de tout cœur de l'aventure, personne ne reconnut l'autre biche, et l'on en conclut qu'elle avait été tuée par une balle destinée à un cerf.

Dans l'après-midi , nous fîmes une seconde battue. En somme, peu de gibier fut tué, et au bout de deux heures la chasse cessa.

Je serais entraîné trop loin si je voulais décrire toutes nos parties de plaisir isolées et toutes les fêtes organisées en notre honneur ; mais, avant d'en finir avec Maurice, je me crois obligé, pour mes lecteurs romantiques, de parler au moins d'une excursion au tombeau de Paul et Virginie.

Une après-midi, nous allâmes à la gare afin de gagner Pamplemousses, station située sur la Northland-Line. Nous étions trois et nous avions chacun un but différent. L'un tenait à visiter l'observatoire qui se trouve en cet endroit, le second désirait voir le jardin botanique ; pour moi, mon intention était de faire ces deux visites et de pousser jusqu'au célèbre tombeau construit non loin de là.

Le chemin de fer qui traverse le pays plat et fertile de la partie nord de l'île, ainsi que l'indique le nombre des stations Terre-Rouge, Riche-Terre, Calebasses, nous déposa bientôt à destination. Notre compagnon, l'amateur des sciences naturelles, craignant qu'à l'approche du coucher du soleil les papillons ne disparussent du jardin, nous allâmes d'abord au jardin botanique. Pamplemousses est un endroit on ne peut plus charmant et se compose de villas et de maisons parfois très-jolies, groupées autour d'une jolie église, mais notre attention fut surtout captivée par le grand cimetière catholique. Entre de

magnifiques groupes d'arbres et des parterres de fleurs en -
tretenus avec soin, nous rencontrâmes parfois des tombeaux qui
étaient de véritables œuvres d'art. C'étaient des sépultures
des principales familles de l'île, comme nous le reconnûmes
aux inscriptions qui contenaient beaucoup de noms illustres
de l'histoire de France.

Nous continuâmes notre route, et, un quart d'heure après,
nous arrivâmes au beau portail du jardin botanique. Sur le vu
de notre lettre d'introduction et de présentation, le directeur du
jardin, M. Horne, s'empressa de se mettre à notre disposition
pour nous conduire.

Dans le fond du jardin, remarquable par ses allées de pal -
miers, existe un étang avec quelques îlots charmants et des
plantes aquatiques très-jolies, parmi lesquelles le lotus aux
fleurs blanches et bleues excite l'étonnement.

Après que M. Horne nous eut fait remarquer les diverses
plantes aromatiques : cannellier, muscadier, etc., ses fleurs
charmantes et ses fougères, nous le remerciâmes de tout cœur
et nous quittâmes enchantés ce jardin, ornement et gloire de
Maurice.

Pendant ce temps la journée s'était avancée, il s'agissait maintenant d'atteindre l'observatoire. C'était moi qui dirigeais
l'excursion ; grâce à cette circonstance, je réussis avec l'aide
d'un jeune garçon créole, notre guide, à choisir la route de telle
façon qu'elle passât près du tombeau de Paul et Virginie. Mes
compagnons, il est vrai, s'étonnèrent de trouver le chemin en
si mauvais état ; ils me suivirent néanmoins jusqu'à un épais
taillis coupé par un petit ruisseau. L'enfant s'arrêta alors et
dit : *Voici tombeau.* Mes compagnons comprirent le motif de
mon détour ; d'abord un peu fâchés du temps perdu, ils se li-
vrèrent bientôt et à bon droit à de joyeuses plaisanteries.

Tout le tombeau consiste en deux dalles ; il est entouré et couvert de buissons d'épine très-prosaïques et de quelques fleurs sauvages. Le sifflet des locomotives qui passent non loin de là ne vient ajouter aucune poésie à la scène.

Le mois de mai s'était écoulé de la manière agréable qu'on vient de voir, le nouveau mât de beaupré était terminé et installé, et l'appareil à distiller réparé ; le moment du départ était donc proche.

L'allée de palmiers au jardin botanique à Pamplemousse.

Il fallait donner maintenant à tous nos amis une preuve de reconnaissance pour l'accueil très-chaleureux qu'ils nous avaient fait. Nous convînmes donc de les convier à un bal à bord. La principale difficulté pour donner une fête se prolongeant dans la nuit était de procurer à nos hôtes la possibilité de regagner leurs maisons de campagne après la réception. Nous la surmontâmes heureusement en commandant un train spécial de nuit, puis nous fixâmes le jour et l'heure et

fîmes les préparatifs nécessaires. Les rôles furent bientôt ré-
partis. L'équipage nous fournit des décorateurs, des tapissiers
et des dessinateurs. L'*Helgoland* ressembla alors à un grand
atelier et, comme contraste avec les travaux de gréement qu'on
continuait sans interruption, on put voir sur le pont fabriquer
en masse des lampions, des transparents, et autres objets
analogues.

La veille de la fête on procéda à la décoration proprement dite
du vaisseau. Les tentes furent dressées et le pont divisé en deux
parties : l'avant servit de grande salle à manger et l'arrière de
salle de bal ; on le décora de drapeaux, de fleurs et de magnifiques feuilles de palmier qu'on nous envoya en abondance. Le
premier lieutenant offrit la dunette et la transforma pour les
dames en un pavillon véritablement charmant avec ses drape-
ries rouges et blanches ; le salon de conversation devint le
fumoir, l'appartement du capitaine servit à la toilette des dames,
le mess des officiers tint lieu de vestiaire pour les hommes ;
bref chaque coin fut utilisé afin de rendre à nos hôtes aussi
agréable que possible le séjour sur le sol autrichien.

Le grand jour était enfin arrivé et avec lui ces accès de désespoir causés par de petits désordres ; mais, grâce à notre chaloupe à vapeur qui traversa plusieurs fois la rade avec la rapidité
de l'éclair, tous les malheurs furent réparés à temps. Nous jetâmes partout un dernier coup d'œil : tout étant en ordre, nous
revêtîmes notre uniforme de parade, et attendîmes nos hôtes
avec impatience.

A deux heures parut le consul avec son aimable femme qui
consentit à se charger du rôle de *lady-patroness*. Peu à peu tous
nos hôtes arrivèrent, le gouverneur monta sur le pont aux accents
du « *God save the Queen* », et la fête commença. Nous fûmes char-
més de voir avec quel vif intérêt les dames suivirent les régates.

La distribution des récompenses excita une vive gaieté parce que, suivant un antique usage de notre marine, outre le prix donné au premier canot, on remit encore au dernier un drapeau sur lequel était peint un petit porc, et à l'avant-dernier un petit cochon de lait vivant et bien paré. Vint ensuite le luncheon qui se passa sans accident, malgré nos craintes secrètes, car nous étions plus de cent vingt personnes ; puis la nuit vint, le bal commença.

Il est bien rare que l'on danse aussi souvent et avec autant de plaisir qu'en cette occasion. Aussi nous fûmes très-largement récompensés de nos peines relativement petites en voyant que nos hôtes s'amusaient à l'envi, que la décoration du vaisseau et son illumination avec des lampions et des transparents formaient un cadre magique dans lequel se mouvaient les plus jolies apparitions. Le cotillon, ici totalement inconnu, fit la joie des Mauriciens.

Le nombre des invités diminua lentement, et le bal se termina enfin vers minuit avec le souper, puis ce furent les feux de Bengale, le tir des fusées volantes et du bouquet.

Le lendemain fut consacré aux visites d'adieu ; mille protestations d'amitié nous accueillirent ; cela fait, nous apprîmes que le docteur F... et mademoiselle W... avaient, dans le tumulte du bal à bord, trouvé l'occasion de s'avouer leur inclination réciproque, ils nous firent savoir, par la cérémonie des fiançailles, qu'ils avaient heureusement franchi ce pas, parfois si difficile.

Il nous fut bien plus pénible de quitter notre consul et sa famille que le reste de nos connaissances. Le dernier jour que nous passâmes avec lui dans sa villa restera longtemps présent à notre souvenir. Ni le repas ni la conversation ne furent aussi gais qu'à l'ordinaire ; une émotion visible s'empara alors de tout le monde, les beaux yeux des dames se voilèrent de pleurs et plus d'un parmi nous eut le regard troublé par des larmes cachées.

Avant d'échanger la dernière poignée de main, notre commandant dut satisfaire au désir aussi flatteur que sensé du consul en plantant devant la véranda, comme souvenir durable de l'*Helgoland*, un arbre qui fut baptisé du nom « Helgolandia Schafferensis. »

Le lendemain, 17 juin, nous mîmes sous vapeur, et à deux heures de l'après-midi l'*Helgoland* quitta le havre de Port-Louis.

Ainsi se termina une partie de notre campagne ; tous ceux qui y ont pris part s'en souviennent avec plaisir. Nous répétions du fond du cœur ces mots que nous avions écrits sur un transparent au moment de la fête d'adieu : *May Mauritius for ever !*

Quand la corvette eut quitté Maurice, personne à bord ne pensait certainement devoir revoir l'île de sitôt, et cependant il allait en être autrement.

Poussés par un vent favorable, nous doublâmes dès le lendemain la magnifique île de Bourbon avec son Piton de Fournaise couvert de neige, et le 22 juin nous nous trouvions par 26°,21' de latitude sud et 50°,57' de longitude est de Greenwich, ce qui correspond à une distance franchie de 500 milles. La veille l'on avait chauffé une des chaudières de l'avant pour distiller de l'eau, mais comme elle se montra très-endommagée, il fallut attendre au lendemain pour produire de la vapeur après l'avoir réparée ; on ne réussit pas davantage, et il ne resta plus au chef mécanicien qu'à annoncer au commandant que, pour le moment du moins, il était impossible de distiller et que même pour l'avenir il ne fallait pas compter sur cette ressource.

Madagascar était la terre la plus voisine, mais nous n'avions pas la certitude d'y compléter la provision d'eau. Maurice, en outre, se trouvait à une distance déjà grande ; la position était donc critique. Après mûre réflexion, le commandant se décida à revenir à Port-Louis comme au havre le plus convenable dans cette circonstance et réduisit la portion d'eau à un setier par tête et par jour. Avec ce changement de route l'alizé nous arrivait contraire ; il nous fallait huit à dix jours de voyage, et,

Jardin botanique à Pamplemousse.

malgré le rationnement parcimonieux, l'approvisionnement d'eau était loin de suffire.

Le voyage s'effectua plus rapidement aussi que nous ne nous y attendions, et, dans la nuit du 28 au 29 juin, nous nous retrouvâmes en vue de Maurice. Le lendemain dans la matinée, nous doublâmes l'île, et, à quatre heures de l'après-midi, l'ancre fut jetée dans le havre de Port-Louis.

C'était justement un dimanche, et notre excellent consul se

dérangea de son déjeuner pour venir saluer le vaisseau de guerre autrichien qui arrivait et que tout le monde croyait être la corvette impériale *Der herzog Friedrich* attendue à Maurice. Son étonnement fut donc grand de saluer l'*Helgoland*, et il témoigna sa joie de nous revoir avec une cordialité évidente qui produisit sur nous l'impression la plus profonde. Naturellement, il nous fallut lui raconter ce qui était arrivé et l'accompagner à terre où il avait fait préparer un dîner destiné à des marins à demi morts de faim.

La chaudière étant hors d'état de réparation, il ne resta plus qu'à augmenter le nombre des tonneaux à eau, mais grâce à un heureux hasard, il y en avait des quantités sur la place, qui nous permirent d'avoir un approvisionnement suffisant pour soixante-dix jours.

Les travaux d'installation exigèrent près de trois semaines, pendant lesquelles nos excellents amis de Maurice rivalisèrent d'efforts pour témoigner la joie qu'ils avaient de nous revoir, et nous comblèrent de nouveau d'amabilités.

Un bal, donné par les jeunes gens de la *troisième génération indigène*, nous fournit l'occasion de voir réunie l'élite des créoles français. Les rapports devenus fréquents avec les officiers du 32ᵉ régiment d'infanterie anglaise venu de Mahébourg, en garnison provisoire à Maurice, nous furent aussi particulièrement agréables.

Le vapeur qui venait chercher le régiment pour le conduire à Ost-London, dans la Cafrerie anglaise, étant arrivé et le jour du départ étant déjà fixé, les officiers donnèrent à leurs amis un repas d'adieu, à Mahébourg, auquel nous fûmes conviés.

Mahébourg est une localité de 6,000 à 7,000 habitants. Les rues sont droites; elles sont bordées en partie de jolies maisons de campagne, mais le plus grand nombre des habitations se compose de huttes de pêcheurs et de boutiques chinoises de piètre apparence. Nous eûmes bientôt parcouru les principales rues, ainsi que la grande place déserte, — puis, après avoir satisfait notre curiosité en visitant une maison de thé où nous vîmes le Chinois dans son élément, nous nous dirigeâmes vers les baraquements de l'infanterie décorés et pavoisés pour la réception d'adieu.

Le déjeuner fut animé par la conversation la plus gaie, puis nous décidâmes d'aller visiter les ruines de l'ancien Grand-Port, la première colonie que les Hollandais fondèrent dans l'île et d'où ils furent expulsés par les rats.

La compagnie se divisa alors. Les plus hardis, et parmi eux la plupart des dames, choisirent des canots à voile pour gagner de l'autre côté de la baie le but de notre excursion en profitant d'une brise carabinée ; ceux qui n'avaient pas l'habitude de la mer, et ce fut le petit nombre, montèrent, les uns en voiture, les autres à cheval. Les officiers de l'*Helgoland*, c'était inévitable, firent partie des premiers et n'eurent certes pas à s'en repentir. Le temps était splendide ; grâce aux récifs situés au large, la mer était d'un calme plat, le vent frais gonflait les voiles et imprimait une rapidité étonnante aux légères embarcations. C'étaient des applaudissements quand les canots s'avançaient côte à côte, et des rires lorsque l'un d'eux réussissait à gagner le vent sur l'autre.

Peu à peu le panorama devint très-beau. Nous avions devant les yeux les montagnes couvertes de bois épais qui entourent la baie, dans le lointain la pittoresque ville de Mahébourg, les verts champs de cannes à sucre inondés de lumière, les ondulations de la mer d'un bleu sombre et sur tout cela le ciel le plus pur. Nous doublâmes l'*île de la Passe* qui forme l'entrée de la baie et nous nous dirigeâmes vers les ruines de Grand-Port.

Une bouée marque l'endroit où une frégate anglaise, le *Sirius*, est coulée. Nous ne pûmes en distinguer que le sombre contour, mais lorsque le vent a tombé, il fut facile de reconnaître très-distinctement la carcasse ; de hardis plongeurs retirèrent de l'intérieur du vaisseau bien des objets de valeur.

Ce bâtiment fut coulé dans le sanglant combat naval entre les Anglais et les Français quand les premiers tentèrent (en 1810) de s'emparer de l'île ; mais, en cette rencontre, la victoire resta au drapeau tricolore.

Chacun des adversaires comptait quatre vaisseaux. Ce furent les Anglais qui attaquèrent, mais pendant le combat une de leurs frégates se rendit ; deux autres, dont le *Sirius*, furent abandonnées et sautèrent ; quant au quatrième bâtiment, il chercha son salut dans la fuite, et tomba entre les mains d'une autre partie de la flotte française qui amenait des secours.

Nous atteignîmes enfin le vieux môle à demi submergé et, au travers d'un fourré, nous gagnâmes une petite hauteur où se trouvent les ruines de constructions en forme de château, qui ont dû faire autrefois partie de l'établissement des Hollandais à Maurice. Visiter ces débris est très-difficile et serait peu intéressant. Nous nous contentâmes de trouver devant eux une place libre, ombragée par quelques grands manguiers, d'où l'on jouit d'une belle vue sur la baie et sur le rivage situé en face et où nous pûmes nous rafraîchir et nous reposer.

Après une conversation animée, le moment du départ arriva et nous songeâmes à retourner, comme à l'aller, les uns *per terram*, les autres *per mare*.

Le vent était tombé et les canots glissaient à peine sur la surface unie de la mer ; aussi, après un certain temps, — que d'aucuns trouvèrent peut-être trop court, — il fallut avoir recours aux avirons. A l'arrivée des canots, nous retrouvâmes la partie plus âgée et plus posée de la société; puis nous prîmes le *lunch* qui nous attendait dans le *mess-room*.

Comment décrire maintenant le charivari qui se fit entendre? Les accords d'une excellente musique se confondaient avec le bruit des toasts, le cliquetis des couteaux et des fourchettes,

Chinois de l'île Maurice.

— chacun parlait fort pour se faire entendre, même quand il s'agissait de choses insignifiantes.

Les accents du *God save the Queen* et de notre hymne national nous annoncèrent trop tôt que le moment était venu de se séparer si nous voulions revenir à Port-Louis ce jour-là. Nul ne se fit prier pour accompagner la troupe nombreuse des voyageurs jusqu'à la gare où les adieux furent cordiaux.

Notre second séjour à Maurice touchait aussi à sa fin. Les

travaux étant terminés à bord et la provision d'eau complétée, la corvette se couvrit de voiles le 18 juillet et acclamé par des : « Au revoir ! » qui partent du fond du cœur et suivent l'*Helgoland*, le 19 juillet, dans l'après-midi, le vaisseau s'éloigne de nouveau de Maurice, et cette fois d'une manière définitive, poussé par le vent qui enfle toutes ses voiles.

CHAPITRE ONZIÈME

CAP DE BONNE-ESPÉRANCE

État du temps pour la traversée de Maurice à la ville du Cap. — Arrivée à la
baie de Simon. — Simonstown. — Voyage à la ville du Cap. — South Africa
Museum. — Jardin botanique. — Seepoint. — Constructions de la baie. —
Rivalité entre la ville du Cap et Port Élisabeth. — Départ du paquebot-
poste. — Excursion au Kloof et l'intérieur. — Wellington. — Baineskloof.
— L'hôtel Van Guter. — Quelques mots sur la colonie. — Retour. —
Visite à la ville du Cap. — Excursion à une ferme d'autruches. — Élevage
de ces animaux. — Rapport des champs. — Retour à Kalksbai. — Situation
désespérée dans le Quickland. — Observatoire du Cap. — L'*Adventure*
nous remorque hors de la baie. — Voyage à Sainte-Hélène. — Mer grosse.
— Les repas en pareille circonstance. — Tir à la cible avec des fusils.

L'alizé régulier nous abandonna bientôt ; il fut remplacé par
des vents variables qui soufflèrent le plus souvent du nord-est
et du sud-est ; leur force fut assez grande pour nous permettre
de franchir en quelques jours des distances importantes, parfois jusqu'à 190 milles.

Ce qui caractérisa cette traversée, ce fut le mouvement de
rotation tout à fait régulier du vent. Il donna assez raison à la
théorie qui lui fait suivre le soleil ; ainsi, dans l'hémisphère sud,
il se levait à l'est, soufflait ensuite du nord, et passait par
l'ouest et le sud ; ce mouvement circulaire se répéta toujours
d'une manière telle qu'à la fin du voyage, il fut possible de
tenir avantageusement compte de cette circonstance dans le
choix de la direction.

De l'extrémité méridionale de Madagascar au cap Sainte-
Marie, nous sentîmes le courant marin chaud, qui, réuni à la

masse des eaux qui coulent le long de la côte orientale de l'A-
frique, constitue le courant connu sous le nom d'Agulhas [1]. Par
sa direction sud-ouest, il fut très-favorable à notre voyage et nous
fit avancer chaque jour de 20 et quelquefois 40 milles, si bien
que, dès le 7 août, nous eûmes connaissance de la côte basse
du sud de l'Afrique dans le voisinage d'Ost-London.

Nous eûmes ici un échantillon du temps qui règne l'hiver au
Cap. Dès que se furent produits les signes précurseurs suffisamment décrits dans les manuels de météorologie, c'est-à-dire
après l'apparition dans l'ouest de sombres bandes de nuages véritablement imposants et de violents éclairs, se déchaîna un ouragan impétueux qui dura toute une semaine avec de légères
interruptions. Des grains violents, une saute rapide du vent,
surtout du nord-ouest au sud-ouest, et de fortes averses, tels
furent les effets du mauvais temps.

Dans le voisinage du banc des Aiguilles [2], l'allure du vent et
l'état de la mer fatiguèrent tellement le vaisseau qu'on jugea à
propos de quitter le courant favorable et de choisir le chemin
direct de l'autre côté du banc des Aiguilles où vraisemblablement nous rencontrerions une mer plus calme et un vent plus
faible.

En effet, la mer, se brisant sur le banc, était plus tranquille,
le vent tomba le 13 août et, chose rare en hiver, fut remplacé
par un vent du sud-est; nous mîmes toutes voiles dehors et
fîmes route vers la pointe méridionale de l'Afrique, le cap des
Aiguilles. Mais sur ce banc la navigation ne fut pas exempte
de difficulté. Malgré tout, nous tâchâmes de ne pas perdre de
temps à Simonstown, et de continuer notre route pour le Cap,

1. Mot portugais qui signifie « des aiguilles ».
2. Le cap des Aiguilles est la pointe la plus méridionale de l'Afrique et non
le cap de Bonne-Espérance, comme on le croit souvent à tort.

afin de mieux étudier la colonie en pénétrant dans le pays.

Les communications entre Simonstown et la ville du Cap ont lieu par voiture jusqu'à Wynberg et, de là au Cap, par chemin de fer. Une diligence fait ce service deux fois par jour, mais nous nous servîmes, parce qu'on y est plus à l'aise et qu'on va plus vite, d'une de ces nombreuses voitures particulières que l'on trouve toujours à Simonstown.

Entrée de l'Helgoland à Simonstown.

Dès l'aube d'un jour un peu couvert, quelques-uns d'entre nous montèrent dans une de ces voitures à deux roues et quittèrent Simonstown. Tant que nous fûmes sur un terrain ferme et que les quatre chevaux de l'attelage purent allonger, nous filâmes avec une rapidité étonnante ; bientôt, cependant, la route tracée disparut et le chemin passa simplement sur le rivage sablonneux de la mer, parce que le sable mouvant empêchait ici, sur une certaine étendue, d'établir une route. En s'enfonçant dans l'intérieur du pays, les sables mouvants à sec ou les flaques d'eau salée qui ressemblent à des marais rendent le voyage difficile et souvent même dangereux. Nous fûmes en effet obligés, à diverses reprises, de mettre pied à terre et de marcher dans l'eau jusqu'aux genoux; ce qui nous permit de faire quelques études très-peu récréatives sur les lois du chargement proportionnel d'un chariot à deux roues.

C'est ainsi que nous franchîmes le premier tiers du parcours, et que nous réussîmes enfin à regagner près du petit village de Kalkabaij la route ordinaire. En sortant de ce petit village de pêcheurs dont les charmantes demeures servent pendant l'été de maisons de campagne à quelques citadins du Cap, nous fîmes notre première station à la Farmer's Peck, hôtellerie d'une propreté hollandaise. Après nous être convenablement restaurés, nous continuâmes notre voyage dans des conditions agréables et toutes différentes. Le soleil sortit des nuages, inondant de ses rayons les innombrables et magnifiques fleurs des champs et les arbustes particuliers à la colonie du Cap qui étalaient leurs plus riches couleurs.

Nous nous dirigeâmes vers l'intérieur du pays, le chemin passait entre des maisons bien construites et de jolies villas; à mesure que nous avançions le nombre des maisons de campagne véritablement charmantes augmentait; le chemin devint plus animé, et nous croisâmes des équipages élégants, des omnibus, des promeneneurs à pied et à cheval. Après un voyage d'environ deux heures et demie, nous atteignîmes enfin le village de Wynberg, station du chemin de fer et nous avançâmes bientôt avec la rapidité d'un train anglais. Le paysage me rappela vivement les environs de Vienne; ce n'étaient pas seulement des villas construites dans le style européen, le public semblait être aussi le même.

Au bout d'une demi-heure de voyage, après avoir passé

Rondebosh et Mowbray, comme s'appellent ces avant-postes du Cap, la scène changea : la verdure des jardins qui réjouissait tous les regards fit place de nouveau aux tristes plaines de sable qui s'étendent depuis Salt-River, à gauche de l'abrupte montagne du Diable, jusqu'au rivage uni de la mer. Ce sombre tableau s'effaça bientôt, la ligne tourna autour de Kogel et nous eûmes à gauche devant nous le mont de la Table avec la ville du Cap.

Il est presque impossible de s'imaginer un panorama plus grandiose. A l'arrière-plan se trouve la muraille de rochers nus, presque perpendiculaires et qui se perdent au loin, ressemblant assez à un immense entonnoir ; elle rassemble les nuages venus du sud-est ; à ses pieds s'étend la blanche mer de maisons de la ville interrompue par la verdure des jardins ; en avant s'étale la mer qui se brise et la tête de lion grotesquement conformée, à laquelle se joint la jetée avec sa forêt de mâts.

Le signal d'arrivée retentit, le train passa encore devant un grand fort, puis s'arrêta dans la ville près d'une belle place entourée de pins très-élevés.

L'après-midi fut consacrée à visiter la ville. A l'extérieur le Cap ressemble tout à fait à une cité d'Europe. Les maisons en briques sont construites dans le style italien, les rues longues et coupées à angle droit sont bordées des magasins les plus modernes ; les trottoirs sont étroits et le pavage fait défaut ; la poussière vous aveugle. Le public qu'on rencontre dans les rues porte le plus souvent des vêtements à l'européenne, et les Hottentots sont déjà devenus une grande rareté dans la ville du Cap.

Comme siége du gouvernement colonial, le Cap possède beaucoup d'édifices publics, notamment le palais du gou-

verneur et le *South Africa Museum*, puis le jardin botanique.

Le musée est une construction monumentale : l'une de ses
ailes est occupée par des collections scientifiques naturelles
particulièrement très-complètes sous le rapport de la faune de
l'Afrique du Sud ; l'autre sert à loger la très-riche *South*
Africa library. Celle-ci, comme la première, a été élevée avec
le produit de contributions volontaires des particuliers. Le
jardin botanique, il est vrai, est d'une médiocre étendue,
mais il est entretenu avec le plus grand soin.

Près du jardin botanique est le *South Africa College*, établissement subventionné par le gouvernement colonial. On
compte actuellement dans la colonie, 515 écoles fréquentées
par environ 47,000 élèves, proportion certainement très-satis-
faisante pour une population disséminée dont l'ensemble ne
s'élève pas au chiffre de 500,000 âmes.

La partie haute de la ville située au pied de la montagne de
la Table est la résidence du cercle riche et fashionable.

L'après-midi, nous nous dirigeâmes de nouveau vers la partie la plus animée de la ville qui se trouve près de la mer afin
de visiter les constructions du port ; il est éloigné d'environ
un quart de lieue de la ville, laquelle n'est pas construite dans le
voisinage immédiat de la mer.

Pendant l'été, c'est-à-dire d'octobre à avril, époque où
règnent les vents du sud-est, la baie de la Table constitue un
ancrage excellent. Mais il n'en est pas de même en hiver où
elle n'offre pas le moindre abri contre-les vents du nord-ouest,
et les navires qui y sont à l'ancre à cette époque sont exposés
aux dangers les plus redoutables. Aujourd'hui encore on voit
la carcasse du vapeur « *Athens* » qui fut jeté à la côte dans
une tempête en l'année 1865, bien qu'il disposât d'une puis-

Captown.

sante machine. Pour remédier à cet inconvénient et pour éviter le très-coûteux transport des marchandises par Simons-town, on a construit une grande digue dans la direction du nord-est ainsi que de beaux et vastes bassins. Le gouvernement colonial poursuit son œuvre d'amélioration.

Un des puissants motifs qui font entreprendre ces travaux est la rivalité qui existe entre le Cap et Port-Élisabeth, port d'exportation, qui dépasse de beaucoup la ville du Cap.

Cette dernière possédant une rade très-dangereuse, le gouvernement colonial, dans lequel les provinces de l'ouest ont la majorité, s'efforce de lui conserver au moins le rang de principale station navale de l'Afrique occidentale.

Nous étions justement arrivés au bassin à un moment important dans la vie de la colonie. Un des paquebots-poste qui partent pour l'Angleterre trois fois par mois était sur le point de lever l'ancre. Vieux et jeunes, riches et pauvres, tout le monde, au Cap, s'était empressé d'accourir pour assister à ce départ. Bien qu'ils ne soient pas très-grands, ces paquebots-poste très-commodément disposés ont une machine d'une force considérable. Ils font, en vingt-deux à vingt-cinq jours, la traversée de Southampton, ce qui, joint à la fréquence de leurs voyages, a beaucoup contribué à enlever au Cap son caractère spécialement colonial.

Après le départ du paquebot, la plupart des spectateurs se dirigèrent, soit en voiture, soit en tramway, vers Greenpoint, faubourg tout à fait charmant, situé près de la mer, et promenade favorite des habitants de la ville du Cap. Nous choisîmes le tramway, et nous prîmes place sur l'impériale.

A droite, vers le *Sailor's Howe*, nous vîmes les grandes baraques destinées à loger les détenus, qui travaillaient à la construction du port, l'hôpital Somerset, bâti d'une manière

pratique, le champ de course et l'immense phare, tandis qu'à
gauche, sur le versant de la montagne de la Tête-de-Lion, se
déroulait une suite interminable de villas, construites dans le
style hollandais et précédées de jardins entretenus avec le plus
grand soin. Le car nous déposa à l'extrémité de la ligne, parmi
la foule des piétons, des élégants équipages, des cavaliers et
des amazones, puis nous partîmes pour exécuter notre projet,
qui était de tourner de jour la Tête-de-Lion et le Tronc-de-
Lion.

La vue dont on jouit du Kloof (ainsi s'appelle le défilé entre
ces montagnes et celle de la Table), nous récompensa très-
largement de l'excursion. A 1,200 pieds environ au-dessus de
la mer, s'élevait, sur notre droite, la muraille de granit du mont
de la Table ; d'un autre côté se montrait le versant du Tronc-du-
Lion, couvert d'arbres blancs ; devant s'étendait une riante vallée.
L'infini de la mer bleue avec le soleil couchant, complétait ce
magnifique tableau.

Il nous fallut longtemps avant de pouvoir nous arracher à la
contemplation de ce panorama enchanté ; le soir venait, nous
partîmes et atteignîmes la ville à la nuit tombante. A ce moment retentit la voix mélodieuse des cloches qui appelaient les
pieux habitants dans les églises, pour y répéter en commun les
prières du soir, et nous ne tardâmes pas à entendre des chants
parfois très-harmonieux qui firent une profonde impression sur
nous autres marins, déshabitués de ces témoignages extérieurs
de piété. Néanmoins, nous déclinâmes l'invitation pleine d'onc-
tion de prendre le thé que nous fit à haute voix un gentleman,
en glissant dans la main de chacun de nous un chapitre de la
Bible. A ce signal, plusieurs autres agents nous assaillirent
de semblables propositions, au nom des sociétés réformées
wesleyenne, anglicane, hollandaise, et nous exposèrent simul-

tanément, avec les expressions les plus dures, les tendances religieuses de leurs rivales.

Le lendemain matin de très-bonne heure, nous prîmes le train. Nous voulions gagner Baineskloof, haut défilé éloigné seulement de quelques heures de Wellington, dernière station actuellement ouverte au public, du chemin de fer intérieur.

Les 60 milles qui séparent le Cap de Wellington furent enfin

South-Africa-Museum.

franchis, et nous nous arrêtâmes à cette dernière station. Pendant qu'on nous préparait un lunch et faisait venir une voiture pour continuer le voyage, nous parcourûmes cette petite ville.

Comme la plupart des côtes de la colonie du Cap, Wellington, regardé de près, offre un coup d'œil très-uniforme, dont la régularité monotone fatigue. La vie est peu animée dans les rues, mais on rencontre souvent ces chariots attelés de quatorze paires de bœufs particuliers à la colonie. Les marchandises amenées ici par le chemin de fer sont transportées par voiture dans l'intérieur de la colonie, et Wellington, qui ne se composait, il y a vingt ans, que de quelques boutiques, doit à cet état de choses sa grandeur actuelle.

En rentrant à l'hôtel après notre promenade, nous trouvâmes deux attelages de quatre animaux qui nous attendaient et avec lesquels nous nous mîmes bientôt en route. Pendant quatre heures, nous fûmes secoués par la voiture en usage dans le pays et nommée wagon, et ce voyage, qui ne saurait être considéré comme une partie d'agrément, nous amena à la ferme située à 4,000 pieds au-dessus du niveau de la mer, à l'entrée du défilé afin d'y jouir d'un panorama célèbre au Cap.

Par malheur, lorsqu'on a vu le panorama si varié de la région des Alpes, ce diminutif de l'Arabie-Pétrée peut imposer comme le désert, mais laisse peu de place à l'enthousiasme ; aussi les habitants du Cap peuvent-ils me pardonner si je dis que j'ai été un peu désillusionné par ce tableau vanté.

De retour à la ferme, nous trouvâmes de la société. La diligence qui va aux Champs de Diamants était arrivée, et ses passages firent en même temps que nous le plus grand honneur aux vivres qu'on nous servit, c'est-à-dire au thé et aux mottes de beurre. Ces pauvres gens avaient certainement besoin de se réconforter un peu, quand on songe qu'ils étaient sur le point de faire encore un voyage de onze jours dans ce chariot de torture.

Le postillon donna enfin le signal du départ ; notre cocher, de race malaise, n'épargna pas les chevaux, et nous atteignîmes Wellington à sept heures, non sans être accompagnés des malédictions d'un pâtre dont nous avions probablement dispersé les autruches par notre course folle.

Autant cette petite ville paraissait sèche et affairée pendant
le jour, autant elle laissait maintenant une impression pleine
de sentiment. En voyant ce tableau paisible, nous nous croyions
transportés dans notre mère-patrie si éloignée, et nous oubliions
tout à fait que nous étions dans le pays des Hottentots et des
Bushmen !

Sur ces entrefaites on nous avait préparé à l'hôtel un repas
délicat, après lequel nous suivîmes notre hôte, M. Van Enter,
sous la veranda, où bientôt une conversation très-animée et in-

Cafres.

téressante s'engagea, grâce à laquelle le reste de la soirée se
passa de la façon la plus agréable.

En dépit d'une certaine jalousie entre la partie hollandaise
de la population qui possède le sol, et les Anglais qui sont les
maîtres, les Hollandais du Cap sont, comme amis de l'ordre,
les plus loyaux sujets de la reine Victoria et ils émigrent plutôt
que de se soulever violemment contre le gouvernement établi.
Comme le Canada et l'Australie, le Cap est complétement indépendant de la mère patrie ; il est gouverné par une assemblée
représentative et un ministère responsable et un gouverneur
au nom de la reine.

Autant était beau, limpide et chaud le jour de notre partie de plaisir à Baines-Kloof, autant humide, nuageuse et froide fut la matinée suivante, pendant laquelle nous exécutâmes notre retour à la ville du Cap ; aussi ce fut avec le plus grand plaisir que nous atteignîmes enfin le Cap, et que par suite nos dents cessèrent de claquer.

Par cette température, la ville ne se montra pas à son avantage, car la poussière brune des rues se changea en une mer de boue redoutable ; mais cela nous émut médiocrement, parce que c'était le jour consacré aux visites officielles.

Le lendemain, par une après-midi sereine, nous nous mîmes en route pour visiter une ferme d'autruches, guidés par un Hottentot-Darkie déguenillé. Nous eûmes d'abord à franchir une haute colline de sable ; mais, arrivés au sommet, nous fûmes récompensés par une vue charmante. Les grandes baies False et Simon avec Simonstown ressemblaient de là à une carte en relief, tandis qu'un paysage d'un caractère tout à fait extraordinaire se déroulait devant nous. Des plaines formées du sable blanc le plus pur alternaient avec la végétation la plus luxuriante du Cap, et ce contraste était encore relevé par les jeux de la lumière et les rochers de granit noir des monts de la Table et de Vasco-de-Gama, qu'on voyait au nord et au sud. Dans une délicieuse oasis au-dessous de nous se cachait l'habitation de M. Smit, régisseur de la ferme d'autruches située plus loin ; nous nous y arrêtâmes un instant. A cette occasion, je dois mentionner le confort et le luxe qu'on rencontre très-souvent dans les maisons les plus ordinaires de la colonie. Nous continuâmes notre chemin jusqu'à ce qu'enfin nous vissions la mer à l'ouest de la presqu'île du Cap, et, à nos pieds, le but de notre promenade, la vaste métairie des autruches. Grâce aux instructions données au serviteur qui nous accompagnait, on nous introduisit aussitôt dans la ferme, et on nous la fit visiter avec beaucoup d'empressement.

La métairie se composait de la maison d'habitation, de plusieurs hangars pouvant se fermer et de prairies assez vastes. Ces dernières, divisées en parcs assez grands au moyen de clôtures ayant la forme de demi-jougs et hautes de quatre pieds, entouraient la cour comme les rayons d'une roue. Dans chacun de ces parcs se promenait un couple d'autruches adultes, tandis que les jeunes circulaient librement dans la cour. Bien que la principale nourriture des animaux se composât de gazon et de petits insectes, on leur jetait cependant plusieurs fois par jour du blé, des déchets de légumes hachés et autres choses semblables, afin de les apprivoiser et de les habituer à leurs gardiens.

Arrivés au moment du repas, nous vîmes, mangeant à la corbeille de la gardienne, une troupe de jeunes animaux qui, bien qu'âgés seulement de neuf mois, avaient déjà six à sept pieds de hauteur. Les vieilles autruches allongeaient aussi leurs longs cous par-dessus les haies et regardaient de leurs grands yeux rusés la gardienne ou plutôt sa corbeille. Notre apparition ne produisit pas d'effet sur les jeunes, mais les adultes, dont l'instinct était aiguillonné par l'appétit, nous attribuaient à bon droit le retard de leur repas et nous regardaient avec des yeux malveillants. Un beau couple d'autruches couvertes de magnifiques plumes noires s'efforça de sauter par-dessus la haie et de nous attaquer; n'ayant nullement l'intention de faire connaissance avec leurs pieds, nous jugeâmes qu'il était sage de nous retirer. Ce faisant, nous mîmes les jeunes en fuite, et nous eûmes alors l'avantage d'examiner d'un poste plus sûr leur marche très-rapide et formée de sauts grotesques.

La gardienne dissipa nos craintes en nous assurant qu'il

n'était pas possible à un animal de passer par-dessus la haie.
A la voix de la gardienne, les jeunes autruches se rassem-
blèrent de nouveau et firent si peu attention à nous qu'avec
sa permission nous leur arrachâmes sans la moindre difficulté
une plume comme souvenir.

Voici comment se pratique l'élève de ces animaux que l'on
entretient pour leurs plumes. On assortit les couples et on les
parque dans les herbages. Deux fois par an, en mai et en septembre, les femelles pondent ; elles couvent alternativement
avec le mâle pendant environ six semaines. Aussitôt éclos, on
sépare les petits des adultes pour les empêcher d'être écrasés
par maladresse, et on les nourrit au moyen de gâteaux de blé.
Jusqu'à la deuxième année, leur plumage n'a pas de valeur,
composé qu'il est de petites plumes d'un brun sale ; la deuxième
année seulement poussent les plumes longues et estimées qui
sont noires et blanches chez le mâle et grises chez la femelle.
La coupe a lieu tous les neuf mois, ou deux fois par an. Pour
cela, on attire les animaux dans les hangars, on les y attache
avec des cordes et on enlève des ailes avec des ciseaux les plumes convenables. Comme on le comprend, la quantité ainsi
obtenue n'est pas très-grande et s'élève annuellement de une
à deux livres par animal, ce qui représente cependant sur les
lieux une valeur de 200 à 250 francs.

Après notre visite, nous fîmes encore un fois connaissance
avec les sables trompeurs. D'après notre expérience précédente,
nous longeâmes le rivage, le suivant le plus près possible, et tout
se passa parfaitement jusqu'à un endroit où, par suite de l'apla-
tissement de la côte, le flot vient mourir au loin sur le sable ;
afin d'éviter cet endroit, nous appuyâmes du côté de la terre,
mais nous avancions à peine depuis quelques minutes lorsque
mon compagnon s'enfonça dans le sable jusqu'au genou ; en

voulant lui venir en aide, la même chose m'arriva. Quelque
direction que nous prissions, nous nous enlîsions et même du
côté par lequel nous étions venus.

La situation était à la fois comique et ennuyeuse ; si les élans
burlesques du voisin, — seule manière de retirer ses pieds du

Femme hottentote et ses enfants.

sable, — excitaient des éclats de rire, d'un autre côté nous ne
savions pas nous aider ; et à chaque saut nous enfoncions plus
profondément. Nul secours à attendre des hommes, pas un cri
pour nous indiquer la direction à prendre, la faim nous aiguil-
lonnait, la fatigue se faisait sentir, notre vêtement était pénétré
par ce sable fin et notre malaise arriva bientôt à son comble.

Nous réussîmes enfin à gagner un terrain un peu plus ferme, mais nous recommençâmes bientôt à enfoncer. A notre con·sternation, nous entendîmes partir du vaisseau commandant anglais le coup de canon de neuf heures, signe que nous errions dans le sable depuis une heure et demie et il fallut nous familiariser avec l'idée que, si nous ne passions pas ainsi toute la nuit, nous ne devions pas du moins songer à dî-ner. Après de longues recherches, nous découvrîmes enfin la trace laissée par une voiture ; elle allait nous permettre de sortir de ce sol sans fond, et c'est en poussant des cris d'allé-gresse que nous la suivîmes à demi courbés. Souvent ce fil d'Ariane disparut dans l'obscurité, mais nous le retrouvâmes toujours et il nous conduisit à la route, rompus de fatigue, il est vrai, mais bien portants. De là nous atteignîmes bientôt Kalksbay où, à dix heures, nous entrions à l'hôtel « Farmer's Peck.

Outre une seconde visite à la ville du Cap, nous fîmes en-core d'autres promenades ayant pour but l'ascension du mont du Diable, la visite des vignobles de Constance et de l'Obser-vatoire astronomique, dirigé par M. W. Stone ; ce savant possède un instrument de passage d'une grandeur et d'une proportion extraordinaires et qui doit surpasser celui de Green-wich. Ce premier observatoire de l'hémisphère sud ne rend pas seulement service à la navigation, il joue encore un grand rôle dans les travaux d'astronomie pure.

Sur la fin de notre séjour, la plus grande animation régnait dans la baie de Simon. De très-nombreux navires de guerre arrivaient et s'éloignaient, entre autres la corvette anglaise *Volage* et la canonnière *Supply*, chargées de conduire à l'île Kerguelen l'expédition qui devait observer le passage de Vénus.

Le 5 septembre, l'*Helgoland* était prêt à prendre la mer, mais de violentes rafales du sud-est s'opposaient au départ.

Bien que le vent fut favorable le 11 septembre, il était cependant dangereux de manœuvrer au milieu de nombreux vaisseaux. Le 12 septembre au soir, le transport de troupes, *Adventure*, nous prit à la remorque et nous conduisit hors de la baie avec une vitesse d'environ 6 milles à l'heure, l'*Adventure* continua sa route au sud, vers l'Australie, tandis que l'*Helgoland*, toutes voiles dehors, se dirigeait avec un faible vent de nord-ouest, vers Sainte-Hélène.

Le mont du Diable près du Cap.

Les vents de l'ouest soufflèrent pendant les premiers jours ; peu à peu ils tournèrent vers le sud, et enfin, le 16 septembre, ils passèrent au sud-est, dans l'alizé.

Quiconque a la moindre notion de la navigation connaît les menus incidents et les repas entremêlés de bousculades tragi-comiques qu'un gros temps occasionne inévitablement. Jusqu'au 22 septembre, en dépit d'une tempête continuelle, la corvette avança avec une vitesse moyenne de six milles à l'heure ; mais le vent tomba alors, et, jusqu'au 27, nous eûmes alternativement des calmes et des brises variables de l'ouest, qui coïncidaient complétement avec les indications du Pilots-Charts. Le 27, l'alizé recommença à souffler bon frais, et nous continuâmes directement notre route pour Sainte-Hélène, en vue de laquelle nous arrivâmes le 29 septembre à la pointe du jour.

CHAPITRE DOUZIÈME

SAINTE-HÉLÈNE

Quel sentiment d'amertume a dû éprouver le plus grand homme de ce siècle quand il vit cette terre pour la première fois ! Telle est la première pensée du voyageur qui s'approche de Sainte-Hélène en venant du sud-est, — seule route possible avec un voilier, — et que décourage l'aspect désolé des falaises abruptes qui se dressent devant lui.

De loin la cime des montagnes à conformation particulière, aux teintes bleues, promet une contrée intéressante ; mais de près on tombe de déception en déception. Le sommet des montagnes, dont la hauteur atteint jusqu'à 2,000 pieds et qui sont presque perpendiculaires, disparaît derrière leurs flancs uniformes ; le bleu de l'air fait place au brun sombre des rochers complétement dénudés. On ne voit pas un arbre, pas un brin de gazon ; çà et là une mousse jaunâtre, semblable à un enduit de soufre, relève le ton fauve de l'ensemble ; c'est en vain que l'œil cherche des traces d'établissements et de culture. La seule vie de ce tableau désolé, ce sont les nombreuses mouettes, qui décrivent, en criant, des orbes autour de leur nid, et les lames monstrueuses de l'Océan qui, hautes comme des tours, viennent se briser contre le rivage.

Nous atteignîmes enfin l'extrémité orientale de l'île, le Barn-rock ; les vergues furent ferlées et le vaisseau quitta l'alizé du sud-est pour entrer dans les eaux tranquilles de la partie de l'île sous le vent.

En avant, quelques navires à l'ancre, près des rochers, manifestent déjà la présence des hommes ; les premières constructions qui se montrent dans l'île, sont de longues lignes de batteries en partie intactes. Çà et là, on aperçoit dans les défilés quelques traces de verdure qui deviennent plus nombreuses à mesure que l'on avance vers l'ouest. Une petite baie s'ouvre alors, et dans la gorge située en arrière entre deux montagnes couronnées de forts se presse une petite ville à demi entourée d'une enceinte fortifiée. Nous étions devant James-town ; l'ancre fut jetée, les voiles brassées et l'*Helgoland* resta immobile après une traversée de dix-neuf jours.

Le navire se trouvant près de la terre, quelques coups d'aviron suffirent pour nous conduire au débarcadère taillé dans le rocher ; nous suivîmes le chemin poudreux construit le long du rivage, nous longeâmes le pied des fortifications et nous pénétrâmes dans la capitale par la porte massive. Là se concentrent tous les édifices de Jamestown qui compte à peine 4,000 habitants. A gauche se trouvent le palais du gouverneur, « the castle », la douane et la bibliothèque, à droite la maison du commandant et l'unique église dont la tour nue est à quatre pans. Une longue rue compose à vrai dire toute la ville ; au commencement elle est formée de maisons propres à un étage, mais plus loin elle se compose de huttes très-misérables et tombant en ruines. Dans le haut où l'on voit quelques jardins gracieux sur le bord d'un petit ruisseau, il y a cependant

Jamestown.

des casernes assez vastes, ainsi que deux hôpitaux très-bien agencés et tenus avec soin.

On ne rencontre pas beaucoup de monde, tout au plus quelques garçons qui, à la vue d'étrangers, se précipitent pour s'offrir comme guides. Les rares boutiques ne sont pas une seule fois ouvertes en même temps, car leurs propriétaires savent parfaitement qu'il n'y a que trois navires à l'ancre et que la vente de leurs marchandises aux indigènes est insignifiante. En somme, l'étranger reconnaît bientôt qu'à Jamestown tout repose sur la marine qui fait vivre l'île entière, à l'exception de quelques pêcheurs et de quelques fermes isolées.

Notre consul, M. Moss, nous introduisit dans le Jamestown-Club où se réunit la meilleure société de Sainte-Hélène. La plupart des personnes qui composent cette haute société ne sont pas nées en Angleterre ou n'y ont pas fait leurs études, les fonctionnaires appartiennent cependant à des familles anglaises ; ils sont nés dans l'île et ne l'ont jamais quittée. C'est habituellement parmi ces colons qu'on rencontre les gens les plus familiarisés avec la situation de l'Europe parce qu'ils remplacent l'expérience personnelle par une étude approfondie.

Le peuple se compose en partie de Malais qui furent autrefois déportés ici par les Hollandais ; le reste appartient aux diverses tribus qui habitent l'intérieur de l'Afrique occidentale ; comme Sainte-Hélène était le siége du tribunal institué pour juger les prises des croiseurs qui donnaient la chasse aux bâtiments négriers, les noirs rendus à la liberté s'établirent dans l'île comme colons.

A Sainte-Hélène on parle anglais et un anglais relativement très-pur ; il n'est pas rare d'entendre des individus tout à fait noirs s'exprimer couramment dans les langues européennes et sans le moindre idiotisme.

Grâce à d'aimables invitations, et pour nous retrouver encore une fois en liberté, nous fîmes de nombreuses excursions hors de Jamestown ; la première fut naturellement consacrée à la demeure et au tombeau de Napoléon. Par le chemin le plus court pour s'y rendre la distance est à peine de une lieue un quart. Comme nous avions toute une journée devant nous, nous choisîmes le plus long.

Nous fûmes favorisés d'une de ces journées rares à Sainte-Hélène où le temps n'est pas tout à fait serein, et par une température moyenne très-agréable. La voiture demandée nous attendait près de la rampe avec ses robustes chevaux insulaires ; c'était chose véritablement surprenante de voir la rapidité que déploient, par suite de l'habitude, les chevaux de Sainte-Hélène.

A mesure que nous gravissions la montagne dénudée, la vue s'étendait davantage, et quand nous fûmes arrivés à Ladderhillfort, la première station, nous aperçûmes à nos pieds, dans la gorge, la ville semblable à un jouet de petits enfants et nous découvrîmes la rade et la pleine mer. Le fort contient actuellement toute la garnison de Sainte-Hélène, soit 300 hommes d'artillerie et du génie. Son nom Ladderhill (colline des échelles) vient d'un sentier qui s'élève directement de la ville et par lequel on gravit une hauteur de 600 pieds au-dessus du niveau de la mer au moyen de 700 marches.

De Ladderhill nous grimpâmes au haut de la montagne, au second fort, qui, comme tous les autres ouvrages fortifiés de Sainte-Hélène, est caractérisé de loin par les appareils à signaux installés du temps de Napoléon. Ici rien à voir que des cactus et des buissons de genêts, épars çà et là, jusqu'à ce que le chemin s'engage à gauche dans l'intérieur de l'île, et qu'une verdure bienfaisante rafraîchisse l'œil fatigué de cette aridité. On y rencontre des jardins bien entretenus et les parcs des maisons de campagne occupées par divers officiers de la garnison. Par la variété et l'exubérance des végétaux appartenant à toutes les zones, on peut juger de ce que l'île pourrait produire par une culture appropriée.

A côté de ces villas s'étend une forêt de pins et de sapins; des chênes et des acacias en pleine venue font ressortir le charme du paysage.

Habitation de Napoléon.

Après de longs détours au milieu de bosquets parfois charmants, nous arrivâmes à l'habitation, sorte de château entouré d'une belle pelouse émaillée de fleurs; le point de vue dont nous jouîmes du premier étage, meublé avec la plus grande élégance, nous rappelait les plus belles parties de l'Italie méridionale. En somme, nous nous étions trompés en doutant de l'exactitude du tableau qu'on nous faisait des charmes de l'intérieur de l'île.

Vues d'ici, les nombreuses crêtes des montagnes, couvertes, tantôt de gracieuses prairies, tantôt de bois de pins, laissent entre elles des vallées romantiques en forme de défilés et des plateaux d'un vert magnifique ; çà et là on voit quelques rochers qui, par leur contraste, font paraître encore plus luxuriante la riche végétation tropicale du sol des vallons traversés le plus souvent par un petit ruisseau. Tous les revers des vallées sont couverts de superbes fleurs d'ignames semblables au lilas, tandis que les buissons de genêts jaunes donnent à quelques montagnes, surtout dans la partie supérieure du Diana-Peak, un aspect qui rappelle la couleur du bronze.

Aux endroits qui ont un charme particulier, les indigènes opulents se sont construit des maisons de plaisance ; celle dont l'aspect est le plus pittoresque avec l'église située à côté et qui sort d'un épais groupe d'arbres, appartient à l'évêque de Sainte-Hélène. Le chemin traverse toutes ces vallées en faisant des lacets innombrables et donne ainsi l'occasion d'admirer la beauté du paysage.

Nous gravîmes la montagne une dernière fois ; nous étions à l'est de Diana-Peak et, devant nous, nous avions la partie sud-est de l'île où se trouve Longwood.

Nous étions comme le voyageur qui passe d'une oasis dans le désert : l'impression favorable du tableau qu'il vient de voir s'envole rapidement. Autour de nous s'étendait une mer de pierres. Sur le sommet de la hauteur qui se présentait au premier plan, nous remarquions quelques arbres courbés par le vent et plusieurs constructions de chétive apparence ; c'est là que Napoléon séjourna pendant six années ; c'est là l'étroit rayon donné, à la fin de sa carrière, pour s'y mouvoir en liberté à celui qui avait conquis le monde. Malgré le mal incommensurable qu'il fit à l'Europe, jamais on n'éprouve plus de compassion pour le grand homme qu'en voyant cette maison dans sa nudité et en songeant que, de tout son empire, il ne lui resta que ce triste coin de terre pour terminer, captif, une vie qu'il avait passée dans toute la pompe d'un empereur. Ce monument éternel de la Némésis vengeresse émeut celui même qui ne lui fut jamais sympathique.

Tout en faisant ces réflexions, nous atteignîmes le plateau et avec lui les maisons de Longwood.

La vieille maison d'habitation proprement dite est située en avant de toutes les autres constructions et se trouve à environ 1,800 pieds au-dessus de la mer. Devenue une ferme après la mort de Napoléon, elle fut achetée en 1858 par le gouvernement français, avec tout le terrain sur lequel se trouve le tombeau, et complétement remise à neuf. La nouvelle maison, qui fut achevée après la mort de l'empereur, est située en contre-bas à l'abri du vent ; elle est habitée par l'officier français qui réside ici en qualité de conservateur.

Par suite des fréquentes visites à l'ancienne habitation où tous les navires qui relâchent à Sainte-Hélène envoient leurs touristes, on y a tout disposé convenablement pour la visite des étrangers ; aussitôt que le voyageur s'approche de la maison, il est assailli par un essaim de marchands qui lui offrent des photographies et des guides de poche pour l'île Sainte-Hélène. En entrant dans le petit jardin potager qui entoure la maison construite en bois et en pierre, nous fûmes reçus par une femme vêtue de noir, la veuve du précédent gardien, un sous-officier français. Sous sa conduite, nous pénétrâmes par une petite antichambre dans la chambre où Napoléon mourut et où l'on a placé son buste en marbre ; puis nous parcourûmes la salle à manger, le cabinet de travail, le cabinet de lecture, et, dans l'ordre où elles se trouvent, les neuf petites pièces basses

qui composaient la demeure de Napoléon. Il n'y a plus d'ameublement ; pourtant les murs sont couverts de tapisseries qui ont
dû être faites d'après les anciens modèles et qui contribuent
par leurs couleurs sombres à entretenir l'impression de tristesse
que produit toute la maison.

L'alizé sifflait par la cheminée ; sous son souffle, les quelques
arbres du jardin, ainsi que quelques pieds de vigne qui ont dû
être l'orgueil du jardinier de Napoléon, se courbaient, gémissaient le triste chant de l'instabilité de la grandeur terrestre et
étaient en harmonie avec la mer de pierre qui se présentait à
l'œil presque sans interruption.

Nous quittâmes enfin la maison, non sans une certaine émotion ; nous traversâmes le jardin en suivant la rangée de pins
tordus, d'où vient le nom de Longwood, et nous gagnâmes le
deuxième objectif de notre pèlerinage : le tombeau.

Après à peine une demi-heure de marche, nous arrivâmes à
la « Vallée du tombeau » par un sentier qui se détache du
chemin sur la droite. Sur une table de pierre nous lûmes cette
inscription due au second Empire et qui retentit rarement
sur un territoire anglais : « Empire français, Territoire Longwood. »

Là où se rejoignent les versants arides des monts Longwood
et Hutts Gate, là où un peu de terre végétale a permis à quelques jolis arbres de pousser, se trouve entourée de saules pleu-
reurs et de cyprès, la simple dalle de pierre qui fut posée le
8 mai 1821 sur les restes mortels du grand empereur.

Quelques parterres de fleurs entourent le modeste monument arrosé par l'eau d'une source voisine. Cet endroit était
le séjour de prédilection de l'empereur.

Tant que sa dépouille mortelle reposa ici, un officier anglais
commandant un détachement fut toujours de garde. Le sous-

officier français actuellement chargé de l'entretien du tombeau
ne manqua pas de nous faire remarquer tout cela ; lorsque
dans le cours de la conversation il apprit que nous étions Autrichiens, en souvenir de notre confraternité d'armes au Mexique, il nous donna quelques fleurs, bien que ce dût être contraire à ses instructions. Il nous expliqua aussi l'importance des
tableaux que nous voyons fixés à quelques arbres auprès du
tombeau. C'étaient des souvenirs laissés par l'équipage d'un
vaisseau de guerre français que, pendant le séjour à Sainte-
Hélène, on envoya par ordre visiter le tombeau dans le but
évident d'entretenir dans ses rangs les sympathies pour la
dynastie napoléonienne.

Nous quittâmes enfin le prolixe vétéran, non sans lui témoigner notre satisfaction de la seule manière convenable, c'est-à-
dire en lui achetant de mauvaises photographies représentant
Napoléon dans toutes les positions possibles et impossibles ; puis
nous gravîmes l'autre versant de la vallée pour rejoindre notre
voiture que nous avions laissée à l'hôtel Rose and Crown. Sur
notre chemin nous vîmes l'école de Longwood, petite maison à
un étage qui fut habitée par Bertrand, tandis que Las Cases,
Gourgaud et Montholon étaient logés dans les dépendances
mêmes de Longwood. Nos jeunes guides infatigables nous montrèrent l'endroit où campaient les diverses compagnies qui étaient
chaque jour de garde à Longwood pendant la vie de Napoléon.
Les commissaires autrichien et russe qui résidaient à Sainte-
Hélène pour constater la présence des importants prisonniers
ont dû habiter aussi cette partie de l'île.

Nous continuâmes notre route pour Alarm-House. Le chemin descendait, nous jetâmes encore un dernier regard aux
rampes dénudées de Longwood, à l'habitation de Napoléon,
puis secouant notre tristesse et notre recueillement, nous nous

livrâmes tout entiers au tableau souriant qui se déroulait devant nous.

Dans un charmant jardin au-dessous de nous se cachait la villa fameuse « The Briars » où Napoléon habita pendant les deux premiers mois de son séjour à Sainte-Hélène; elle est située au milieu de pentes pittoresques; à gauche, à côté de la verte prairie pour le « Cricket ground » (quelle ville anglaise n'en possède pas un !) tombe une haute cascade qui se détache sur un fond obscur; de l'autre côté se trouve la vallée de Jamestown, la ville et la rade et enfin dans le lointain l'infini de la mer bleue couverte de voiles blanches qui cinglent vers les Antilles.

Nous arrivâmes sans accident à Jamestown et le cocher s'arrêta devant les magasins de curiosités; il était inutile de le défendre et de protester, car les classes inférieures de la population s'entendent au mieux pour pressurer les étrangers. Au milieu d'une foule de choses sans valeur, nous trouvâmes d'ailleurs un certain nombre d'objets très-intéressants dont nous achetâmes quelques-uns pour nous débarrasser des importunités des marchands.

Notre seconde excursion eut pour but l'escalade du Diana Peak, la plus haute montagne de l'île; M. Maréchal, capitaine du génie et conservateur de Longwood, nous servit lui-même de guide le plus gracieusement du monde. La belle vue dont on jouit de ce sommet à pic, mais couvert de pins et de cyathées, nous récompensa largement des fatigues causées par l'ascension d'une montagne haute de 2,700 pieds.

Une particularité frappe le voyageur qui parcourt l'intérieur de Sainte-Hélène, c'est la quantité de terrains fertiles dont on fait des jardins d'agrément ou des parcs, mais qui parfois restent complétement incultes. De 16,000 ares de terres labourables,

la moitié à peine est plantée de légumes, de céréales et de
quelques caféiers. Comme la culture du sol doit être très-avan-
tageuse à cause du climat tropical et humide de Sainte-Hélène,
la négligence dont on fait preuve dans ce cas ne peut s'expliquer que par ce fait que les 6,000 habitants de l'île trouvent
dans la navigation une source de profits encore plus lucrative.

Tombeau de Napoléon.

Depuis que l'ouverture du canal de Suez et les progrès de
la navigation à vapeur ont réduit de 12,000 à 700 ou 800 voiliers, le nombre des bâtiments qui relâchent chaque année à
Sainte-Hélène pour prendre de l'eau et des vivres frais, on
commence à reconnaître qu'il faut faire quelque chose dans
ce sens. On songe maintenant à cultiver sur une plus vaste

échelle le caféier et le quinquina, qui se plaisent beaucoup ici.

L'état-major de l'*Helgoland* non-seulement visita les beautés naturelles de l'île, mais encore, grâce à l'amabilité de notre consul, fit connaissance avec la société de Sainte-Hélène. Dans un bal qu'il donna en notre honneur, le jour même de notre arrivée, nous fûmes présentés à tout le « high-life » de l'île. Le nombre prépondérant des femmes nous frappa. Les jeunes gens, en effet, doivent aller chercher en Angleterre ou dans la colonie du Cap des moyens d'existence, tandis que les miss restent dans l'île jusqu'à ce qu'un officier de terre ou de mer les prenne pour femme. Il est bien évident que, dans ces circonstances l'arrivée, d'un vaisseau de guerre est pour la société un véritable événement.

Dès notre arrivée, les quelques officiers d'artillerie et du génie de la garnison étaient venus nous rendre visite, ayant à leur tête le colonel Kerr, commandant de la place. Nos relations avec eux furent amicales, et bien qu'il fallût monter 700 marches, nous fréquentâmes souvent leur mess de Ladderhill.

La fête de notre Empereur fut célébrée avec une grande pompe conformément au programme, et l'*Helgoland* entouré des autres navires plus ou moins pavoisés, fut paré, couvert de flammes et de pavillons. Nous organisâmes aussi une fête à bord avec musique et lunch, et nous improvisâmes un petit bal sur le pont, transformé à la hâte en salle de danse et décoré de drapeaux.

Le 6 octobre, au matin, nous achevâmes notre approvisionnement en vivres et en eau ; instruits par l'expérience, nous employâmes jusqu'à une chaudière à vapeur comme réservoir pour l'eau destinée à la cuisine, et, à deux heures de l'après-midi, nous larguâmes les voiles, profitant de l'alizé qui soufflait directement de terre.

Avant le coucher du soleil, l'île disparut à l'horizon, et avec elle le dernier coin de terre que l'*Helgoland* vit avant d'arriver dans l'hémisphère boréal, car l'Ascension, près de laquelle nous passâmes le 11 octobre, vers sept heures du soir, se déroba à tous les regards curieux derrière un rideau de nuages.

L'alizé soufflait cette fois avec une grande régularité, nous filions avec une vitesse moyenne de cinq milles marins un quart à l'heure, et le 18 octobre, à huit heures du soir, nous coupions l'équateur par le 27° de longitude ouest de Greenwich.

Lors du premier passage de l'équateur, dans la traversée d'Aden à Zanzibar, cette solennité n'avait pu avoir lieu, par suite de la mort d'un de nos gens, décès dont nous avons parlé ; aussi l'équipage ne manqua pas l'occasion d'organiser un baptême selon toutes les règles. Cette cérémonie, qui fait le bonheur de tous les marins, se passa comme d'ordinaire ; cependant la pompe qui avait été préparée à l'avance fut mise en mouvement avant le signal convenu, et le jet, que l'état-major évita en prenant la fuite, vint frapper de toute sa force les divinités et leur suite, si bien que quelques matelots barbouillés en nègres devinrent blancs instantanément.

Avec le passage de la ligne, l'alizé du sud-est tomba ; nous assistâmes à ce tableau si rare dans l'Océan d'une mer d'huile et unie comme une glace, mais au bout de quelques jours, l'alizé du nord-est s'éleva, amenant avec lui des pluies véritablement tropicales et l'*Helgoland* ne put couper que le 14 novembre le 30° degré de latitude par 41° de longitude ouest au lieu du 30° degré de longitude, comme cela a lieu d'ordinaire.

Les navires en vue pendant ce temps furent très-nombreux, et nous aperçûmes, faisant route vers le Sud, un vaisseau d'émigrants, qui, à en juger par la position, devait être vraisemblablement ce malheureux *Cosspaérick* qu'un incendie épouvantable devait dévorer le 11 septembre 1874. Alors qu'il avait à bord 429 passagers, trois seulement furent sauvés.

Fatigués des vents contraires et des calmes, nous saluâmes tous avec une vive satisfaction le vent du sud qui s'éleva le 16 novembre et nous permit de franchir très-rapidement une distance considérable. Notre joie fut de courte durée; le 17, le ciel se couvrit, des pluies torrentielles tombèrent, une houle forte venant du sud-est et la baisse rapide du baromètre nous annoncèrent un temps extraordinairement mauvais.

Bien que, dès l'après-midi, on eût pris des mesures de précaution, il était déjà trop tard pour résister convenablement à la tempête; vers huit heures le vent augmentant toujours, le vaisseau donna tellement de la bande que l'inclinaison atteignit 40° et que l'eau toucha le bastingage.

Le baromètre, qui descendait toujours avec une rapidité inouïe, ne nous laissa pas douter un seul instant que nous avions affaire à un cyclone se dirigeant droit sur le vaisseau. Grâce à la vitesse extraordinaire de l'*Helgoland*, vitesse qui atteignait presque onze lieues à l'heure, nous conservâmes pourtant l'espoir de nous tirer de cette position dangereuse et de sortir, par l'est, de la route suivie par le centre de l'ouragan.

A minuit, la situation était vraiment imposante. La mer ressemblait à de l'eau bouillante, d'immenses vagues coniformes se dressaient et se brisaient entre elles avec fracas, la tempête sifflait dans les agrès; sur les fonds noirs du ciel les lambeaux blancs de la voile se détachaient et claquaient comme des fouets, tandis que le navire penché tantôt d'un bord, tantôt de l'autre, filait avec une rapidité étonnante, laissant derrière lui une traînée d'écume blanche et brillante.

Le vent sauta ensuite vers le sud-ouest; il devint alors évident que la corvette était sortie du chemin suivi par le centre du cyclone.

L'ouragan qui n'avait pas cessé de faire rage déchira la voile de misaine avec le fracas du tonnerre.

Le vaisseau se trouva ainsi momentanément privé de tout moteur et s'arrêta; on vit par-dessus la passerelle la crête brillante d'une lame menaçante qui s'abattit sur le navire avec une force telle qu'il craqua dans toutes ses jointures. Tout ce qui n'était pas attaché à fer et à clou sur la dunette et la passerelle fut emporté par le flot écumant vers le côté sous le vent; la corvette se coucha sur le flanc et le torrent d'eau entraîna pêle-mêle contre le bastingage des cordages, des objets arrachés violemment ainsi que la plus grande partie de l'équipage.

Malgré nos manœuvres, une seconde lame frappa le gouvernail qui fut tordu. Pour empêcher la rupture d'être complète, il fallut s'empresser d'imprimer au navire la plus grande rapidité, résultat qui fut obtenu en rétablissant les voiles défectueuses de misaine et en déployant celles qui étaient ferlées.

A deux heures du matin le baromètre atteignit son niveau le plus bas; la pluie cessa, quelques étoiles se montrèrent au zénith et le vent tourna à l'ouest; le plus fort de la tempête était passé. Le matin, la mer encore très-haute, — nous estimons que certaines vagues avaient 25 ou 30 pieds, — prit du moins un mouvement régulier.

Les effets du mauvais temps se sont fait aussi sentir à l'intérieur du bâtiment.

La lame passée par-dessus bord avait pénétré par les écoutilles dans les parties les plus profondes du navire et les mouvements du roulis lui imprimaient des secousses inquiétantes qui faisaient craquer et gémir la membrure du vaisseau. Quelques objets moins solidement fixés que les autres s'étaient détachés et dansaient un sabbat désordonné ; ce fut en courant le plus grand danger que les hommes commandés pour ce travail réussirent à s'en saisir.

Dans cette terrible secousse, les chutes violentes et les contusions plus ou moins légères ne manquèrent pas et les menus accidents, pour la plupart heureusement comiques, ne firent pas défaut.

Aux premières heures du jour, nous pûmes reconnaître les dégâts causés par le mauvais temps. A l'exception du gouvernail brisé et de quelques voiles déchirées, nous ne remarquâmes aucune avarie, et les agrès en particulier, vieux de sept ans, s'étaient parfaitement comportés. Comme le temps resta gros, il fut impossible de réparer le gouvernail ; ce fut seulement deux jours après, le vent et la mer étant calmés, qu'on l'attacha le mieux possible ; l'on profita d'un calme survenu un peu plus tard pour lui faire une réparation nécessaire.

Autant, pour la raison qui vient d'être énoncée, cette période de calme fut d'abord la bienvenue parmi nous, autant elle nous contraria en persistant pendant une semaine ; car de faibles brises variables ne nous permirent de faire que peu de chemin.

Gibraltar était encore éloigné de 1.200 milles ; pour l'atteindre, il fallait compter encore au moins 14 jours ; les vivres et la provision d'eau paraissaient juste suffisants pour 20 jours et nous avions à craindre les vents contraires, car le baromètre indiquait un temps très-variable.

En cette occurence, ce fut une bonne fortune pour nous d'avoir le 28 novembre au matin un vapeur en vue. Nous l'appelâmes ; c'était le vapeur anglais *Trinacria* se rendant de Gibraltar à New-York. A la demande que nous lui adressâmes, il se déclara prêt à remorquer la corvette à Ponta-Delgada, capitale de l'île San Miguel du groupe des Açores, où nous pensions changer le gouvernail et renouveler les vivres. Nous fîmes nos conventions avec le capitaine du vapeur, les câbles de remorque furent fixés et à midi le *Trinacria* se mit en mouvement avec nous.

Les indications du baromètre se réalisèrent, et dès le lendemain s'éleva un vent violent avec rafales de pluie, qui souffla bientôt du nord-ouest et grossit la mer. Dans la nuit du 29 au 30, la mer fut si forte que nous nous attendions à chaque instant à voir se briser les câbles de remorque. Par bonheur nos craintes ne se réalisèrent pas et le 30 novembre, au point du jour, nous aperçûmes la terre que nous n'avions pas vue depuis près de deux mois entiers ; devant nous se dressait la longue chaîne des collines de San Miguel.

La mer se calma sous le vent de l'île ; nous avançâmes alors plus vite : les contours du pays se dessinèrent, le bleu se changea en un vert éclatant, les maisons apparurent et nous eûmes bientôt en face de nous la jolie ville de Ponta Delgada, construite en amphithéâtre et entourée de jardins magnifiques.

A neuf heures l'ancre tomba et le pilote nous apporta l'agréable nouvelle que les travaux de la jetée étaient assez avancés pour que l'*Helgoland* y trouvât un abri, point sur lequel nous étions dans l'incertitude et, pour nous, d'autant plus important qu'il n'eût pas été facile de changer le gouvernail sur une rade foraine.

La violence du vent empêcha l'entrée immédiate du vaisseau dans le port et nous dûmes nous contenter pour l'instant d'assujettir le navire de telle sorte qu'il ne pût chasser facilement. Nous apprîmes avec joie que San Miguel nous offrirait des ressources plus considérables que nous ne l'avions pensé.

CHAPITRE TREIZIÈME

SAN MIGUEL

Nous débarquâmes, pour la première fois, sur la terre de San Miguel dans la matinée du premier décembre, jour fameux dans l'histoire du Portugal.

Le premier décembre 1640, les Portugais secouèrent le joug que leur avait imposé l'Espagne ; cette puissance ayant émis, il y a quelques années, l'idée de reconstituer un royaume ibérique, les Portugais, pour protester, décidèrent que l'anniversaire de leur indépendance serait célébré chaque année par de grandes fêtes dans toute l'étendue du Portugal. Ces réjouissances ont également lieu à San Miguel, dont les habitants, Portugais, comme ceux des Açores en général, ont un amour très-vif pour leur patrie ; au moment de notre arrivée, on venait d'annoncer pour ce jour de fête un *Te Deum* et une représentation de gala ; tous les consuls, ainsi que l'état-major de l'*Helgoland*, reçurent une invitation. En conséquence, nous nous rendîmes en grande tenue chez notre consul pour assister à la solennité sous sa direction.

Le ciel s'était un peu éclairci, et le soleil égayait Ponta Delgada, pavoisée ainsi que les navires de la baie ; dès le matin
les chants, les cris d'allégresse et les détonations de petits
mortiers parvinrent jusqu'à nous. Nous atteignîmes le petit
port, construit au moyen âge, puis nous passâmes sous une espèce d'arc de triomphe, qui fut peut-être autrefois la porte de
la ville, et nous arrivâmes près de la grand'place, appelée
Largo de la Matriz, place à laquelle la cathédrale a donné son
nom. Guidés par un attaché du consulat, nous poursuivîmes
notre chemin vers la maison du consul. L'impression produite
par la ville est très-agréable. Les maisons, pour la plupart à
un étage, sont construites dans le style espagnol, elles sont
d'un blanc pur, sur lequel se détachent des lignes noires
et des fenêtres à balcons peints en vert ; les rues sont propres
et bien pavées ; il y a des places spacieuses, dont quelques-unes
sont ornées d'arbres et de jardins. Partout règne le mouvement le plus animé ; dans les rues, la foule est grande ; les
uns sont vêtus à l'européenne, les autres portent le costume
original du pays, les militaires, à jolie tournure martiale, ont
un uniforme d'un brun noir presque sombre et d'une simplicité étonnante. Nous rencontrâmes aussi diverses corporations
avec des bannières et des musiques, ainsi qu'une masse de
voitures qui portaient les invités des classes supérieures.

Tout cela ne contribua pas peu à modifier considérablement
notre opinion sur Ponta Delgada, dont nous ne nous faisions
pas une idée favorable quelques jours plus tôt.

Notre consul, M. Abreu da Lima, riche commerçant portugais, nous accueillit avec beaucoup de courtoisie, et, au moment où les forts et l'*Helgoland* tirèrent les salves de midi,
nous nous mîmes tous en route pour assister au *Te Deum* célébré à l'église de la Matriz. — La Matriz, comme on appelle

Ponta Delgada.

tout simplement la cathédrale, est d'une grandeur imposante et de belles proportions ; mais elle est trop surchargée d'ornements et d'enjolivements.

Le gouverneur de l'île, le comte da Praia, nous reçut à l'entrée : élégant d'allures, il a le pur type méridional. Lorsque notre commandant eut fait les présentations d'usage, il nous indiqua une place, à côté de nombreux dignitaires militaires et civils, dans le presbytère disposé en forme de salon et garni de chaises et de tapis aux couleurs variées.

Le service divin fut ensuite célébré avec une pompe inconnue chez nous. Ainsi le gouverneur accompagnait l'évêque dans sa procession dans l'église, et, de temps en temps, tenait devant ce dernier une ombrelle d'or tissé ; en outre tous les assistants jeunes et vieux, même les militaires, restèrent presque continuellement à genoux. Ce tableau nous donna une haute idée de la piété de la population de Ponta Delgada. Un sermon relatif à l'origine de la fête termina la solennité. Il fut prononcé en langue portugaise ; aussi ne pûmes-nous en comprendre que quelques mots ayant de l'analogie avec l'espagnol et l'italien, mais on nous en fit le plus grand éloge.

Au sortir de l'église, l'animation fut à son comble ; les troupes tirèrent des salves ; l'*Hymno da Independencia* fut joué et chanté à diverses reprises, et l'on lança des fusées, bien qu'il fît grand jour.

La foule se dispersa enfin, les nombreux fidèles en habit et parés montèrent dans leurs voitures et nous nous dirigeâmes vers notre demeure flottante.

Dans l'intervalle, le soleil s'était caché de nouveau derrière des nuages sombres et noirs, le vent soufflait par rafales violentes mêlées de fortes ondées.

Malgré tout, les membres de l'état-major de la corvette,

libres de service, se trouvèrent le soir au théâtre. La salle élégante contenait plus de cinquante loges et environ deux cents siéges ; elle était décorée très-artistement de fleurs et surtout de camélias ; le public en grande toilette occupait les siéges, tandis que les dames étaient dans les loges ; mais la façon dont fut interprétée *Maria de Rohan* dépassa de beaucoup notre attente.

Le gouverneur, dès le premier jour de notre arrivée, il nous témoigna ces prévenances parfaites et cette bienveillance sincère dont nous eûmes tant de fois à nous louer pendant notre long séjour à San Miguel.

Au bout de trois jours, le temps se mit au beau, et, le 4 décembre, l'*Helgoland* put enfin être amarré en lieu sûr dans l'intérieur du port.

Il s'agissait maintenant, avant tout, de reconnaître soigneusement les dommages causés au gouvernail. Il était dans un état tel qu'il fallait évidemment le refaire dans ses parties principales. Les bons ouvriers ne manquaient pas pour ce travail, mais le bois de chêne, de dimensions considérables, faisait complétement défaut. Il fallait en faire venir d'Angleterre, ce qui força la corvette à faire à San Miguel un séjour qui se prolongea pendant trois mois et demi.

San Miguel est la plus riche et la plus importante des Açores. Longue et étroite, sa direction principale court de l'est à l'ouest ; ses formes volcaniques bizarres et sa riche végétation la rendent très-pittoresque. D'après les calculs les plus récents, l'île a une superficie de 16 lieues carrées ; sa population est de 120,000 âmes et se compose presque exclusivement de familles portugaises. Le climat est humide et doux, le sol fertile ; aussi la végétation est-elle très-luxuriante et la culture très-riche ; en même temps sa situation géographique lui donne une importance réelle pour les navigateurs.

La principale production de San Miguel est celle des oranges
dont trois cent mille caisses (de quatre cents oranges) sont exportées annuellement, surtout en Angleterre et dans l'Amérique du Nord. Le blé, cultivé sur une large échelle, constitue,
avec les bêtes à cornes, les cuirs et la pouzzolane, le reste de
l'exportation qui se fait spécialement pour le Portugal.

Les quelques localités importantes sont : Ribeira Grande au
nord, la station de bains de Furnas à l'est, Villa Franca et
Ponta Delgada au sud. Cette dernière est la résidence du gouverneur, la capitale et le centre commercial de l'île, elle compte
plus de 15,000 habitants.

Comme le reste des Açores, San Miguel présente un rivage
peu découpé, le plus souvent à pic, sans port naturel. La rade
de Ponta Delgada offre un bon ancrage, mais elle est complétement ouverte du sud-est à l'ouest-nord-ouest ; elle est par
conséquent très-peu sûre pendant l'hiver, où les vents de cette
direction soufflent fréquemment. Pour éviter des retards dé-
sastreux, notamment à l'expédition des oranges, et pour faire
de Ponta Delgada un port de refuge, les habitants de San Miguel,
amis du progrès, ont décidé la construction d'un port artificiel, très-nécessaire pendant la saison d'hiver.

Sur leurs instances, le gouvernement portugais promulgua
une loi ordonnant la construction d'un port à Ponta Delgada, et
affectant à cet usage les fonds provenant de la douane de l'île.
Les travaux, commencés en 1862, sont maintenant assez avancés pour que des navires de 2,000 tonneaux puissent trouver
un abri dans le port. Ainsi à l'endroit où l'*Helgoland* fut
amarré, il y avait encore l'espace suffisant pour recevoir une
grande frégate cuirassée.

La jetée atteint déjà une longueur de 700 mètres ; la largeur de la coupe transversale est d'une longueur extraordinaire,

elle varie entre 150 et 170 mètres sur 70 et 100 mètres de base
et de profondeur.

Les Açores, on le sait, ont été découvertes par le Portugais
Gonçalo Cabral et sont restées jusqu'à nos jours sous le sceptre
du Portugal, sauf pendant un court intervalle où elles appar-
tinrent à Isabelle de Bourgogne.

La majeure partie de la population de San Miguel est de
race portugaise ; à Ponta Delgada seulement se sont établis
quelques étrangers, des Anglais surtout, qui se livrent au
commerce des oranges. La population indigène est belle et robuste, on voit surtout beaucoup de jolies femmes. Le costume,
très-simple, ressemble à celui de l'Italie méridionale. La coiffure est originale : celle des hommes est un képi pourvu d'une
visière énorme et auquel est attaché, par derrière, un mouchoir
bleu couvrant le cou ; celle des femmes consiste en un capu-
chon dont la longueur atteint jusqu'à deux pieds et dont l'étoffe
est la même que celle de la « capote », sorte de burnous ; il est
toujours abattu sur la tête et donne ainsi à celles qui le portent
l'extérieur comique d'un septemvir en marche.

Par suite de l'influence des Anglais, toute l'éducation fémi-
nine est confiée à des Anglaises : aussi, grâce à la position in-
sulaire et écartée de San Miguel, il s'est établi dans la classe
aisée des mœurs et des usages tout à fait particuliers, dans
lesquels le sens pratique des hommes du Nord et le tempérament
joyeux et animé des méridionaux entrent par parties égales.
Le caractère propre des habitants de l'île ne ressemble pas non
plus à celui qu'à tort ou à raison on reconnaît chez nous aux
Portugais du continent.

Comme ces derniers, ils sont très-entreprenants, très-pa-
triotes, sobres, et d'une courtoisie presque exagérée ; mais ils
manquent de l'orgueil, et des avantages et des inconvénients

qui y sont attachés ; ils sont sincères, abordables et très-hospitaliers.

On remarque partout un vif désir d'instruction ; dans les meilleures compagnies, on parle couramment le français et l'anglais, et quiconque en a le moyen, envoie ses fils à l'école supérieure de Coïmbra.

Types populaires des Açores.

La nature des gens du pays semble très-bonne et très-modeste. La statistique criminelle montre que le vol est une chose très-rare et le dernier assassinat remonte à 1830, année agitée par la politique. Lorsqu'on y réfléchit, ce fait étonne d'autant plus que les classes inférieures sont tellement appauvries par suite de la surabondance de population que cinq à six cents personnes émigrent chaque année au Brésil, pour gagner leur vie.

Par contre, l'aristocratie, si l'on veut nommer ainsi les anciennes familles, et les commerçants de San Miguel, sont très-riches, mais depuis l'abolition des majorats, le bien-être général
augmente d'une manière sensible; non-seulement la terre est
répartie d'une manière plus rationnelle, mais il se produit
aussi une grande activité sous le rapport industriel, et plus
d'un membre appauvri des premières familles ne craint pas,
sans que cela lui nuise dans la société, de chercher des ressources dans un travail pénible, mais honorable.

Les habitants de San Miguel, ont concentré avec énergie
toutes leurs vues sur l'avenir de leur port ; divers ateliers ont été
élevés, un dock flottant en bois pour les vaisseaux du plus fort
tonnage a été construit, et maintenant on travaille à des magasins destinés à recevoir les provisions nécessaires à la navigation.

La vie intellectuelle et politique est très-développée dans l'île
et les treize journaux qui paraissent ici le prouvent surabon-
damment. Les nombreux édifices d'utilité publique, hôpitaux,
écoles, sociétés de bienfaisance, prouvent en même temps la
grande humanité des habitants.

L'étranger, chez lequel la bigoterie des hommes du midi
de l'Europe est passée en proverbe, est frappé du nombre de
monastères abandonnés et convertis en hôpitaux, en casernes,
en écoles et même en maisons particulières qu'on rencontre si
souvent à Ponta Delgada. On en trouve cependant l'explication
dans la connaissance approfondie des motifs. Quoique la
population du pays témoigne une grande piété et que les
classes instruites fassent preuve de l'attachement le plus sincère à l'église catholique, l'esprit civil domine, surtout parmi
ces dernières, et aussitôt que les intérêts de la religion et de
l'État ou de la commune entrent en lutte, la question est

tranchée sans retour au plus grand avantage de l'État ou de la commune.

La présence de l'*Helgoland* dans le port ne passa point inaperçue des habitants de San Miguel. C'était le premier vaisseau de guerre et même le premier navire d'un fort tirant qui s'abritât derrière la jetée ; aussi fut-il l'objet d'une attention toute particulière et de visites continuelles. Heureusement le beau temps, qui se maintint pendant quelques jours, permit de tenir le vaisseau convenablement et de faire honneur au pavillon autrichien, avant que la foule des visites commençât. La première visite que nous reçûmes fût celle du gouverneur.

Le dimanche surtout, après la messe, jeunes et vieux se précipitaient à bord et garnissaient si bien le pont qu'on pouvait à peine s'y remuer. On y admirait tout, depuis le maki de Madagascar jusqu'au nègre qui servait le commandant, et lorsque les matelots se livraient à leurs danses du dimanche, la curiosité n'avait plus de bornes. Dans cette foule se trouvaient aussi des familles appartenant aux classes les plus élevées ; les membres de l'état-major étaient obligés de les conduire personnellement par la main et, après une visite fatigante, de leur faire les honneurs d'usage dans l'espace réservé.

Chacun apprit ainsi à se connaître ; avec le temps la connaissance se renouvela et se resserra soit au théâtre, soit sur le Largo San Francisco, promenade de Ponta Delgada, où l'on fait de la musique le dimanche, et bientôt les « Helgolandais » furent complétement chez eux dans la société de Ponta Delgada. Les trois cercles de la société, les clubs Michaelense, Recreativa et Progresse décernèrent le titre de membres aux officiers de l'*Helgoland* et les associèrent à tous leurs plaisirs. Le théâtre surtout nous offrit le plus grand charme.

Il est construit depuis quelques années ; pendant le séjour

de la corvette, une troupe d'opéra italienne y jouait qui attirait beaucoup de monde. Le naturel tout méridional des auditeurs s'était surtout engoué de la prima donna, signora Pavoni ; il en résulta un véritable culte, qui tourna à l'idolâtrie lors de la représentation au bénéfice de cette artiste. Jamais le public le plus exalté de l'Italie, jamais l'affollement enthousiaste de société de Saint-Pétersbourg ne donnèrent le spectacle d'une telle ovation, ce fut une pluie de bouquets, de bijoux, de compliments ; la scène fut couverte de roses blanches, la salle pleine de canaris enrubannés. Après la représentation la voiture fut dételée et traînée par les spectateurs au milieu de feux de Bengale et de détonations d'artifices. Lorque la diva arriva à son hôtel, les gentlemen ôtèrent leurs habits pour en faire un tapis à la cantatrice.

Sur ces entrefaites, le nouvel an arriva, et nous attendions toujours le bois commandé pour le gouvernail, mais par suite du mauvais temps notre gouvernail n'arrivait pas ; grâce à cette circonstance, nous assistâmes à San Miguel au carnaval.

A San Miguel, comme ailleurs, les sociétés donnent des bals publics, et les particuliers, des soirées dansantes ; ces réunions diffèrent complétement des nôtres, parce qu'on interrompt la danse pour jouer des morceaux de musique.

Si l'on danse moins, on a parfois la chance d'avoir pour dan-seuse une grand'mère. Ce n'est pas que l'extérieur de cette dame le fasse supposer, mais ce qui l'explique, c'est que le genre de vie régulier en même temps que la grande salubrité du climat conservent au corps sa force et son extérieur. Aussi ce n'est pas chose rare ici de rencontrer de vertes octo-génaires.

L'extrudo, dont les Miguelais sont fiers, est une plaisanterie de carnaval particulière à l'île San Miguel. Un peu contraire

aux règlements de police, elle n'a lieu que le dimanche et le
jeudi de la dernière semaine et pendant les trois derniers jours
du carnaval.

Avec un mélange de cire et de suif, on fond des projectiles de
formes variées, creux et gros comme un œuf; on les remplit
d'eau, et on s'en sert comme en Italie des confetti. Le plus
souvent, ces bombes fraîches éclatent très-facilement; d'aucunes sont cependant plus résistantes; une seule suffit pour

Largo San Francisco.

mouiller une personne complétement, et, avant de sentir l'humidité, il semble que l'on reçoive un coup de poing sur la tête.

On peut ne pas trouver d'agrément à ce jeu, surtout si l'on
revient avec un bleu à l'œil ou une joue gonflée, mais on ne
saurait méconnaître que cela peut disposer beaucoup à la rail-
lerie. Les dames ne se font pas faute de prendre part à ces réjouissances; il est vrai qu'elles se tiennent aux balcons dont il a
été parlé précédemment. La troupe des jeunes gens passe avec

des parapluies sous ces averses d'extrudos ; elle est accompagnée
d'une foule de gamins qui portent des limes, comme s'appellent ces projectiles sans doute d'après le fruit peu estimé qui
est l'intermédiaire entre l'orange et le citron.

Le bombardement commence ; on lance, on se baisse, on
vise de nouveau, et dans cette circonstance le proverbe « qui
s'aime, s'agace, » est mis en action jusqu'à ce que les muni-
tions s'épuisent ou que l'ardeur des combattants soit suffisamment refroidie.

Ce qui charme le touriste, à San Miguel, c'est la beauté du
paysage. Le printemps, qui commence ici à la fin de février,
nous procura l'occasion de l'admirer longuement.

Dans la ville elle-même existent des jardins comme il est
rare d'en rencontrer ailleurs. Chaque personne aisée met son
orgueil à posséder le jardin le plus beau possible ; le climat
favorise ces efforts — les camélias viennent en pleine terre —
et l'on obtient des résultats extraordinaires. Ouvert au public,
le jardin de M. Borges, que l'on vante avec un orgueil légitime
à tout étranger comme une curiosité de Ponta Delgada, excita
toute notre admiration. Nous y vîmes réunies des plantes de
tous les climats, de tous les pays. Il serait difficile de trouver
pareille collection sous le rapport de l'abondance et des arran-
gements, pleins de goût.

Les jardins potagers eux-mêmes qui occupent toute la partie
méridionale de l'île sont dignes de servir d'objectif aux prome-
neurs. La promenade dans les allées d'orangers embaumés est
agréable en elle-même et pour elle-même, mais son charme
est encore augmenté par le changement qu'apportent ces abris
vivants (abrigos). La culture des ananas faite en grand ici ne
manque pas non plus d'intérêt ; je n'ai jamais rencontré sous les
tropiques des fruits aussi gros : il en était qui pesaient de cinq à

six livres. Les ananas, comme la majeure partie des oranges, sont exportés en Angleterre : on les payait souvent autrefois une et deux livres sterling pièce ; aujourd'hui la grande concurrence a fait baisser les prix et empêché l'augmentation du nombre de ces plantations.

Furnas fut le but d'une des premières excursions que nous fîmes tantôt seuls, tantôt en compagnie de nos amis san-miguelais.

San Miguel est, à proprement parler, une chaîne de montagnes composées de cônes à sommet concave, qui ne laisse aucun doute sur son origine volcanique. A l'extérieur, ces volcans semblent éteints ; les trois cratères principaux sont remplis d'eau et forment, en allant de l'ouest à l'est, les lacs Sette Cidades, Lagao da Fogo et Furnas. L'activité volcanique n'est cependant pas éteinte et se manifeste par les nombreuses sources d'eau chaude que l'on rencontre dans l'île. Ces sources sont surtout nombreuses dans la vallée de Furnas ; elles ont de grandes propriétés curatives, et les environs de la localité passent pour les plus beaux de l'île ; aussi les habitants fashionables de San Miguel en ont-ils fait leur rendez-vous du dimanche.

Ce fut de grand matin que nous nous mîmes en route. Tout était encore plongé dans un profond sommeil à Ponta Delgada quand le bruit et le roulement de notre voiture de pays attelée de trois mules annoncèrent à ceux qui avaient le sommeil léger la présence d étrangers curieux. Peu à peu nous sortîmes du fouillis des maisons ; après avoir traversé le faubourg de Rosto da Cão, nous quittâmes le rivage et perdîmes de vue l'Océan endormi et enveloppé dans l'obscurité et les nuages.

Nous pénétrâmes dans l'intérieur des terres en passant devant des maisons de campagne, des plantations d'orangers et des forêts de pins, jusqu'à ce que nous atteignissions le versant de montagnes qui nous séparaient de Ribeira Grande, située dans la partie nord de l'île.

Sur ces entrefaites, le soleil s'était levé ; mais la contrée n'était qu'à demi éclairée, à cause de l'ombre que projette à l'est le pic d'Agoa de Pão ; une vue magnifique s'offrit à nous du point élevé où nous étions parvenus et notre regard plongeait de nouveau de deux côtés sur la mer azurée. Le caractère différent des parties nord et sud de l'île sautait alors aux yeux.

Derrière nous, depuis Ponta Delgada, dont les fenêtres brillaient comme de l'or au soleil levant, jusqu'à Alagoa, s'étendait un magnifique tapis de verdure : c'étaient les plantations d'orangers. Devant nous se déroulait la côte, et l'œil pour se reposer ne rencontrait que quelques plaines autour de Ribeira Grande ; elles s'étendent au loin, et à l'exception de l'agréable Capellas elles étaient couvertes la plupart du temps de champs de blé uniformes. La circulation plus active sur la route trahissait le voisinage de Ribeira Grande, et nous arrivâmes à 8 heures du matin sur la grande place de cette ville, après avoir traversé un long faubourg.

Nous eûmes bientôt parcouru la grand'place avec ses plantations, l'hôtel de ville de belle apparence et les rues principales ; partout nous rencontrâmes la propreté et l'ordre, mais en même temps le cachet inévitable de la ville de province. Nous accordâmes plus d'attention à l'église, édifice qui ne manque pas de beauté dans son ensemble, le maître-autel surtout est véritablement remarquable par ses sculptures. Nous ne pûmes nous défendre d'une grande gaieté en voyant l'extérieur de plusieurs femmes, qui, cachées sous leurs capotes, semblaient être profondément absorbées dans la prière, mais qui suivaient néanmoins les mouvements des étran-

gers avec la plus grande attention, et lorsque nous nous si-
gnâmes en sortant elles chuchotèrent avec le comble de l'é-
tonnement : « *Están christãos !* » (Ils sont chrétiens !).

Comme toutes les villes de San Miguel, Ribeira Grande
était fortifiée autrefois, surtout du côté de la mer. Lorsque
nous visitâmes le vieux fort du nord, nous fûmes témoins
d'un ressac d'une violence extraordinaire. Les vagues rou-
laient à ses pieds, où elles se brisaient contre la muraille de
granit avec un bruit de tonnerre et avec tant de violence que
celle-ci tressaillait. Malheur au navire qui échoue par ici, car
il est fort peu vraisemblable qu'on puisse sauver l'équipage !

Après avoir copieusement déjeuné nous quittâmes Rio Grande
dans des dispositions favorables pour admirer les beautés de
la nature. Le chemin allait tantôt montant, tantôt descendant ; aussi loin qu'il s'étendait sur la droite dans l'intérieur
de l'île, le tableau n'offrait rien de curieux, sauf de petits
villages de pêcheurs, où régnait une misère extrême ; les femmes, couvertes de mauvais haillons et les enfants crasseux dans
les rues excitaient autant de pitié que de dégoût.

Une fois encore nous nous dirigeâmes par le sud vers l'intérieur, et nous descendîmes une pente assez escarpée ; enfin
nous arrivâmes sur un large plateau. Partout l'horizon était
limité par une légère éminence de terrain qui domine au dernier plan la cime des montagnes, et pourtant, à en croire
notre cocher, nous étions tout près de notre but.

Nous fîmes encore un détour, et, après avoir traversé un ravin
profondément découpé dans le sol, nous aperçûmes devant
nous Furnas. Brillamment éclairée par le soleil de midi, elle
semblait tout à coup surgir par magie.

La vallée de Furnas se compose de deux vallées encaissées,
larges chacune d'une demi-lieue ; leurs murailles sont presque

perpendiculaires, et néanmoins couvertes de la plus riche verdure. Dans le bassin le plus encaissé, situé à l'est, gît la petite ville de Furnas ; celui de l'ouest, plus élevé, est situé près du lac du même nom. Ce tableau produit une impression de charme extraordinaire lorsqu'on descend la route sinueuse. En voyant le vert sombre des murailles, qui se découpe çà et là sur le bleu violet des montagnes un peu plus éloignées, les nuages blancs de vapeur qui s'élèvent des sources au-dessus des magnifiques prairies, la vallée, les maisons de la ville blanchies à la chaux, les villas, construites pour la plupart dans le style le plus moderne et entourées de riches jardins, enfin le tableau coquet du lac qui miroite au milieu des saillies de la montagne, qui pourrait se croire dans une des petites îles semées au milieu de l'Océan ?

Nous atteignîmes bientôt le sol de la vallée et le reste de l'après-midi fut employé à visiter les sources. Nous avions pour guide notre maître d'hôtel, senhor Hironimo, qui avait beaucoup voyagé et racontait volontiers ses voyages.

Nous fûmes bientôt arrivés. Un épais nuage de vapeurs, une horrible odeur de soufre et un bruyant sifflement nous indiquaient que nous approchions de notre but ; nous suivîmes alors avec prudence les traces de notre guide, car, vu la température bouillante de l'eau, il aurait été très-dangereux de glisser sur le sol poli et de prendre un bain involontaire. La première source que nous rencontrâmes fut la Caldeira Grande. D'un trou d'environ dix pieds de diamètre, entouré d'une muraille, jaillissait un mince jet d'eau, à hauteur variable ; il entraînait avec lui de petites parcelles de terre qui tombaient en pluie sur un large périmètre avec la vapeur condensée. Autour de Caldeira Grande se pressaient quantité de sources semblables, mais plus petites. A chaque instant, on rencontrait,

soit une crevasse, soit une grotte où l'eau bouillonnait et
bouillait, tandis que la terre elle-même sur une étendue
considérable atteignait une température très-élevée.

Nous fûmes surpris de rencontrer au milieu de ces sources
d'eau bouillante, et à un pied à peine de distance de l'une
d'elles, une source froide, l'*Agua Azeda ;* cette dernière contient une quantité extraordinaire d'acide carbonique et fournit
au voyageur altéré une boisson très-rafraîchissante.

Les sources chaudes de Furnas.

Toutes les sources de Furnas se divisent en général en
sources très-chaudes ou froides. Les premières renferment du
soufre en suspension, et les dernières de l'acide carbonique et
du fer ; dans toutes il y a une grande quantité de soude et d'a-
cide silicique. Les eaux chaudes se rapprochent beaucoup de
celles de Plombières, et les plus froides de celles de Seltz.

Les propriétés curatives des sources de Furnas se sont plusieurs fois très-brillamment révélées ; aussi dans ces derniers

temps les Miguelais ont-ils tourné leur attention de ce côté et essayé de donner à leur île, que quelques Anglais et Américains visitent déjà comme station de cure climatérique, une plus grande puissance d'attraction en établissant des bains minéraux à Furnas.

De Caldeiras, nous nous y rendîmes par un assez long tunnel. L'établissement est construit suivant les principes les plus modernes. Dans des cabines spacieuses et commodément disposées, on a installé des baignoires de marbre dans lesquelles l'eau est amenée de quatre sources différentes, afin de former des mélanges à volonté.

La maison de bains est reliée à la bourgade par une petite allée sur laquelle, des deux côtés, donnent des parcs ; la nature d'ailleurs n'a pas besoin de beaucoup d'aide pour que les bains de Furnas rivalisent même en ce sens avec les plus renommés du continent.

Cependant, le soir était arrivé, nous dirigeâmes nos pas vers l'hôtel ; quelques camarades venus après nous à Furnas nous y attendaient. L'excellent hôtelier, que nous avions invité, prit une large part à la conversation et nous raconta ses aventures et ses voyages sur le continent. C'était un esprit fort, et cette raison suffit peut-être à expliquer pourquoi, selon son expression, il était en guerre ouverte avec les autres fonctionnaires de Furnas, mais surtout avec le curé.

Autant les soirées doivent être égayées à Furnas pendant la saison des bains par les étrangers qui cherchent de la distraction, autant elles sont monotones pendant le reste du temps. La soirée, qui menaçait d'être ennuyeuse, fut animée par un incident.

Il se produisit un mouvement très-animé ; ce n'étaient partout que bruit et que cris ; une vive clarté nous surprenait, car, de place en place, nous apercevions des flammes s'élever entre les maisons. Nous nous hâtâmes donc pour porter secours à ce que nous croyions être un incendie. En approchant davantage, nous constatâmes que les cris exprimaient la gaieté et que les feux, bien que vifs, n'étaient nullement dangereux. C'était, en effet, la fête d'un saint en l'honneur duquel on a l'habitude dans tout Furnas de tuer des cochons.

Après les avoir éventrés, on flambe ces quadrupèdes à un feu de broussailles ; telle était la raison des flammes pétillantes qui nous avaient d'abord tant émus ; on évalue à cinq cents le nombre des animaux égorgés, un vieux paysan nous expliqua avec malice le motif de cette boucherie simultanée, c'est d'éviter ainsi des présents réciproques, usage autrefois obligatoire.

Dans les rues habitées par les gens les plus riches régnaient plus de tranquillité et plus de poésie pour se reposer des fatigues du jour ; çà et là on entend les *cantigas* (chansons) nationales, et les musiciens s'essayaient sur la viole, instrument analogue à la guitare, mais dont le son rappelle celui de la mandoline à cause de la corde en fil d'archal. Ce tableau paisible et tranquille fit sur nous une impression bienfaisante.

Senhor Hironimo nous réveilla le lendemain de grand matin. Les ânes demandés nous attendaient depuis longtemps déjà devant la porte, et il fallait nous presser pour atteindre le point de vue du Pico da Vigia, lorsque le soleil était encore à une hauteur convenable. Aidés de nos conducteurs, nous grimpâmes sur nos grisons qui nous regardaient d'un œil rusé : c'était chose peu facile pour ceux qui n'en avaient pas l'habitude, car à San Miguel ils ne sont pas sellés comme ailleurs, et portent un coussin sur lequel on s'assied de travers. Tant que nous avançâmes au pas dans le village, nous conservâmes très-facilement notre équilibre, mais lorsque, sur la « Passacaïa »

des conducteurs, les animaux doucement excités par un aiguillon de fer fixé à un long bâton, commencèrent à trotter et
à galoper, plus d'un d'entre nous fut sur le point de tomber,
tantôt en avant, tantôt en arrière. Avec le temps nous apprîmes
cependant à garder notre équilibre, et nous sommes forcés de
reconnaître que cette manière de chevaucher est fort commode,
parce qu'il est très-facile au touriste de se tourner sur l'animal, comme sur un pliant d'artiste, du côté du paysage qui
l'intéresse. Nous chevauchions à peine depuis un quart d'heure,
lorsque nous arrivâmes au lac de Furnas. Pas un souffle n'agitait
la surface du lac long d'un quart de lieue sur la moitié de largeur ; dans les eaux limpides se reflétaient les hautes murailles
rocheuses qui bordent la vallée et se terminent à l'ouest par le
Pic de Ferro, haut de plus de 2,000 pieds. A la base de cette
montagne, un Anglais s'est construit un gentil cottage, qui
donne un peu de vie à ce paysage magnifique, mais désert.

En escaladant la montagne, nous traversâmes un parc charmant, puis nous continuâmes à avancer par un chemin sinueux, bien entretenu et tracé au milieu de pins de haute futaie. A chaque coude de la route, la vue s'élargissait ; nous
avions d'abord une vue à vol d'oiseau du lac, puis nous jetâmes
un long coup d'œil dans la vallé de Furnas ; çà et là nous apercevions un coin de mer à travers l'éclaircie des arbres, enfin
nous parvînmes au sommet, d'où nous embrassâmes toute
cette partie de l'île, et la mer jusqu'à l'île éloignée de San Maria.

Nous fîmes une courte halte au Pico da Vigia, qui s'élève
presque perpendiculairement de la mer, puis nous remontâmes
sur nos bêtes et nous dirigeâmes vers l'intérieur. Nous gravîmes
les autres cimes et visitâmes en détail cette magnifique partie
de l'île dont les perspectives changent sans cesse.

Notre hôtelier nous avait ménagé une petite surprise pour le

soir. La veille, en causant, il nous avait dit que le spectacle
d'une danse nationale nous intéresserait. Nous apprîmes alors
qu'il avait invité plusieurs personnes à venir danser chez lui
après le repas.

En effet, à l'heure indiquée, entra dans la salle à manger de
l'hôtel convertie à la hâte en salle de bal, une troupe de danseurs et de danseuses en habits de fête, tandis qu'un public
nombreux et en tenue de travail s'assemblait au dehors près des

Une villa à Furnas.

fenêtres. Senhor Hironimo, dans le but patriotique de donner
à ses hôtes l'idée la plus avantageuse des usages de sa patrie,
se chargea de la direction, malgré ses cheveux gris. Les deux
meilleurs joueurs de vielle étaient invités; selon leur coutume,
ils chantèrent en dansant les Aurora, Faisinha, Constanza, noms
qu'ils donnent à toutes les contredanses, dans lesquelles ils dé-
ployèrent cette grâce et cet entrain particuliers à tous les danseurs
du Midi. Ils mirent beaucoup de coquetterie et d'animation dans

le claquement de doigts qui correspond aux castagnettes espagnoles. Certains des chants tour à tour chantés par les danseurs et les danseuses étaient très-jolis. Cette amusante fête
champêtre se termina à minuit.

Le lendemain, nous dîmes adieu au Senhor Hironimo, tout
triste de notre départ, et nous retournâmes du côté de
Ponta Delgada ; laissant de côté la route que nous avions prise
pour venir, nous nous acheminâmes vers le sud, et nos ânes
de la veille, que nous menions maintenant avec facilité, gravirent d'un trot allongé des rampes assez roides. La vallée
de Furnas disparut lentement, et, laissant le Pico da Vigia
sur la gauche, nous atteignîmes le sommet de la montagne
qui nous séparait de la mer.

Devant nous s'étendait maintenant l'immensité de l'Océan,
et nous descendîmes le flanc très-rapide de la montagne, couverte d'un luxuriant gazon, jusqu'à ce que nous parvînmes
enfin à Garça.

Comme tous les villages de la partie méridionale de l'île, il se
trouve sur le versant opposé au nord. Les maisons sont propres
et bien construites, les habitants se nourrissent bien et trahissent par leur costume une certaine aisance. En général, la
partie de Garça, le long du bon chemin qui va à Ponta Delgada,
parallèlement au rivage, est une des plus belles contrées que
l'on puisse imaginer.

A peine a-t-on laissé derrière soi les derniers jardins de ce
village, que commencent les maisons de Villafranca. C'était
autrefois la capitale de l'île, mais elle fut complétement renversée par un tremblement de terre. Cette ville compte actuellement à peine 4,000 habitants, mais possède de jolies maisons
et quelques églises d'architecture remarquable.

Nous changeâmes ici nos baudets contre la voiture qui

nous attendait, et nous continuâmes notre route sans plus nous arrêter. La grande voie qui de Villafranca conduit à Ponta Delgada, est longue de deux milles géographiques. A droite se succèdent, serrés les uns contre les autres, des maisons de campagne, des jardins et des villages, tandis qu'à gauche la vue s'étend librement sur la mer.

A partir de Villafranca, ce paysage vivant commence à devenir très-varié. Jusqu'à présent nous n'avions rencontré de loin en loin qu'un voyageur à pied ou à âne ; dans les villages nous n'avions vu que des scènes de la vie des peuples méridionaux, comme Murillo en a si bien rendu dans ses compositions ; maintenant le mouvement devenait plus actif et prenait davantage le caractère citadin. Le bruit de la voiture attirait à la fenêtre des beautés aux yeux noirs ; d'élégants équipages, les chariots à bœufs, particuliers à l'île et dont les roues en bois plein criaient, les mulets qui haletaient sous le poids des caisses d'oranges, des cavaliers et des piétons de toutes conditions se croisaient dans les rues.

Après trois heures de voyage, et six heures après avoir quitté Furnas, nous étions de retour à bord de l'*Helgoland*.

Une autre excursion que ne doivent pas manquer les amateurs des beautés grandioses de la nature, est celle du cratère de Sette Cidades.

En trois heures et demie de voyage à cheval de Ponta Delgada nous gagnâmes facilement le bord du cratère et la vue que ce dernier présente dépasse encore en grandeur celle de Furnas. Le bassin a plus de trois quarts de mille géographique de diamètre ; il contient deux lacs, le plus grand est appelé Lagoa Grande et le plus petit Lagoa Azul, à cause de sa couleur bleu foncé ; plus loin encore sont quelques autres cratères moins considérables, tous revêtus de la végétation la plus luxuriante.

Voici un détail qui donne une idée de l'activité redoutable qu'avaient autrefois les volcans qui couvrent San Miguel.

Lorsque Gonçalo Cabral découvrit l'île en 1444 et débarqua dans la partie nord-ouest, il vit de grandes et larges plaines et se réjouit d'avoir trouvé un pays de facile culture. Mais quel fut son étonnement en revenant l'année suivante de trouver à la place de cette vaste plaine le cratère actuel, qui a 2,000 pieds de circonférence et qui, au niveau du lac situé à son centre, est à 800 pieds au-dessus de la mer.

San Miguel a beaucoup souffert des éruptions volcaniques et des tremblements de terre. Encore au commencement de ce siècle (1811) il surgit, près de l'extrémité nord-ouest, une petite île, qui disparut cependant bientôt. Dans ces derniers temps la puissance volcanique semble avoir diminué, et l'on n'a plus ressenti que de légers tremblements de terre.

L'arrivée du vapeur *Oceano*, qui nous apportait enfin le bois si longtemps attendu pour construire notre gouvernail, causa un changement complet dans la vie du bord.

Jusqu'à présent l'ordre du service avait été interrompu en raison du départ éloigné et incertain du navire et nous avions eu tout loisir d'étudier le port ; nous travaillâmes dès lors activement pour que le vaisseau fût prêt à prendre la mer dès que le gouvernail serait achevé.

Dès le 7 mars il fut terminé et il n'avait plus besoin que de quelques travaux peu importants pour être tout à fait propre à la mer.

Maintenant qu'approchait le départ, nous sentions combien Ponta Delgada nous était cher. Avec le temps les premières relations fondées sur la courtoisie et l'hospitalité étaient devenues une véritable amitié dont les liens s'étaient étroitement serrés entre les « Helgolandais » et la société de Ponta Delgada.

Nous eûmes d'autre part la preuve que les sympathies étaient réciproques et qu'elles s'adressaient non à l'homme, mais à tout le vaisseau autrichien et que la conduite à terre, sage et courtoise, de notre équipage n'avait pas peu contribué à rehausser la considération qu'on nous témoignait.

Au moment du départ, nous invitâmes nos amis à un bal à bord et notre fête fut favorisée du plus beau temps. Nous fîmes ensuite nos visites d'adieu, que nos nombreuses rela-

Pitta Lidaker.

tions rendirent interminables. Le dernier soir trouva encore l'état-major rassemblé chez M. et madame Manoel de Hintze Ribeiro, dont la demeure hospitalière, ainsi que celles de M. Andrade d'Albuquerque, de don Francisco de Mello y Camara et de M. Teves Adam, maire de Ponta Delgada, avaient été pour les « Helgolandais » un second chez-soi.

Enfin, le 14 mars au matin, nous larguâmes les amarres à la pointe du jour.

Ponta Delgada s'anima, et l'on s'occupa des préparatifs nécessaires pour faire une conduite convenable aux amis qui s'éloignaient.

Un grand mouvement régnait dans le port ; cinquante canots de forme différente et pavoisés de diverses couleurs prirent des passagers à terre et se dirigèrent vers la mer, où ils formèrent la haie à droite et à gauche de l'entrée de la baie. En même temps, la jetée et le rivage se couvrirent d'une foule très-nombreuse.

A midi, les voiles furent déployées, et ce fut au milieu des acclamations des spectateurs que l'*Helgoland* quitta le port où, pendant trois mois et demi, il avait trouvé un accueil si hospitalier.

Une fraîche brise du sud-ouest nous poussa rapidement en avant ; nous embrassâmes bientôt les bleus contours de San Miguel, qui disparurent enfin derrière l'horizon.

Pendant deux jours, le vent resta favorable ; puis, comme cela nous est arrivé si fréquemment pendant cette campagne, il devint tout à fait contraire et souffla quelquefois avec beaucoup de violence. Néanmoins la corvette, à laquelle nous avions enlevé son hélice, et dont les qualités de voilier s'étaient sensiblement améliorées, se conduisit bravement, et au bout d'une semaine se trouva en vue des côtes d'Espagne, à l'est du cap Saint-Vincent.

Le 24 mars, le vent tourna à la tempête, et les jours suivants nous avançâmes peu, parce que nous devions lutter contre un vent très-fort et une grosse mer. Le 28, les circonstances se montrèrent plus favorables, mais cela dura juste assez de temps pour nous permettre de jeter le lendemain l'ancre à Tanger.

Le vent ne tarda pas à tourner de nouveau à l'est, et, par suite de ce changement de temps, il ne parut pas prudent de continuer le voyage à cause des courants variables si nombreux dans le détroit de Gibraltar.

CHAPITRE QUATORZIÈME

TANGER

Le soleil se couchait lorsque l'*Helgoland*, toutes voiles dehors et poussé par le dernier souffle mourant du vent d'ouest,
entra dans la large baie, à l'extrémité occidentale de laquelle
est Tanger. La nuit, qui se faisait rapidement, dérobait le
paysage dans l'obscurité et nous n'eûmes une vue complète de
la ville que le lendemain matin.

Située sur le flanc d'une montagne, la blanche mer de maisons présente un coup d'œil gracieux avec ses nombreux minarets, son antique enceinte crénelée et son vert arrière-plan de
jardins ; ceux qui ne connaissent pas le pays des illusions,
l'Orient, doivent au premier coup d'œil fonder beaucoup d'es-
pérances sur la ville. Mais nous, qui avions vu nombre de cités
musulmanes, nous ne nous abusâmes pas en nous disposant à
descendre à terre pour rendre visite à notre consul.

Avant tout, notre visite eut cette fois un caractère d'affaires,
car nous devions, de concert avec notre consul, nous occuper
du naufrage du petit navire autrichien *Ortensia* échoué au cap
Spartel près de Tanger.

Notre méfiance à l'égard de la ville se trouva pleinement
justifiée. Le débarquement décourageait déjà. Bien que le

mouvement de la navigation soit actif, il n'y a pas de quai à
Tanger, port de commerce le plus important du Maroc. Les
canots qui conduisent à terre sont obligés de s'arrêter encore
loin de l'endroit où le rivage est sec et l'on porte à terre à dos
d'homme les passagers et les marchandises.

Nous en fîmes l'expérience. Aussitôt que nous approchâmes,
une bande de gaillards très-sales, presque tous juifs, se précipitèrent dans l'eau ; ils entourèrent le canot en ayant de l'eau
jusqu'aux hanches et vantèrent à l'envi leurs épaules en poussant des cris d'enfer. Nous nous résignâmes à ce qui était
inévitable et, après avoir subi le contact repoussant de ces
drôles, nous arrivâmes au rivage bordé de curieux et d'oisifs.

A peine débarrassés de nos porteurs, en leur donnant une
pièce d'argent, nous subîmes l'assaut d'une de ces bandes de
guides dont une canne seule peut vous débarrasser ; nous choisîmes un jeune Arabe modeste pour nous conduire au consulat.

Nous trébuchâmes d'abord sur des ballots de marchandises
qui gisaient à terre. Çà et là, un Arabe assis sur l'un d'eux
fumait tranquillement sa pipe, et semblait l'image de l'indiffé-
rence ; d'autres marchands portant le burnous et le turban, se
disputaient, en faisant force gesticulations, avec le douanier
incorruptible et montraient ainsi, dans toute son ardeur, le
caractère passionné du Midi. Notre uniforme nous ouvrit un
passage au milieu de ce primitif magasin de douane et nous
pénétrâmes, par l'étroite porte de la ville, dans la rue principale,
en forme d'escalier.

Partout la même saleté, la même puanteur insupportable,
le même public sordide de Juifs, d'Arabes, de Schellucks, de
Maures, de nègres et de métis. A côté du marchand arabe,
drapé dans son vêtement bigarré mais propre ses frères
musulmans exhibaient des denrées couvertes de mouches;

Tanger.

parmi ces derniers, se trouvaient de nombreux marchands de curiosités ; ils offraient des étoffes en soie de Lyon, qu'ils disaient purement mauresques, des objets de rebut en cuir; puis c'étaient les vendeurs d'eau habituels d'Orient avec leurs réservoirs bruyants des bureaux de tabac, dont l'étalage séduisait l'œil, mais dont les marchandises étaient le plus souvent avariées. Les cris des vendeurs et les vociférations des acheteurs, chez lesquels dominaient les sons gutturaux de l'arabe, achevaient l'impression stupéfiante que fait sur l'étranger une foule plus originale qu'attrayante.

Nous quittâmes le bazar et parvînmes enfin, par une ruelle, à une jolie maison, où l'écusson autrichien nous avertit que nous étions arrivés chez le docteur Schmidt, notre représentant.

Les affaires de service furent aussitôt discutées et nous convînmes que la visite à l'*Ortensia* aurait lieu le lendemain ; puis nous partîmes sous la conduite de notre aimable hôte, pour jeter un coup d'œil sur la ville.

Nous eûmes bientôt parcouru toute la basse ville, amas de misérables bâtisses, sauf les demeures des consuls et celles de quelques riches commerçants, bâties dans le pur style mauresque ; nous montâmes ensuite à la Kasbah.

Nous visitâmes le palais du gouverneur, la prison où se trouvent les instruments de torture qui remontent au moyen âge et sont exposés publiquement ; nous entrâmes ensuite dans quelques écoles où la jeunesse hurlait des versets du Coran, au tribunal, et enfin à l'Alcazar, demeure du pacha de Tanger.

Ce dernier, ayant appris que nous désirions visiter le palais, nous reçut lui-même de la façon la plus gracieuse. Quel progrès de la civilisation ! Songez que nous causions tranquillement avec le maître de l'endroit qui, pendant des siècles, et il n'y a pas encore quarante ans, était le plus célèbre repaire de pirates et qui, de nos jours, compte parmi les musulmans les plus fanatiques !

Quelques-uns d'entre nous, les favorisés, eurent la permission de jeter un coup d'œil dans le harem qui était contigu ; celles qui.l'habitaient avaient reçu du maître, il est vrai, l'ordre de se retirer dans les chambres reculées, mais elles ne l'exécutèrent pas assez rapidement, peut-être avec intention.

Cette curiosité indiscrète fut d'ailleurs punie par une déception. Indépendamment du désordre attrayant qui régnait dans cette pièce assez semblable à une salle d'hôpital, les visages jaunes et flétris qui se montrèrent, n'étaient pas faits pour donner une haute idée des beautés du harem.

Après l'échange des politesses les plus fleuries, que M. le consul Schmidt nous traduisit mot à mot avec tous les ornements du style, nous quittâmes l'aimable pacha.

Autant Tanger est peu attrayant à l'intérieur, autant il est charmant au dehors. Les Européens s'y sont construit des villas dont les jardins embaumés dédommagent largement l'œil et l'odorat des outrages qu'ils ont subis dans la ville.

Une promenade devant les portes ne manque pas d'intérêt pour étudier la vie du peuple et le commerce.

De longues files de chameaux arrivent de Fez pesamment chargés et on les décharge ; des Arabes du désert venus à la ville pour faire des achats dressent leurs misérables tentes, et jeunes et vieux se précipitent hors de la maison pour respirer la fraîcheur du soir. On voit ici le costume pittoresque du Bédouin, les Mauresques dans leur vêtement particulier, la juive du Maroc avec sa robe aux tons les plus tranchants, et le mélange le plus bizarre des toilettes de touristes européens.

Selon nos conventions, nous nous rendîmes, le lendemain, de bonne heure, à l'endroit où l'*Ortensia* était échoué. Nos che-

vaux arabes, très-ardents, dévorèrent le terrain comme s'ils n'a-
vaient pas eu de cavaliers, et, en trois heures, nous atteignîmes
la plage unie et sablonneuse qui s'étend au sud du cap Spartel.

Notre guide n'était pas sûr de son fait ; aussi nous fallait-il
chevaucher le long du rivage vers le sud pour rechercher la

Juive.   Femme mauresque.   Scheltuck.
                      Gibraltar.

carcasse du navire. Nous aperçûmes enfin, quoiqu'à une distance encore considérable, un bâtiment couvert de voiles ; à
l'œil il semblait intact, mais comme il ne bougeait pas, nous
pensâmes que ce devait être l'*Ortensia*. Les ancres et les
agrès que nous trouvions sur la plage nous confirmèrent dans
cette pensée, et notre supposition fut pleinement justifiée, quand,
après avoir chevauché encore une demi-heure, nous arrivâmes
au lieu du naufrage. L'Arabe que le consul avait commis à la

garde de l'épave, prit nos chevaux, et nous pûmes examiner de plus près l'objet de notre excursion.

Il était malheureusement trop évident que le corps du bâtiment était perdu sans ressources ; les lames les plus violentes ne pouvaient plus l'ébranler ; de plus, l'arrière n'était plus dans sa position normale, et, par suite, la carène devait être complétement brisée. Dans un tel état de choses, il n'y avait plus rien à faire et les démarches commencées par notre consul nous parurent être ce qu'il y avait de mieux à faire dans l'intérêt du propriétaire ou de la compagnie d'assurances.

Le sort de l'équipage et la cause de l'échouage restaient énigmatiques, parce que le malheur avait lieu pendant un ouragan qui soufflait de terre.

A notre retour à Tanger, nous trouvâmes au consulat le capitaine de l'*Ortensia*, venu de Gibralter pour faire auprès du consul compétent la déclaration de son naufrage. Il ne put donner que peu d'éclaircissements, et, par suite, le sinistre dut donner lieu à une enquête plus circonstanciée de la part de l'autorité maritime compétente.

Le soir venu, et assez fatigués de notre course à cheval, nous nous disposions à nous rendre à bord. Mais nous en restâmes au projet. Le vent de l'est était devenu si violent, il était accompagné d'une mer si forte, qu'il était impossible à aucune embarcation de venir nous prendre et que nous ne devions pas songer à regagner la corvette.

Nous nous rendîmes alors au Royal Victoria Hotel pour y prendre notre quartier de nuit. Peine perdue ; nous frappâmes en vain ; à chaque coin, nous voyions des fils d'Albion armés de lorgnettes et de Bedecker, une foule de *Rockpeople*, comme s'appellent ici les habitants de Gibraltar, qui occupaient tout l'établissement. La même chose nous arriva dans plusieurs autres hôtels jusqu'à ce que nous trouvassions enfin un asile nécessaire dans une auberge de la dernière catégorie.

Une circonstance nous fit cependant supporter plus patiemment ce contre-temps. Le même vapeur qui amena ce flot d'Anglais avait également apporté notre correspondance, et comme on ne pouvait la porter à bord, on la déposa chez le consul. Il y avait pour nous un grand sac qui contenait la correspondance de neuf mois entiers. Nous n'avions pas reçu de lettres depuis le cap de Bonne-Espérance, et toutes celles qui nous avaient été envoyées postérieurement nous étaient adressées à Gibraltar, où, dans des circonstances ordinaires, la corvette aurait dû arriver au mois d'octobre de l'année précédente. Malgré notre long séjour aux Açores, il n'avait pas été possible de faire prendre à Gibraltar le paquet déposé pour l'*Helgoland*. Aussi avec quelle impatience le sac fut ouvert et combien fut longue la distribution des lettres qui dépassaient le nombre de mille!

Cependant ce travail fatigant trouva sa récompense, et je me rendis avec un imposant paquet de lettres au gîte qui m'était assigné dans une chambre avec un Français, collectionneur de coléoptères, et d'un Anglais, amateur de wiskey.

Par bonheur, la table était assez grande pour y placer les coléoptères, la bouteille de wiskey et ma correspondance ; comme le vent sifflait à travers la fenêtre avec une fureur telle que l'Anglais même, dont les nerfs sont le moins sensibles, ne saurait dormir, je ne me fis pas scrupule de conserver la lumière jusqu'à une heure avancée de la nuit et de me délecter à loisir en lisant mes lettres.

Le lendemain, un coup d'œil jeté sur la baie nous montra que le temps ne s'était pas amélioré, et qu'il fallait se résigner à passer encore un jour à Tanger.

Grâce à l'aimable intervention de notre consul, nous réussîmes à échanger notre logis très-insalubre contre l'élégante maison du club. Sous sa direction nous passâmes la majeure partie de la journée à visiter et à acheter des produits du Maroc. Nous finîmes la journée très-agréablement dans la maison du docteur Schmidt. L'exposition qu'il nous fit de la situation commerciale du Maroc nous intéressa particulièrement.

Le lendemain le ciel s'éclaircit, les jours du vent d'est étaient comptés, et le 6 avril au matin, avec la nouvelle lune, s'éleva le vent d'ouest depuis longtemps désiré.

Nous profitâmes bien vite de cette occasion et mîmes à la voile pour faire la traversée du détroit, laquelle exigea six heures.

Le détroit de Gibraltar offre un coup d'œil des plus intéressants par les formes pittoresques des rivages qui le constituent et par les belles plaines de l'Espagne méridionale qui s'étendent autour de la ville de Tarifa. Les innombrables voiles qui, de tous côtés, fendaient les flots de l'océan Atlantique et profitaient comme nous de ce vent favorable pour entrer dans la Méditerranée, contribuaient à donner au tableau une animation singulière. Les vapeurs ne manquaient pas non plus et, par le nombre prodigieux des bâtiments, nous pouvions nous faire une idée du commerce inouï qui passe par le détroit.

Tantôt on devance un vaisseau, tantôt il faut en éviter un autre, et l'on comprend ainsi comment, pendant la nuit ou par un temps brumeux, ce détroit est souvent le théâtre de ces lamentables rencontres qui entraînent la mort de tant de gens et la perte de tant de fortunes. Néanmoins, il faut attribuer la plupart des collisions sur mer à une coupable négligence et au mauvais vouloir de certains navires de commerce, et tout particulièrement à ceux des Anglais et des Américains.

CHAPITRE QUINZIÈME

GIBRALTAR

Vue de la ville. — Une promenade dans la place. — Les batteries des rochers.
— Coup d'œil de la station des signaux. — Voyage à cheval à Algéciras. —
Vie de la société à Gibraltar. — Dans la Méditerranée. — Vie à bord à la
fin de la campagne. — Arrivée à Pola.

Le 6 avril dans l'après-midi, après une si longue absence,
nous jetâmes enfin l'ancre sur le sol européen, dans la large
baie de Gibraltar.

La ville de Gibraltar, de construction toute moderne, offre
peu d'intérêt au touriste. Après avoir traversé la double porte
du Vieux Môle, comme on l'appelle, on entre dans une longue
rue sans fin, siége du commerce le plus actif et où l'on trouve
des boutiques de toute nature. Des matelots de toutes nations
et des soldats anglais s'agitent ici et forment une foule bigarrée.
Les voitures ne manquent pas non plus. Mais c'est tout, car de
cette rue, en allant du côté de la montagne, on ne voit le plus
souvent que des ouvrages à redans, tandis que du côté de la
mer on ne rencontre que des bastions et des remparts.

Lorsqu'on sort de la ville par le pont-levis de la porte du
Sud, où, soit dit en passant, on voit encore un aigle de pierre à
deux têtes, souvenir de la première occupation de Gibraltar par
le landgrave de Hesse, on est agréablement séduit par le joli
jardin Elliot. Autour de la statue en bronze, plus grande qu'ar-
tistique, de ce fameux défenseur de Gibraltar, s'étend un beau

parc faisant face à la mer. Au sud du jardin Elliot, on ne voit que des bâtiments officiels.

La visite de la fameuse galerie des Rochers offre un grand intérêt au voyageur.

Le gouverneur accorde, avec la plus grande prévenance, aux officiers des navires de guerre étrangers, l'autorisation de la voir. Sur la présentation du permis, on remet en entrant au visiteur le « district gunner » comme guide ; on peut alors parcourir à loisir toutes les casemates et tous les chemins taillés avec le plus grand art dans le rocher, et désignés sous le nom de Galerie des Rochers, cavité naturelle d'une assez vaste étendue dans le calcaire ; elle est située à 800 pieds environ au-dessus de la mer ; on y parvient en peu de temps, par une route sinueuse, au point culminant du rocher, où sont installés des signaux, à 1,300 pieds au-dessus de la mer et delà on jouit d'une vue magnifique ; la paroi orientale du rocher est presque perpendiculaire, et donne le vertige.

Avec le télescope du gardien, nous pûmes apercevoir quelques singes sauvages qui vivent à Gibraltar. Au dire du sous-officier qui occupe le poste, ils sont très-confiants envers ceux qu'ils connaissent, et souvent ils] font des visites à la station des signaux, où on leur donne des friandises.

A mi-hauteur du rocher, au-dessus de la ville, se trouvent les immenses citernes qui seules fournissaient, autrefois, l'eau à Gibraltar.

Cette étroite forteresse et le rocher nu ne constituent pas un séjour agréable, surtout pendant les chaleurs de l'été ; aussi les habitants de Gibraltar s'en dédommagent-ils en faisant des excursions dans les localités espagnoles les plus voisines.

Une excursion bien charmante est celle d'Algéciras, à peine éloignée de Gibraltar d'un mille géographique en

Gibraltar.

ligne droite. Des vapeurs de la localité font deux fois par jour le trajet entre ces deux villes ; mais ils sont fort incommodes. Comme tous les marins nous étions fous d'équitation; aussi choisîmes-nous la route de terre, le jour où ils nous fut loisible de consacrer à cette excursion une belle après-midi de printemps.

Le terrain très-favorable, le sable solide du rivage qui suit la mer le plus souvent, et les excellents chevaux qu'on loue à Gibraltar rendent la promenade à cheval très-agréable. Mais Algéciras même est un endroit tout à fait attrayant.

Comme d'habitude dans les villes espagnoles, la Plaça de la Constitucion est le point central de la localité; elle est ornée d'une belle fontaine et d'un jardin bien entretenu.

Les rues, assez mal pavées, mais très-propres, se composent en grande partie de maisons à un étage peintes avec élégance. Elles présentent une particularité dont l'origine remonte aux Maures ; l'étranger est frappé par les fenêtres en encorbellement du rez-de-chaussée ; derrière leurs vertes jalousies les belles Andalouses, si séduisantes avec leur légère mantille, observent les passants.

Le port d'Algéciras est petit et fréquenté surtout par des caboteurs ; on est surpris de voir flotter partout le pavillon espagnol, même sur les plus petites embarcations, comme si l'on voulait faire ressortir d'une façon saisissante qu'on est sur un sol espagnol en face du Gibraltar anglais, qui est à côté et l'écrase. Du quai, on jouit d'une vue magnifique sur Gibraltar.

Bien que notre séjour à Gibraltar dépassât à peine une semaine, nous eûmes pourtant l'occasion de faire connaissance avec la société de l'endroit.

Aussitôt après notre arrivée, nous fûmes invités à un de ces bals par souscription qui ont tant de vogue à Gibraltar à cause de leur élégance et de la liberté qui plaît à la fois aux personnes âgées et aux jeunes gens.

Nos huit jours de séjour à Gibraltar passèrent ainsi rapidement pendant que la corvette faisait ses provisions d'eau et de vivres pour cinquante jours. Prêts à appareiller le 13 avril, nous quittâmes Gibraltar le lendemain matin et, favorisés par une fraîche brise d'ouest, nous fîmes, toutes voiles dehors, notre entrée dans la Méditerranée.

A ce moment se produit dans une expédition transatlantique un changement sensible dans la vie du bord.

Alors disparaît le sentiment d'aventure, qui, sur l'Océan, se glisse involontairement dans le cœur des marins, que l'on fasse voile pour l'un ou l'autre continent, que le trajet soit court ou comprenne des mois entiers. Dans la Méditerranée la traversée peut être longue ou brève, mais les circonstances anormales ne peuvent avoir une grande portée, car on est toujours près d'un port et, grâce aux nombreuses stations de signaux, on peut à chaque instant entrer en relations télégraphiques avec toutes les directions. Le retour du vaisseau dans les ports de la patrie et la fin de la campagne s'approchaient; tout le monde à bord s'en occupait, tout le monde songeait que les jours où l'on allait retrouver les siens étaient comptés.

Il régnait une grande activité dans le service; les exercices, réduits à leur minimum à cause de l'agitation continuelle de la mer et de la chaleur accablante des tropiques, reprirent leur régularité d'autrefois.

Le commandant se prépara à remettre le commandement. Aussitôt après la revue dans le port, il quitte en effet le vaisseau que le premier lieutenant est chargé de désarmer et de remettre à l'arsenal. Le premier lieutenant et le commissaire du bord commencèrent alors leurs jours de fatigue : faire les comptes, arrêter et mettre en ordre les innombrables transactions traitées pour l'équipage et le matériel pendant ce long voyage.

Chacun, profitant du moindre instant de liberté, réglait sa situation privée, emballait et rangeait. On examinait alors les richesses achetées dans chaque station et l'on disposait les parts destinées aux parents et aux amis.

Dans le mess des cadets, si l'on était ému agréablement par le retour dans la patrie, la joie était cependant diminuée, parce

Jardin Elliot à Gibraltar.

qu'il n'était pas permis d'aller voir ses parents qui habitent l'intérieur des terres avant que les officiers aient fait passer un examen difficile.

On se prépare au désarmement. Beaucoup de matelots sont à la veille de terminer leur service militaire avec la campagne, et font maintenant des plans d'avenir. L'équipage ne reçoit à bord qu'une partie de sa solde, le reste lui sera remis en débarquant. Après un long voyage ce dépôt s'élève parfois à

quelques centaines de florins ; les Dalmates prévoyants calculent leurs économies pour se marier, ou acheter un bateau
et se créer une position indépendante.

La traversée nous avait paru longue. Le 19 avril nous doublâmes le cap Palos, nous fûmes en vue de Maritimo, située à
la pointe occidentale de la Sicile. Le 2 mai, dans le voisinage
de Corfou, nous coupâmes la route que la corvette avait suivie
un an et demi auparavant dans sa traversée de Port-Saïd.
Ainsi fut achevé le cercle accompli autour de l'Afrique par
l'*Helgoland*, qui avait parcouru environ 24,000 milles marins en
237 jours de navigation.

Le 4 l'île de Lissa fut signalée, et le 7 mai 1875 l'*Helgoland*
jetait l'ancre dans le port de Pola.

Quel enivrement que le retour dans la patrie !

FIN

TABLE DES MATIÈRES

FIN DE LA TABLE DES MATIÈRES.

TABLE DES GRAVURES

FIN DE LA TABLE DES GRAVURES.

3691-77. — CORBEIL, typ. et stér. de CRÉTÉ.